Geschichte des Geldes

Verpflichtung versus Verschuldung

Die Quadratur des Geldes
2. Teil

Samirah Kenawi

2022

Bibliografische Information der Deutschen Nationalbibliothek:
Die Deutsche Nationalbibliothek verzeichnet diese Publikation
in der Deutschen Nationalbibliografie; detaillierte bibliografische Daten sind im Internet über dnb.dnb.de abrufbar.

Verlag: BoD · Books on Demand GmbH, Überseering 33,
22297 Hamburg, bod@bod.de
Druck: Libri Plureos GmbH, Friedensallee 273,
22763 Hamburg

Cover und Abbildungen: Heike Stephanie Aßmann

ISBN: 978-3-7534-7675-9

Man kann das Geld nur erschöpfend wissenschaftlich behandeln, wenn man es mit dem Auge des politischen Ökonomen betrachtet. Die bisherige Methode aber gleicht der des Botanikers. Wie dieser eine Pflanze in der Natur nach ihren Merkmalen bestimmt und in sein System eingliedert, so hat man die Münze nach kultur-historischer Vergangenheit und gegenwärtigem Ge-brauchszweck studiert, ohne zu beachten, daß man eine bloße Erscheinungsform mit dem Wesen der Sache verwechselt.

Friedrich Bendixen[1]

Technische Hinweise

ZITIERWEISE

In Zitaten wurde die Schreibweise des Originals beibehalten, die teilweise erheblich von der heutigen abweicht.

Bei Verweisen auf andere Teile der **Tetralogie „Die Quadratur des Geldes"** wird nicht immer der volle Titel aufgeführt, sondern meist nur die Nr. des Teils.

Kurze Inhaltsangaben zu den einzelnen Teilen finden sich auf S. 162.

LINKS

Unterstrichene Textteile sind im E-Buch mit einem Internetlink hinterlegt.

GENDER

Soweit mir das Geschlecht der Akteur*innen nicht eindeutig bekannt war, habe ich mich um geschlechtsneutrale Formulierungen bemüht. Es ist ein Versuch auch in dieser Hinsicht Ansichten zu hinterfragen und neu zu denken.

ENDNOTEN

[1, 2, 3...] Hochgestellte Zahlen verweisen auf Quellenhinweise am Ende des Buches, siehe Anmerkungen im Anhang.

FUSSNOTEN

[A, B, C...] Hochgestellte Großbuchstaben verweisen auf Worterklärungen bzw. Ergänzungen zum Text am Fuß der jeweiligen Seite.

ABKÜRZUNGEN

d.A.   die Autorin
H.d.A.   Hervorhebung der Autorin
H.i.O.   Hervorhebung im Original
Jh.   Jahrhundert
Ü.d.A.   Übersetzung der Autorin
u.Z.   unsere Zeit
v. Chr.   vor Christus
v.u.Z.   vor unserer Zeit

Inhalt

1. Vorwort

Geschichte eröffnet neue Horizonte

> Wer in der Zukunft lesen will,
> muss in der Vergangenheit blättern.
>
> André Malraux[2]

Wer über Geld schreibt, steht vor einem Dilemma, denn das Thema ist komplex. Aspekte weglassen, diskreditiert das Buch in den Augen der Fachleute. Zu viele Aspekte berücksichtigen, macht es für Fachfremde verwirrend. Diese Geschichte des Geldes wagt den Spagat. Beim Streifzug durch die Jahrtausende blickt das Buch nur soweit nötig auf die vielfältigen Erscheinungsformen des Geldes. Es sucht jedoch immer nach dem Wesen der jeweils verwendeten Zahlungsmittel. Ziel ist es, Entstehung, Entwicklung sowie die verschiedenen Veränderungen des Geldes bis hin zum heutigen Kreditgeld zu rekonstruieren.

Wie alles was existiert, ist auch Geld dem ewigen Wandel unterworfen. Geld hat gewissermaßen eine Evolution durchlaufen. Die Spuren dieser Entwicklung finden sich bis heute in den finanztechnischen Regelwerken. Diese Geschichte des Geldes ist deshalb kein Selbstzweck. Erst das Wissen über die Entwicklung des Geldes macht die Gegenwart verständlich. Nur auf dieser Grundlage können tragfähige Reformen geplant werden. Erst ein Verständnis der Vergangenheit ermöglicht, Zukunft zu gestalten. Doch die Gegenwart wird uns erst im 3. Teil und die Zukunft erst im 4. Teil dieser Tetralogie (siehe S. 162) beschäftigen.

Bevor wir unsere Reise durch die Geschichte des Geldes beginnen, möchte ich einen Überblick über die Entwicklung der Austauschverhältnisse geben. Ich glaube, auch hier eine Entwicklung zu sehen. Nach meinem Verständnis haben sich die Austauschverhältnisse in Wechselwirkung mit den Produktionsverhältnissen entwickelt. Ursachen für die entstehende Ausbeutung sehe ich sowohl in den Produktionsverhältnissen als auch in den Austauschverhältnissen.

Unsere Geschichte beginnt lange vor Entstehung der Ausbeutung des Menschen durch den Menschen. In grauer Vorzeit lebten Menschen als Nomaden von der Hand in den Mund. Ihr Überleben war von der Natur, aber auch von der Gemeinschaft ihrer Horde, ihres Clans abhängig. Die Abhängigkeiten innerhalb der Menschengemeinschaften schufen Verbindungen, gegenseitige Verpflichtungen. Im Laufe des Prozesses des Sesshaftwerdens wurden Personenbindungen immer stärker durch Sachbindungen verdrängt. Aus Geschenken wurden Tribute. Verpflichtungen wurden zur Pflicht. Indem Verpflichtungen festgeschrieben wurden, entstanden erdrückende Schulden. Dazu war nicht zwingend Geld erforderlich.

2. Tauschsysteme

Tausch im sozioökonomischen Kontext

> Solange das Volk, der Stamm, das Geschlecht die
> Wirtschaftseinheiten waren, gab es innerhalb derselben
> keinen Handel; ebensowenig innerhalb der Marktge-
> nossenschaft, der Grundherrschaft, der ihr untertänigen
> Dorfgemeinschaft. ... Handel fand bloß mit Angehöri-
> gen fremder Wirtschaftseinheiten statt, wenn solche
> gelegentlich mit Gütern nahten, mittels derer sie die
> Begehrlichkeiten und neue Bedürfnisse weckten, um
> das, wonach sie verlangten, zu erhalten.
>
> Alfons Dopsch[3]

David Graeber ist wie Gunnar Heinsohn und Otto Steiger der Ansicht,

Geld und Schulden tauchen im selben Augenblick auf der Bühne auf.[4]

Heinsohn und Steiger vertreten diese Ansicht, weil sie das heutige Kreditgeld-system in die Vergangenheit zurück projizieren. Wie wenig glaubwürdig mir dies erscheint, habe ich bereits im 1. Teil dieser Tetralogie (siehe S. 162) im Zusam-menhang mit der Geschichte des Eigentums skizziert.

Auch Graebers Ansicht, dass Geld und Schulden im gleichen historischen Au-genblick entstanden sind, teile ich nicht. Zum einen sehe ich eine Wurzel der Ver-schuldung im Übergang von der Geschenkwirtschaft zur Tauschwirtschaft, im Verleihen von Saatgetreide. Zum anderen sehe ich nicht, dass Geldschulden zeit-gleich mit dem Geld entstehen. Kreditaufnahme in Geld wird erst notwendig, wenn Geld notwendiges Tauschmittel geworden ist. Als Geld erstmals in die Welt trat, kann es aber noch kein notwendiges, sondern nur *ein mögliches* Tauschmittel neben anderen gewesen sein. Für eine Kreditaufnahme in Geld gab es daher im Augenblick der Geldentstehung keinen Grund. Kreditaufnahme in Geld wurde erst nötig, als Geld bereits übliches, wenn nicht sogar notwendiges Tauschmittel geworden war. Voraussetzung für die Kreditaufnahme war zudem, dass Geld in-zwischen sehr ungleich verteilt war. Kredit konnte nur geben, wer Geld im Über-fluss hatte und Kredit musste nur nehmen, wer unter Geldmangel litt. All das kann nicht bereits im Augenblick der Entstehung des Geldes da gewesen sein. Na-türlich stellt sich die Frage, was ist Geld?

Tatsächlich tut sich hier ein weites Feld für Interpretationen auf. Wenn wir Schuldkontrakte Jahrtausende vor dem Prägen der ersten Münze finden, stellt sich die Frage, was waren das für Schulden? Um auf all diese Fragen Antworten zu finden, muss unsere Geschichte des Geldes vor dem Entstehen des Geldes beginnen. Wir müssen versuchen, die Welt vor dem Auftauchen von Geld zu verstehen.

Es gibt Theorien, die behaupten, Geld sei nicht aus dem Tauschhandel entstanden. Diese Theorien gründen sich mehr oder weniger darauf, unser heutiges Kreditgeldsystem in die Geschichte zurück zu projizieren. Danach soll Geld ursächlich aus Kreditaufnahme hervor gegangen sein. Wie oben skizziert, ergibt diese These für mich keinen Sinn. Ich halte das Naheliegende – Geld entstand im Tauschhandel – auch für das Logische. Allerdings denke ich, dass es vor dem Entstehen von Geld bereits zwei eigenständige Tauschsysteme gab. In beiden Tauschsystemen sehe ich die Wurzeln des Geldes. Beide haben ganz unterschiedlich zur Geldentwicklung beigetragen. Ein Blick in diese Vorgeschichte des Geldes ermöglicht uns, alle scheinbar absonderlichen Geldentwicklungen zu erklären.

Werfen wir also zunächst einen Blick auf die Geschenkwirtschaft. Diese Form des Austausches lässt sich bis ins Tierreich zurück verfolgen. Mit dem allmählichen Übergang zu einer sesshaften Lebensweise hat sich eine neue Austauschform entwickelt, die ich „Tauschwirtschaft" nenne, siehe Kapitel 2.2. (S. 14ff.) Erst aus dieser Tauschwirtschaft ist im Fernhandel schließlich die Geldwirtschaft entstanden, wie die Geschichte zeigen wird. Nachfolgend werde ich genauer definieren, was ich unter Geschenkwirtschaft, Tauschwirtschaft und Geldwirtschaft verstehe.

2.1. Geschenkwirtschaft

Seit Anbeginn
Ein Netzwerk aus Verbindlichkeiten und Verpflichtungen

> Kaufen und Verkaufen kennen sie allerdings nicht: Sie bitten um Hilfe. Großzügigkeit ist die höchste Tugend in Samoa. Man macht Geschenke, damit andere Geschenke machen können.
>
> Gabriele Hoffmann[5]

Einst lebten alle Menschen als Nomaden. In den immergrünen Tropen war es leicht von der Hand in den Mund zu leben. In warmen Klimazonen, in denen Bäume das ganze Jahr Früchte tragen, hat sich diese Lebensweise deshalb oft bis in die Neuzeit erhalten. Für Nomaden machte es keinen Sinn, Vorräte zu horten. Sinn machte es, heutigen Überfluss an Früchten und Jagdbeute zu teilen, denn das förderte Freundschaften und Bündnisse. Solche sozialen Bindungen waren nicht nur von sozialer, sondern auch von entscheidender ökonomischer Bedeutung.

Sammlerinnen und Jäger waren deshalb stets bereit, schwankendes Sammel- und Jagdglück durch wechselseitige Geschenke auszugleichen. Das stärkte die Position in der Gruppe und damit die Überlebenschancen aller. Für Nomaden waren persönliche Bindungen lebenswichtig. Sie fortwährend durch gegenseitige Geschenke zu pflegen, war deshalb sozial und ökonomisch sinnvoll.

Da jedes Geschenk die Aufforderung zu einem späteren Gegengeschenk enthielt, bestand ein kontinuierliches Geflecht gegenseitiger Verpflichtungen. Aus diesem Netzwerk verstoßen zu werden, war die härteste Strafe, die über Nomaden verhängt werden konnte. Es kam einem Todesurteil gleich, denn allein zu überleben war kaum möglich.

Mit der beginnenden Sesshaftigkeit begann sich das Verhältnis der Menschen zueinander zu verändern. Neben sozialen Bindungen entstanden nun auch Sachbindungen. Trotz dieses Wandels hat sich Geschenkwirtschaft als älteste Austauschform bis heute erhalten. Noch heute machen wir Geschenke um soziale Bindungen zu pflegen bzw. auf- oder auszubauen. Noch immer gehört es zum Wesen eines Geschenks, dass sein Preis unerwähnt bleibt. Ein Geldgeschenk ist deshalb eine (faktische) Unmöglichkeit; es kann sich nur um eine finanzielle Unterstützung handeln. Einer Geldgabe fehlt die Seele eines Geschenks, das Individuelle, das unbestimmt Verpflichtende. Geschenke sollen Verbindungen schaffen, stärken oder erhalten. Sie sind eine (mehr oder weniger) sanfte Aufforderung zu gegenseitiger Verpflichtung. Sie sollen auch Eindruck machen, zuweilen nicht nur auf die oder den Beschenkte*n, sondern ggf. auch auf das soziale Umfeld. Sie sind nicht nur eine Gabe, sondern auch ein Statement der oder des Schenkenden.

Dieser Aspekt des Schenkens hatte im Ritual des Potlatch bei den kanadischen Einheimischen eine besondere Entwicklung erfahren. Halliday schreibt darüber:

> Gradually the privilege of giving began to be abused and distorted...[6]

> Das Vorrecht zu schenken wurde zunehmend missbraucht und verdreht... [Ü. d.A.]

Potlatch stellte eine Art Geschenkewettkampf dar und kann als entfesselte Form von Imponiergehabe und Prestigestreben verstanden werden. Während eines Potlatchs wurden die Geschenke der Schenkenden öffentlich vernichtet und diese zugleich mit Gegengeschenken überhäuft, die jene ebenfalls vernichteten. Man kann das als Versuch verstehen, sich der sozialen Verpflichtung zu entledigen, die aus dem Annehmen eines Geschenkes erwächst. Mit dem Zurückweisen der Geschenke war wohl auch ein Prestigegewinn verbunden, weil sich nur ein starker Clan leisten konnte, das durch die Geschenke ausgedrückte Angebot von Freundschaft, Zusammenarbeit oder Frieden abzulehnen. Das Zerstören von Geschenken im Ritual des Potlatch kann als Demonstration sozialer und ökonomischer Stärke verstanden werden. Schenken wiederum ist nicht nur Ausdruck eigener Leistungsfähigkeit, sondern kann die Beschenkten auch demütigen. Indem beide die Geschenke zerstörten, bewiesen sie ihre soziale und ökonomische Unabhängigkeit. Auch zeigten sie durch Überreichen von Geschenken, von denen sie wussten, dass sie nicht angenommen werden, ihre Fähigkeit, ohne erkennbaren Nutzen zu produzieren.

Das Potlatch könnte auch als Ausdruck kulturell geformter Ehrbegriffe verstanden werden. Vielleicht waren in grauer Vorzeit, aus welchen Gründen auch immer, Geschenke durch Zerstören zurück gewiesen worden. Um einen Gesichtsverlust zu vermeiden, konnten dann auch die Schenkenden keine Gegengabe annehmen.[7] Sollte es ein solches „erstes" Potlatch gegeben haben, kann das Festhalten an diesem Ritual als Bemühen verstanden werden, trotzdem eine Verbindung aufrecht zu halten. Denn auch wenn die Geschenke im Potlatch demonstrativ zurück gewiesen wurden, so hielt die Begegnung als solche sowie das gemeinsame Ritual eine Verbindung lebendig.

Die gegenseitige Ehrerbietung zeigte sich trotz des Aktes der Zerstörung in der Größe der dargebrachten Geschenke. Das Potlatch könnte so auch als soziales Lehrstück gelesen werden. Es könnte uns unter anderem lehren, dass Rituale niemals vereinfacht, sondern eher verkompliziert werden. Die starke soziale Bindungskraft von Ritualen zeigt sich immer wieder in der Schwierigkeit ihrer Überwindung. So bedurfte es harter Repressionen seitens der neuen Kolonialmächte, um das Potlatch in Nordamerika abzuschaffen.[A]

Schenken entspringt uralten Riten. Es ist eine Form des Austausches, die es mindestens schon unter Primaten gibt. Geschenke hatten und haben oft primär soziale Funktionen. Doch für Nomaden ließen sich soziale Rückversicherungen kaum von existenzsichernden ökonomischen Funktionen trennen. Damals wäre wohl niemand auf die Idee gekommen, Menschen als homo oeconomicus zu beschreiben. Menschen waren und sind sozioökonomische Wesen.

Die Idee menschliches Verhalten rein ökonomisch erklären zu können, konnte erst im Kapitalismus entstehen, als selbst die Zeit zu Geld wurde. Das Credo dieses neuen Zeitalters lautet nicht: Zeit kostet Geld, sondern schonungslos: Zeit IST Geld. Doch bis zum Entstehen der Geldwirtschaft sollte noch viel Zeit vergehen. Zeit, in der Menschen anfingen sesshaft zu werden. Zeit, in der Menschen anfingen sich auf bestimmte Hauptnahrungsmittel und Kulturgüter zu spezialisieren.

[A] Möglicherweise ist die Geschichte des Potlatchs aber auch eine ganz andere und europäische Eroberer haben uralte Rituale der *native americans* missverstanden und deshalb falsch überliefert. Neue Theorien besagen, dass kulturelle Überfremdung durch europäische Invasoren alte Rituale deformiert haben. Fakt bleibt, dass Potlatchrituale von 1884 bis 1950 verboten waren.

2.2. Tauschwirtschaft

Wahrscheinlich seit 10 000 Jahren
Wertausgleich ohne Maßstab

> Jeder legt seine Waare, die er mit einem Zeichen
> versehen, an einen Ort und lässt sie da zurück.
> Dann kommt er wieder und findet eine Waare, die
> er für sein Land brauchen kann, daneben gelegt.
> Ist er damit zufrieden, so nimmt er das zum
> Tausch Gebotene und lässt seine Waare dafür zu-
> rück; ist er es nicht, so nimmt er diese wieder weg.
> Käufer und Verkäufer bekommen einander dabei
> nicht zu sehen.
>
> Christian Martin Frähn[8]

Im Zuge der neolithischen Revolution veränderte sich die Wirtschaftsweise der Menschen grundlegend. Das Aneignen von Nahrung durch Sammeln und Jagen wurde allmählich ersetzt durch Nahrungsproduktion. Diese Revolution war kein eruptives Ereignis, sondern ein Jahrtausende währender Prozess. Ackerbau und Viehhaltung veränderten das Verhältnis der Menschen zur Natur radikal. Mit dem Übergang von der aneignenden zur produzierenden Wirtschaftsweise entstanden Nahrungsvorräte. Mit dem Sesshaftwerden entwickelte sich auch erstmals so etwas wie Hausrat. Nomaden besaßen nicht mehr, als sie tragen konnten. Sesshafte konnten Vorräte an Werkzeugen, Kleidung oder Tongeschirr anlegen. Besitz bestand nun nicht mehr nur aus dem Tragbaren. Besitz ließ sich nun absetzen und besetzen. Es entstanden Sachbindungen, die über den Augenblick der direkten Inbesitznahme hinausgingen.

Das Aufgeben der nomadischen Lebensweise brachte nicht nur Vorteile. Die Ernährung wurde einseitiger. Archäologische Funde beweisen, dass der Gesundheitszustand der ersten sesshaften Menschen schlechter war als der nomadischer Zeitgenossen. Abhängig vom Siedlungsraum spezialisierten sich Menschen auf Hauptnahrungsmittel. Das machte es attraktiv Reis gegen Fleisch, Fleisch gegen Wurzeln, Wurzeln gegen Fisch zu tauschen. Wegen der Spezialisierung der ersten Dorfgemeinschaften waren solche Tauschgeschäfte stets bilateral.[9] Einen Markt gab es nicht und er war auch nicht nötig. Die Menschen wussten in welchem Dorf sie Reis tauschen konnten und wo sie für ihren Fisch Wurzeln bekommen würden. In diesem archaischen Umfeld hat sich der „stumme Handel" entwickelt. Ethnologische Berichte aus fast allen Erdteilen beschreiben diese Form des Austausches erstaunlich ähnlich. Einer der ältesten Berichte stammt von Herodot:

Weiter sagen die Karthager, dass es auch jenseits der Säulen des Herakles zu Liby-
en gehöriges Land und Menschen darin gäbe. Wenn sie zu denen kämen, brächten
sie ihre Waren ans Land und legten sie Stück für Stück am Strande aus; darauf gingen sie wieder auf ihre Schiffe und machten Rauch. Wenn die Einwohner den
Rauch sähen, kämen sie an den Strand, legten dort Gold hin für die Waren und gingen dann wieder weg. Alsdann kämen die Karthager wieder von ihren Schiffen, um
nachzusehen, und wenn sie das Gold für einen angemessenen Preis hielten, nähmen sie es mit und führen nach Hause. Wäre es ihnen aber nicht genug, so gingen
sie wieder an Bord und warteten die Sache ab. Dann kämen die anderen wieder
und legten immer noch mehr Gold hin, bis sie, die Karthager, zufrieden wären. Auf
beiden Seiten ginge es dabei ehrlich zu; denn sie nähmen das Gold nicht mit, bevor
sie die Waren damit beglichen, und jene die Waren nicht, bis sie das Gold an sich
genommen hätten.[10]

Typisch für den stummen Handel war stets, dass eine Partei ihre Waren an einem Handelsplatz unbewacht zurück ließ und manchmal erst am nächsten Tag das
Tauschangebot der Gegenseite prüfte. Akzeptierte sie den Gegenwert, zog sie mit
diesen Waren davon. Der Handel war für sie vollzogen. Erst dann eignete sich
auch die Gegenseite die niedergelegten Waren an. Empfand die anbietende Partei
das Tauschangebot jedoch als nicht ausreichend, zog sie sich zurück und wartete
auf ein höheres Angebot. Blieb das aus oder war auch das neue Angebot unbefriedigend, nahm sie ihre eigenen Waren und verließ den Handelsplatz, ohne dass es
zu einem Austausch kam.

Die meist europäischen Ethnologen hat erstaunt, wie ehrlich stummer Handel
ablief. Auch wenn stummer Handel zwischen Nomaden und Sesshaften abgewickelt wurde, war jede Partei bemüht, die andere nicht zu übervorteilen, wie folgender Bericht des englischen Reisenden George Grenfell zeigt:

These little people, unless they are in intimate relations with kindly big neighbours
…, creep into the banana plantations at night, or into the maize fields, take away as
much as they can carry, in loads of plantains or of corn cobs, and leave behind a
present of game – meat from the bush (often very high) – which they know will be
appreciated by the owner of the plantation or cornfield. The latter winks at the pro-
cedure and tacitly accepts the exchange.[11]

Diese kleinen Menschen [Pygmäen, d.A.], wenn sie nicht in enger Beziehung zu
freundlichen großgewachsenen Nachbarn stehen, schleichen nachts in die Bana-
nenplantagen oder in die Maisfelder, nehmen so viel Kochbananen oder Maiskol-
ben wie sie tragen können und lassen ein Geschenk zurück – Fleisch aus dem
Busch (oft sehr viel) – von dem sie wissen, dass es von den Besitzenden der Plan-
tage oder des Maisfeldes geschätzt wird. Letztere segneten das Verfahren ab, indem sie den Austausch stillschweigend akzeptieren." [Ü.d.A.]

Mir erscheint es plausibel, dass sich diese Form des Austausches aus dem Geschenketausch entwickelt hat. Bei dieser primären Tauschform ging es darum, die Beschenkten nicht zu übervorteilen, sondern sich durch eine Gabe (ein Geschenk) für die Zukunft Verbündete zu schaffen. Bestätigt sehe ich diese These, da gerade die nomadisch lebenden Pygmäen reichlich Fleisch für ihre geraubten Feldfrüchte zurück ließen. Dieter Veerkamp bringt in seiner Dissertation „Stummer Handel" zahlreiche weitere Beispiele für solchen Handel zwischen Völkern ähnlicher oder unterschiedlicher Kulturen. Auch wenn dieser Handel zuweilen von Misstrauen oder Furcht geprägt war, so blieb stets erkennbar, dass beide Seiten eine Gabe stets mit einer Gegengabe ausgleichen wollten. Interessant ist dabei, dass Handelsplätze oder Handelsriten teilweise magisch aufgeladen waren. Möglicherweise hing das damit zusammen, dass Herkunft oder Entstehen der begehrten aber unbekannten fremden Güter mystisch erklärt wurden.[12] In jedem Fall lassen Berichte über archaischen Tauschhandel erkennen, dass dieser Austausch vom Geist der Geschenkwirtschaft geprägt war. Zwischen Tauschparteien mag nicht immer Freundschaft bestanden haben, aber es ging immer darum einen Austausch zum beiderseitigen Vorteil auch für die Zukunft zu sichern.

Berichte über komplizierte Ringtauschtransaktionen können erst aus späterer Zeit stammen, denn sie setzen einen Markt voraus. Wollte auf so einem Markt z.B. jemand Früchte gegen Schuhe tauschen, musste sie zum Schuster gehen und fragen, was der für das gewünschte Paar Schuhe haben wollte. Erbat sich der Schuster ein Gewand im Tausch gegen die Schuhe, musste die Frau mit ihren Früchten zum Schneider gehen. Wollte der das vom Schuster gewünschte Gewand nur gegen Tuch hergeben, musste die Frau zur Tuchmacherin gehen. Nahm die die Früchte im Tausch gegen das Tuch entgegen, konnte die Frau den Ringtausch abwickeln. Sie trug das Tuch zum Schneider, das Gewand zum Schuster und erhielt dort schließlich die gewünschten Schuhe. Von derartigem Ringtausch berichtet z.B. Heinrich Barth als er im 19. Jh. durch Nordafrika reiste.[13] Für diesen Handel mag die Frau einen ganzen Tag gebraucht haben, aber sie hat an diesem Tag auch viele Geschichten gehört. Anders als wir, hatte sie keine Eile, den Markt schnell wieder zu verlassen. Austausch von Waren und Austausch von Informationen gehörten in vielen Kulturen zusammen.

Wir müssen Berichte stets zeitlich und geographisch einordnen, um sie beurteilen zu können. In den letzten 200 Jahren hat sich, ausgehend von Europa, unser Verhältnis zur Zeit und in den letzten 20 Jahren unser Verhältnis zu Informationen radikal verändert. Lust am Handeln und Interesse an Neuigkeiten sind uns verloren gegangen. Unabhängig davon kann Ringhandel keine ursprüngliche Form des Handels gewesen sein, weil er das Vorhandensein eines breiten Warenangebots im Besitz unterschiedlicher Personen voraussetzt. Eine derartige Arbeitsteilung hat sich erst nach Ausbreitung der Geldwirtschaft entwickelt. Ringtausch ist deshalb eher eine Rückkehr zum Tauschhandel, infolge Verfalls eines früheren Geldsystems. Solche Rückfälle haben im Laufe der Geschichte wiederholt stattgefunden, wie Alfons Dopsch in seinem Buch „Naturalwirtschaft und Geldwirtschaft in der Weltgeschichte" beschreibt. Beispiele für Ringtausch liefern deshalb keine Argumente für die Annahme, Geld sei erfunden worden, um den Tausch zu erleichtern. Tauschhandel entstand mit der kulturellen Ausdifferenzierung der Menschheit. Diese Ausdifferenzierung begann bereits in der Steinzeit mit dem Herstellen unterschiedlichen Schmucks. Mit Beginn der Sesshaftigkeit verschwimmen allmählich die Grenzen zwischen Geschenkwirtschaft und Tauschwirtschaft, u.a. weil mit dem Sesshaftwerden die kulturelle Ausdifferenzierung weiter zunahm. Innerhalb einer Sprachgemeinschaft blieben die Unterschiede in der Lebensweise durch ständigen Ideenaustausch wahrscheinlich vergleichsweise gering. Sprachbarrieren behinderten den Austausch jedoch und förderten das Herausbilden von Unterschieden in Ernährung und Gebrauchsgüterherstellung. Deshalb war Tauschhandel vor allem zwischen Gruppen interessant, die sich sprachlich kaum verständigen konnten. Sprachschwierigkeiten sind sicher einer der Gründe für die weite Verbreitung des stummen Handels in archaischer Zeit.

Das anfangs überschaubare Warenangebot und die Kenntnis wo welche Waren hergestellt wurden, erforderte weder Marktplätze noch Geld, um Tauschhandel in Gang zu bringen. Tausch konnte zunächst bilateral zwischen zwei Parteien abgewickelt werden. Die Rituale des stummen Handels waren dafür vollkommen ausreichend. Die Ehrlichkeit dieser Tauschgeschäfte kann dadurch erklärt werden, dass alle Beteiligten mit den Gepflogenheiten des Geschenketausches vertraut waren. Unabhängig davon machte übermäßiges Anhäufen von Naturalien wenig Sinn. Zudem war Tauschhandel anfangs wohl eine Bereicherung für alle Beteiligten, aber sicher zunächst noch keine Lebensnotwendigkeit.

Erst eine Revolution in der Werkzeugherstellung bewirkte tiefgreifende sozioökonomische Veränderungen. Mit der Bronze entstand ein Werkstoff, dessen Herstellung (nach Erschöpfung der ersten Zinnlagerstätten) Fernhandel erforderte und deshalb förderte. Mit der Bronze begann auch die Entwicklung der Geldwirtschaft. Sie veränderte den Tauschhandel. Sie erschütterte den Geist der Geschenkwirtschaft, der auf gegenseitigen Vorteil gerichtet war. Doch sie hat diesen Geist nicht völlig zerstört. Zum einen sind wir eben nicht nur ökonomisch denkende, sondern immer auch soziale Wesen, zum anderen wurden und werden Geschenkwirtschaft und Tauschwirtschaft teilweise weiter praktiziert. Geschenkwirtschaft lebt bis heute in Familien und sozialen Zusammenhängen fort. Tauschwirtschaft findet noch immer in wirtschaftlichen Nischen statt. In monetären Krisenzeiten erlebte Tauschhandel oft eine erstaunliche Wiedergeburt. Aber Tauschwirtschaft kann die Geldwirtschaft längst nicht mehr ersetzen.

2.3. Geldwirtschaft

Seit etwa 5 000 Jahren
Der Doppelcharakter des Geldes – Kaufmittel und Kapital

> Die alte Welt hat lange Zeit mit Werthmessern verkehrt ohne Münze zu besitzen und ist in ihrem letzten Stadium gewissermaßen wieder zu diesem System zurückgekehrt; auch heute noch könnte man, namentlich im Großverkehr, allenfalls der Münze entrathen.
>
> Theodor Mommsen[14]

Heutige hochkomplexe Gesellschaften können ohne universelles Tausch- bzw. Kaufmittel nicht existierten. Monetäre Krisen machen die Abhängigkeit vom Geld immer wieder deutlich. Wenn die Mehrheit der Banken schließt, folgt nach dem Run auf die Schalter und Geldautomaten bald das Plündern der Geschäfte. Dann droht die allgemeine Versorgung zusammen zu brechen.

Die alles durchdringende Bedeutung, die Geld inzwischen erlangt hat, war vor seiner Entstehung nicht im Mindesten absehbar. Es wurde bereits erwähnt, dass das Argument: Geld erleichtert den Handel, die Geldentstehung keineswegs erklärt, denn es gab lange gar keine Motivation den Tausch zu erleichtern.

Geldwirtschaft unterscheidet sich fundamental von der Tauschwirtschaft, weil der Tausch durch das Geld in Kauf und Verkauf bzw. Verkauf und Kauf zerfällt. Auf das Verbindende zwischen beiden Wirtschaftsformen kommen wir später. Während im prähistorischen Tauschhandel beide Parteien direkt das eintauschten, was sie begehrten, wurde Geld zum Vermittler zwischen Warenangebot und Warennachfrage. Es vermittelt seitdem zwischen den Produzierenden und Konsumierenden. Diese beiden Tauschparteien waren sich schon beim stummen Handel nie direkt begegnet, aber sie hatten bei diesen Tauschgeschäften noch direkt miteinander gehandelt.

Mit dem Geld trat von Anfang an etwas zwischen beide Tauschparteien. Mit dem Geld kamen die Kaufleute. Falsch! Das Geld entstand durch die Kaufleute! Fernhandelskaufleute traten zwischen die Tauschparteien. Ihr Handel diente nicht primär ihrer direkten Bedürfnisbefriedigung, sondern dem Tausch heimischer Erzeugnisse gegen fremde, die sie in der Heimat weiter tauschen konnten. Im Fernhandel eingetauschte Waren waren folglich grundsätzlich dazu bestimmt, weiter getauscht zu werden. Genau hier findet sich der Ursprung des Geldes als eines Tauschvermittlers. Jede im Fernhandel erworbene Ware war potentielles Tauschmittel in der Heimat. Hieraus erwuchs der Brauch, diese Waren auch direkt auf den Fernhandelsmärkten als Tauschmittel zu verwenden. Im Kapitel 3.3. *Gerätegeld* (S.34ff.) wird ausführlicher gezeigt, dass das Geld im Fernhandel entstand. Da die Kaufleute den Fernhandel hervor brachten und der Fernhandel zugleich die Kaufleute erschuf, nahmen die Kaufleute von Anfang an eine entscheidende Funktion im Geldsystem ein. Kaufleute, die wohl lange Zeit vor allem reisende Kaufmänner waren, waren die Geburtshelfer des Geldes. Kaufleute haben das Geld auch immer wieder verändert, wie diese Geschichte zeigen wird. Für sie war Geld von Anfang an mehr als nur Kaufmittel für Waren. Während Geld für die Produzierenden und Konsumierenden lange nur Mittel zur Bedürfnisbefriedigung war,[B] war es für die Kaufleute immer schon auch Handelskapital und damit Arbeitsmittel für ihr Gewerbe.

Die Schicht der Fernhandelskaufleute vermittelte zwischen unterschiedlichen Gruppen von Produzierenden, die stets zugleich auch Konsumierende waren. Kaufleute produzierten nicht, sondern handelten mit den Erzeugnissen anderer. Um vom Handel leben zu können, mussten sie den Wert der Tauschgüter bewahren, um sie weiter tauschen zu können. Für sie war ein Tausch nie vollendet. Handel wurde zu ihrer Lebensgrundlage. Wertunterschiede zwischen Einkauf und Verkauf mussten die Vertriebskosten inklusive ihrer eigenen Lebenshaltungskosten decken. Blieb dabei etwas übrig, konnten die verbliebenen Tauschgüter für neue Handelsgeschäfte genutzt werden. Bronze erlaubte es, diese Restgüter für spätere Fernhandelsgeschäfte aufzusparen. Dadurch wurde aus Tauschgütern Handelskapital. Infolgedessen hatte Geld seit seiner Entstehung einen Doppelcharakter. Es wurde zugleich als Kaufmittel für Waren wie auch als Handelskapital geboren. Es ist bis heute zugleich Kapital und Kaufmittel geblieben. Dieser Doppelcharakter hat seit Entstehen des Geldes zu unzähligen, oft verheerenden Krisen geführt. Dieser Doppelcharakter prägt bis heute die Komplexität des Geldes. Dieser Doppelcharakter ist Ursache der Krisenhaftigkeit aller bisherigen Geldsysteme. Im 3. Teil dieser Tetralogie (siehe S. 162) werden Probleme beschrieben, die sich aus dem Doppelcharakter ergeben.[C] Im 4. Teil wird ein Maßnahmenpaket unterbreitet, wie dieser Doppelcharakter aufgelöst werden kann, um nach weit mehr als 5 000 Jahren Geldwirtschaft aus dem Krisenmodus heraus zu finden.

Aber Evolution besteht nicht nur aus Brüchen, sondern auch aus Kontinuität. Jeder Umbruch sprengt zwar hinderlich gewordene Elemente, aber es wird auch immer etwas bewahrt oder gar Verschüttetes wieder belebt. So finden sich im Geld Elemente der Geschenkwirtschaft. Geld besitzt wie Schmuck einen gewissen Fetischcharakter. Durch Kindheitsmärchen geprägt, halten wir lange nach

---

[B]   Bevor es auch potentielles Investitionsmittel wurde.
[C]   Siehe YouTube „Der kapitalistische Geldkreislauf". Geld kann sowohl Waren als auch Vermögenswerte kaufen. Daraus erwachsen die konträren Dynamiken der Real- und Finanzwirtschaft, die letztlich zu sozialer und ökologischer Zerstörung führen.

Aufhebung des Goldstandards Gold noch immer für das ursprüngliche und einzig wahre Geld. Die Assoziation Gold ist Geld stirbt nicht aus, sondern erlebt eine Konjunktur. Bis heute werden Geldreformvorschläge unterbreitet, die Geld wieder an Gold binden wollen.[15] Auf den Fetischcharakter des Geldes wird im Kapitel 3.1. *Prestigegeld* (S. 26ff.) näher eingegangen.

Geld verbindet jedoch noch mehr mit der Geschenkwirtschaft. Geld kann wie ein Geschenk genutzt werden, um sich Verbündete, ja sogar Kriegskameraden zu schaffen. Während Tausch wohl immer nur ein Mittel sein kann, Frieden zu stiften oder zu festigen, können Geschenke und Geld beides bewirken: Krieg und Frieden. Geld ist aber weit mehr als eine Negation der Negation[D] des Geschenks.

Die Ambivalenz des Geldes zeigt sich in der Verbindung, die Geld zwischen Geben und Nehmen schafft. Hier modifiziert Geld sowohl die Geschenk- als auch die Tauschwirtschaft. Geld ermöglicht den Zerfall des Tauschaktes in Verkauf und Kauf bzw. in Kauf und Verkauf. Zwischen beiden Tauschakten konnte nun mehr oder weniger viel Zeit vergehen.

Wurde in der Tauschwirtschaft z.B. Getreide gegen Fleisch getauscht, hatten beide Parteien gleichzeitig ver- und gekauft, also gegeben und genommen. Geld verschleiert, dass Kauf mittels Geldes den ursprünglichen Tausch in zwei Tauschakte zerlegt. Denn Geld vertritt beim Kauf das fehlende Gebrauchsgut. Wer in der Geldwirtschaft verkauft (gibt), muss das Nehmen der Tauschwirtschaft in einem zweiten Tauschakt realisieren. Das durch Geben (verkaufen) erworbene Geld kann erst durch Kauf (nehmen) den ursprünglichen Tauschhandel vollenden.

Sofern Geld als voller Wertersatz für das Gegebene angesehen wird, kann Geldwirtschaft als Form der Tauschwirtschaft verstanden werden. Doch weil Geld zwischen Geben und Nehmen vermittelt, bleibt beim Geldhandel zuweilen ein Rest. Dieser schwer auszumachende Rest (der im weiteren Profit genannt wird) ist ein Kriterium, das Geldwirtschaft von Tauschwirtschaft unterscheidet.

Was Geldwirtschaft mit Geschenkwirtschaft verbindet, ist die Zeit, die zwischen Geben und Nehmen vergeht. Auch auf ein Geschenk erfolgt nicht zwingend sofort ein Gegengeschenk, sondern es bleibt zunächst eine offene Rechnung. Ein Geschenk schafft eine Verbindung. Diese „Verbindlichkeit" entsteht, weil wer schenkt eine Art Guthaben erwirbt und wer beschenkt wird eine Art Schuld trägt, wobei ich hier eher von Verpflichtung sprechen würde. Ein Zusammenhang zwi-

---

[D]   Das Gesetz von der Entwicklung durch Verneinung (Negation) des Vorangegangen gehört zu den drei dialektischen Gesetzen. Kommt es durch einen weiteren Entwicklungsschritt zu erneuter Verneinung, bewirkt diese zweite Negation eine geschichtliche Mutation. Diese evolutionäre, doppelte Verneinung bewirkt eine Renaissance (eine Wiedergeburt) von etwas altem in einem neuen Gewand. Geschichte verläuft weder auf einem Zeitstrahl noch in ewigen Kreisen. Geschichte verläuft in einer Spirale. In der Gegenwart erkennen wir deshalb immer auch Schatten der Vergangenheit.

schen Guthaben und Schuld besteht auch im modernen Kreditgeld. Allerdings wurde dieser Zusammenhang entkoppelt, mehr dazu im 3. Teil dieser Tetralogie.

Es war eine lange komplizierte Entwicklung, bis aus den Verbindlichkeiten der Geschenkwirtschaft Geldschulden wurden. Auf verschlungene Weise reicht wohl auch der Zins in die Geschenkwirtschaft zurück. Mehr geben als ich bekommen habe, kann ein Dankeschön sein. Wird aus dem Dank ein Muss kann das zu Schuldsklaverei führen, die bereits in der Natural- bzw. Tauschwirtschaft einsetzte. Deshalb sind Zinsen älter als das Geld, zumindest älter als das Metallgeld.

Als Geld im engeren Sinne betrachte ich erst Metallgeld, das seinen Gebrauchswert bereits verloren hat. Den Ursprung des Zinses sehe ich dagegen im Verleihen von Saatgetreide. Meine Thesen dazu lege ich im Kapitel 12. *Zinsen* (S. 141ff.) dar. Stimmen sie, dann beginnt die eigentliche Geschichte des Geldes nach der Geschichte des Zinses. Doch das ist eine Frage der Definition von Geld. Wie auch immer wir Geld definieren, ändert es nichts an Graebers Feststellung:

> Der Unterschied zwischen Schulden und Verpflichtungen ist die Möglichkeit, Schulden präzise zu quantifizieren.[16]

Sein Nachsatz:

> Dazu ist Geld erforderlich.

verweist auf ein Problem von Geldschulden. Sie können nur in Geld zurück gezahlt werden – in einer genau definierten Art von Geld. Daraus ergibt sich eine andere Möglichkeit Geld zu definieren. Geld ist, was in einem Schuldvertrag als Rückzahlung gefordert wird. Das muss nicht Metall oder Münzgeld sein. Es kann auch Getreide oder Vieh sein. Wird jedoch Geld gefordert, dann eine bestimmte Sorte. Das gilt bis heute. Es ist nicht egal, ob ich meine Rechnung in Rubel oder US-Dollar bezahle. Wegen all dem ist Geldwirtschaft schwer zu fassen. Die Schwierigkeiten beginnen bereits bei der Definition von Geld. Unabhängig von einer Gelddefinition sind die Übergänge zwischen den drei Tauschsystemen fließend. So ist ein geldwirtschaftlicher Kauf formal nur ein halbes Tauschgeschäft. Doch durch Bezahlen gilt ein Handel als abgeschlossen. Obwohl Geld nur Kaufmittel und nicht Gebrauchsgut ist, hat Bezahlung einen entbindenden Charakter. Hierin steht die Geldwirtschaft der Tauschwirtschaft somit näher als der Geschenkwirtschaft. Die drei Systeme haben sich nacheinander aus dem jeweils früheren entwickelt und dabei alte Elemente übernommen bzw. modifiziert.

Neben dieser Evolution hat ein Tauschsystem möglicherweise seit der Steinzeit bis zum Beginn des 20. Jhs. parallel existiert. Es lässt sich in keines der bisher beschriebenen Systeme einordnen. Gerade deshalb und wegen seiner langen Existenz und Stabilität können wir aus diesem System viel für die Zukunft lernen.

2.4.   Kerbholzwirtschaft

Seit grauer Vorzeit bis Anfang des 20. Jahrhunderts
Ein Sonderweg mit langer Tradition

> Die Anfänge des Gebrauchs der Kerbhölzer reichen nicht
> bloss, wie man früher meinte, in die germanische Zeit hinein,
> sie gehen vielmehr noch Jahrzehntausende weiter zurück ins
> Paläolithikum, in die Zeit der *Höhlenbewohner*. Holzstücke
> aus dieser Periode sind nicht mehr vorhanden, aber man hat
> eine Anzahl von paläolithischen Knochen gefunden, welche
> offenbar Eigentums- oder Ursprungsmarken tragen; andere
> wieder sind mit einfachen Zahlen versehen, indem vielleicht
> derart die Jagdbeute notiert wurde. [H.i.O.]
>
> Max Gmür[17]

Das Neue an der Geldwirtschaft war also, dass eine Schuld in Quantität und
Qualität festgeschrieben wurde. In der Geschenk- oder Tauschwirtschaft stand
mir frei, wie ich eine Gabe erwidere. Zumindest gab es einen Spielraum. In der
Geldwirtschaft gibt es diesen Spielraum nicht mehr. Das Festschreiben von
Schuldhöhe und Schuldtilgungsmittel verwandeln eine geschenkwirtschaftliche
Verpflichtung in eine geldwirtschaftliche Verschuldung. In der Tauschwirtschaft
kommt ein Tauschgeschäft gar nicht erst zustande, wenn sich beide Seiten nicht
auf wechselseitigen Wertausgleich einigen. Schuld kann hier gar nicht entstehen.
Doch auch die Evolution des Tausches nahm verschiedene Wege. Ich würde
Kerbhölzer dabei nicht als ein Nebengleis bezeichnen, sondern als eine eigene
Entwicklung, die sich wahrscheinlich Jahrtausende lang krisenfrei bewährt hat.
Ob Ritzungen auf paläolithischen Knochen allerdings tatsächlich auf Kerbholz-
gebrauch in der Steinzeit schließen lassen, wie Gmür annimmt, wage ich zu be-
zweifeln. Vielleicht waren es reine Ornamente.
  Ungeachtet dessen belegt Gmür einen Gebrauch von Kerbhölzern als Verrechnungsmittel, der weit in die Geschichte zurück reicht. Kerbhölzer sind nach allem
bisher gesagten keinem der drei Tauschsysteme zuzuordnen. Denn Kerbhölzer
sind Verrechnungsmittel, die Guthaben und Schulden genau fixieren, aber das
Mittel zum Begleichen der Schuld nicht festlegen. Die gespaltenen Kerbhölzer
lassen am besten erkennen, wie Guthaben und Schulden im gleichen Atemzug
entstehen. Denn bei der Übergabe von Ware werden auf beiden Teilen gleich viele Kerben geschnitten. Wer gegeben hat, erhält das Gläubigerholz; wer genommen hat, das Quittungsholz, siehe Abbildung 1.

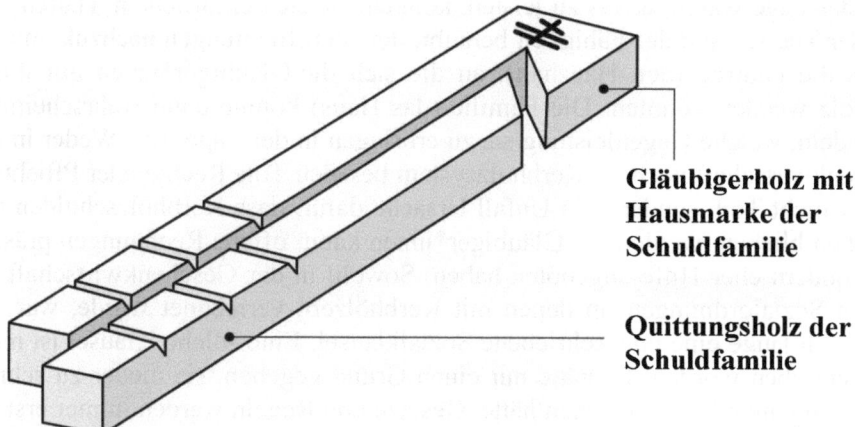

Gläubigerholz mit Hausmarke der Schuldfamilie

Quittungsholz der Schuldfamilie

Abbildung 1:
Gespaltenes Kerbholz zum Aufzeichnen von Guthaben und Schulden

Geben und Nehmen fallen wie in der Geschenk- und Geldwirtschaft zeitlich auseinander. Das haben Kerbhölzer mit beiden Tauschsystemen gemeinsam. Von der Geschenkwirtschaft unterscheiden sich Kerbhölzer aber, weil Guthaben und Schulden genau quantifiziert werden. Sie werden zwar nicht festgeschrieben, aber eingekerbt. Genau das verbindet Kerbhölzer mit der Geldwirtschaft. Doch Kerbhölzer legen nicht fest wann, was und wie viel als Gegenleistung erbracht werden muss. Das unterscheidet Kerbhölzer von der Geldwirtschaft. Die Gegenleistung bleibt Verhandlungssache. Das verbindet Kerbhölzer mit der Tauschwirtschaft. Weil Geben und Nehmen aber zeitlich auseinander fallen, sind Kerbholzgeschäfte keine Tauschgeschäfte. Kerbhölzer sind Verrechnungsmittel. Damit erfüllen sie eine Funktion des Geldes. Kerbhölzer können zwischen zeitlich auseinander liegenden Tauschakten vermitteln. Sie können einen Wert übertragen, ohne selbst Wert zu besitzen. Sie sind reines Tauschmittel, also Wertsymbol. Doch ihre Erzeugung ist nicht monopolisiert oder an Vorleistungen gebunden, wie das Prägen von Münzen. Es erfordert keine (bzw. nur minimale) Arbeit ein gespaltenes Kerbholz herzustellen. Trotzdem sind Kerbhölzer fälschungssicher.

Allerdings erlauben sie nur einen bilateralen Handel. Außerdem können Guthaben nie größer werden, als die Anzahl an Kerben, die auf ein Gläubigerholz passen. Kerbhölzer ermöglichen also kaum zu sparen, um zu investieren. Die Kerben auf einem Quittungsholz können aber auch nicht in Schuldsklaverei münden. Sie sind zwar eine Verpflichtung zum Leisten einer Gegengabe, doch es lag in den Händen der Verschuldeten, wie sie ihre Verpflichtungen einlösten. Solange sie in der Lage waren, etwas zu leisten, konnten sie sich entpflichten. Hatten Unfall oder Tod jemand der Fähigkeit beraubt, den Verpflichtungen nachzukommen, gab es die Familie (den Haushalt), an die sich die Gläubiger*innen mit ihrem Kerbholz wenden konnten. Die Familie (das Haus) konnte dann wahrscheinlich verhandeln, welche Gegenleistung sie zu erbringen in der Lage war. Weder in der Geschenkwirtschaft noch im Kerbholzsystem besaßen Tote Rechte oder Pflichten.

War nicht Tod, sondern ein Unfall Ursache dafür, dass Kerbholzschulden unbeglichen blieben, werden die Gläubiger*innen kaum offene Rechnungen präsentiert, sondern eher Hilfe angeboten haben. Sowohl in der Geschenkwirtschaft als auch in Sozialordnungen, in denen mit Kerbhölzern verrechnet wurde, war das vermutlich lange eine ungeschriebene Sozialklausel. Eine solche Klausel ist nicht aufgeschrieben worden. Es hätte nur einen Grund gegeben, sie nieder zu schreiben: wenn jemand sie übertreten hätte. Gesetze und Regeln werden immer erst erlassen, wenn Menschen etwas gegen das Rechtsempfinden der Mehrheit tun.[18] Solange niemand das allgemeine Rechtsempfinden verletzt, gibt es keinen Anlass undenkbare Rechtsbrüche zu verbieten.

Die Kerbhölzer eröffnen vielleicht einen neuen Blick auf das Phänomen Schulden. Schulden sind nicht gleich Schulden. Sie lassen sich u.a. danach beurteilen, warum Menschen Schulden machen und welche Möglichkeiten sie haben, ihre Schulden zu begleichen. Graebers Blick auf die Verschuldung ist mir deshalb zu kurzsichtig. Seine Kritik an der Zerstörungskraft der Schulden ist zweifelsohne mehr als berechtigt. Doch ich sehe im Kreditgeld (Schuldgeld) eine Chance, Ausbeutung und Zerstörung zu überwinden. Das moderne Kreditgeld ermöglicht es, stabilisierende Elemente des Kerbholzsystems mit Vorteilen des universellen Geldes zu vereinen. Ein Vorteil der Kerbhölzer ist, dass das Tauschmittel direkt im Handel entsteht. Vorausgehendes Sparen oder Kreditaufnahme sind deshalb nicht nötig. Da kein Handelskapital gebraucht wird, entfallen der Zwang zur Kapitalbildung und die Notwendigkeit zum Schutz des Kapitals. Der Nachteil der Kerbhölzer besteht darin, dass sie nur bilateralen Austausch erlauben.

Kreditgeld, das vergleichbar den Kerbhölzern direkt im Handel entsteht, ermöglicht es, die Vorteile beider Systeme zu vereinen und die Nachteile beider Systeme zu überwinden. Derartiges Kreditgeld muss jedoch stabilisiert werden, indem Guthaben und Schulden in Modifikation des Kerbholzsystems austariert werden. Das Metallgeld der Antike und des Mittelalters (eine Form von Vollgeld) bietet diese Möglichkeiten nicht. In einer weiteren Negation der Negation kann es jedoch gelingen, Kerbhölzer und Kreditgeld zu vereinen. Dann kann aus Verschuldung wieder Verpflichtung werden. Damit entstünde eine wichtige Voraussetzung für die soziale und ökologische Umgestaltung unserer Gesellschaft. Diese Zukunftsperspektive können wir entwickeln, wenn wir die Vergangenheit verstehen.

3. Entwicklung des Münzgeldes

Vom Tauschgut zum Tauschmittel

> Die Geschichte des Geldes ist eines der lehrreichsten Bei-
> spiele dieses Verhältnisses zwischen der Völkerkunde und
> einer ihr nahestehenden Wissenschaft. Soweit diese Ge-
> schichte von Nationalökonomen geschrieben wird, stützt sie
> sich nach alter Sitte fast ausschließlich auf die Ueberliefe-
> rungen der altklassischen und der neueren Kulturvölker;
> diese gelten schlechthin als typisch für die Menschheit. Auf
> dieser beängstigend schmalen Grundlage wachsen dann die
> verwegensten Theorien bis in den Himmel, und Gold- und
> Silbermänner verkünden aus der schwindelnden Höhe dem
> erstaunten Volke ihre Weisheit.
>
> Heinrich Schurtz[19]

Wir stehen an der Schwelle eines neuen monetären Zeitalters. Seit Jahren wird über die Abschaffung des Bargeldes diskutiert. Andere machen gegen die drohen- de Abschaffung mobil. Allgemein ist die Vorstellung von Geld untrennbar mit Münzen verbunden. Noch am Beginn dieses Jahrtausend glaubten viele, nur Bares ist Wahres. Sie sahen (wenn überhaupt) im Bargeld die Grundlage der Geldschöp- fung. Die Finanzkrise 2007/08 hat dann plötzlich Billionen virtuelle Dollar, Euro, Yen etc. vernichtet und zugleich das Wissen über das Geld vergrößert. Ungeach- tet dessen prägen noch immer Münzen unsere Vorstellung vom Geld. Dabei ist die von Carl Menger aufgeworfene Frage nach dem Entstehen des Münzgeldes bisher nicht befriedigend beantwortet.

> Dass ... bei allen einigermaßen zivilisierten Völkern jedes wirtschaftende Subjekt
> bereit, ja eifrig bemüht ist, seine zum Austausche bestimmten Güter gegen kleine,
> an sich nutzlos erscheinende Metallscheiben, oder gegen diese letzteren vertretende
> Urkunden [Geldscheine, d.A.], auszutauschen; dies ist ein dem gemeinen Laufe der
> Dinge so widersprechender Vorgang, dass es uns nicht wundernehmen darf, wenn
> er ... als „geheimnisvoll" erscheint.[20]

Das Geheimnis, warum Menschen bereit sind, ihre produzierten Güter für nutzlos erscheinende Metallscheiben einzutauschen, wollen wir lüften. Ziel der Reise durch die Geschichte des Geldes ist es, die Ursachen der Vormachtstellung des Geldes aufzudecken. Erst dann können wir sie auflösen und Geld zu einem Hilfsmittel machen. Geld soll nicht länger ein Zweck an sich sein, der alle Mittel heiligt. Geld soll ein Mittel zum Zweck werden. Nicht durch Verbote, sondern durch sich selbstregulierende Strukturen.

3.1. "Prestigegeld"

Seit grauer Vorzeit
Wertvolle Geschenke – Verschenkte Wertsymbole

> Die Geschichte der Entstehung des Geldes ist
> also nicht die Geschichte der Entwicklung der
> Tauschwirtschaft. Das Geld ist älter als die
> Tauschwirtschaft.
>
> Wilhelm Gerloff[21]

Gerloffs These ist irritierend. Wie kann es Geld geben, wenn noch keine Waren existieren, die man dafür kaufen kann? Es kann sich hier nicht um Geld in unserem Sinne, also um Geld als universelles Kaufmittel für Waren handeln. Die Verwirrung löst sich, wenn wir betrachten, was mit "Prestigegeld" gemeint ist und worauf sich Gerloffs These stützt.

Als "Prestigegeld" werden heute Objekte bezeichnet, deren Besitz Prestige und dadurch einen hohen sozialen Status verschaffte. In der Frühgeschichte der Menschheit waren das oft Schmuckstücke, aber auch Werkzeuge und Waffen. Solche Prestige*objekte* sind erst in der Zeit der Kolonialisierung von den Kolonialherren im Tauschhandel genutzt worden. Erst dadurch wurden sie zu Geld. Danach haben Ethnologen und Ökonomen diese Prestigeobjekte als Prestigegeld wahrgenommen und beschrieben. Wie eine solche Transformation stattgefunden haben kann, soll an einem Beispiel rekonstruiert werden.

In der Literatur über sogenannte primitive Geldformen finden sich Berichte über das Steingeld der Südseeinsel Yap.[22] Diese Steinscheiben gelten als Kuriosität der Geldentwicklung, denn es handelt sich nicht um Edelsteine.

Das sogenannte Steingeld besteht aus teilweise übermannsgroßen, dicken, kreisförmigen Steinscheiben aus Aragonit,[23] die alle ein Loch in der Mitte haben. Besitzer solcher Steine genossen auf der Insel hohes Ansehen. Vielleicht, weil das Beschaffen eines solchen Steins ein Abenteuer war, denn die großen und schweren Steine gab es auf der Insel Yap nicht. Sie mussten auf einer etwa 400 Meilen entfernten Insel behauen, durchbohrt und in Booten übers Meer transportiert werden. Mindestens der Transport solcher Steine war ein Gemeinschaftsprojekt und wohl auch eine Mutprobe.

Möglicherweise waren die Steine auch Statussymbole. Zumindest berichtet Joachim Höltz nach Adelbert von Chamisso, der sich auf einen einheimischen Informanten namens Kadu beruft, dass weiße Steine aus Eap Ehrensitze waren

… worauf die Häuptlinge ein ausschließliches Recht haben.[24]

Auf der Insel Pelli (bzw. Pelew) verliehen gelbe Steine gleiche Würde. Chamisso schreibt:

> Kadu hat diesen Stein gesehen, er ist nicht Silber, nicht Metall.[25]

Als Fremde aus Europa diese Insel erkundeten, weckten nicht diese durchbohrten Steine, sondern die Kokosnüsse ihr Interesse. Kobra, ein Mus aus Kokosnuss, war eine begehrte Kolonialware. Das wollten die Kolonialhändler von den Einheimischen der Insel Yap eintauschen. Doch scheinbar hatten die Europäer nichts zu bieten, was die Einheimischen interessierte. Zumindest nichts, was sie so sehr begehrten, dass sie bereit waren, dafür in großem Stil Kokosnüsse zu ernten und zu Mus zu verarbeiten. Auf der Suche nach einem Tauschmittel muss jemandem aufgefallen sein, welche Wertschätzung die Einheimischen ihren durchbohrten Steinscheiben entgegen brachten. Darauf gründeten die Kolonialhändler ein besonderes Tauschgeschäft. Sie boten den Yapanesen an, auf ihren großen Schiffen Steine für sie übers Meer zu transportieren. Im Tausch dafür mussten diese große Mengen Kobra liefern. Sie überließen es den steinbesessenen Yapanesen ihre Clans zur Kobraproduktion anzutreiben. Erst dieser Tauschhandel machte aus den Prestigeobjekten Prestigegeld. Die gingen als Steingeld der Insel Yap in die Geldliteratur ein. Ob „steinreich sein" vom Steingeld der Insel Yap oder vom Besitz von Edelsteinen oder aber vom Baumaterial reicher Leute, die sich Häuser aus Stein bauen konnten, abgeleitet ist, vermag ich nicht zu sagen.

Den Wert dieser Steine zu erklären, ist nicht leichter oder schwerer als den Federschmuck eines Pfaus zu erklären. Welche Vorteile bringt prächtiger Federschmuck, der den Flug erheblich erschwert? Welchen Sinn haben Geweihe, die bei Bewegung durch den Wald behindern? Schönheit und Nützlichkeit verbinden sich nicht unbedingt harmonisch. Genauso ist soziales Verhalten nicht immer ökonomisch und umgekehrt. Zwischen beiden Polen besteht ein Spannungsfeld und nur im Idealfall ein Gleichgewicht. Im ungünstigsten Fall geben wir Geld aus, das wir nicht haben, um Dinge zu kaufen, die wir nicht brauchen, um Leuten zu gefallen, die wir nicht mögen. Wir sind und bleiben sozioökonomische Wesen – immer interessant, aber nicht immer vernünftig. Akzeptieren wir daher einfach, dass sich die Männer auf der Insel Yap mit ihren Steinen steinreich fühlten oder auf ihren Steinen thronend zum Häuptling wurden.

Die Verwandlung von Prestigeobjekten in Prestigegeld verlief jedoch nirgendwo gleich. Kaurimuscheln, die in Asien, Afrika, Europa und auch Amerika schon in prähistorischer Zeit als Schmuck begehrt waren,[26] sind wohl ganz ohne fremden Einfluss von Geschenken zu Tauschmitteln und schließlich zu Geld geworden. Doch aus der Tatsache, dass Kaurimuscheln zeitweise als Geld verwendet wurden, kann nicht geschlossen werden, Kaurimuscheln wären immer Geld gewesen. Wenn in einem 10 000 Jahre alten Grab Muscheln gefunden wurden,[27] heißt das nicht, dass sie damals bereits Geld waren. Sie waren es so wenig, wie ost- oder westdeutsche Mark heute Geld sind. Im Gegensatz zu Münzen haben Muscheln ihr Aussehen im Laufe der Jahrtausende nicht verändert. Ohne verändertes Münzbild kann den Muscheln niemand ansehen, wann sie Schmuck, wann sie Tauschgut und wann sie Geld waren. Als allgemein begehrtes Gut haben sie im Laufe der Entwicklung verschiedene Funktionen übernommen. Nicht Muschelfunde in einem uralten Grab machen Muscheln zu Geld, sondern erst das Entstehen von Warenmärkten vermag Muscheln einen Geldwert zu verschaffen. Wo immer Kolonialherren Märkte vorfanden, auf denen Kaurimuscheln als Zahlungsmittel akzeptiert wurden, nutzten sie Muscheln als Geld. Denn sie vermochten Kaurimuscheln in großen Mengen kostengünstig aus dem Meer zu holen. So konnten sie mit ihnen billig einkaufen.[28] So betrachtet, irrte Gerloff. Geld ist nicht älter als die Tauschwirtschaft. Aber Kaurimuscheln sind älter als die Geldwirtschaft.[29]

Prestigeobjekte wurden in verschiedenen Kulturen von Geschenken zu Tauschgütern und schließlich zu Geld. Ihre Verwendung als Geld lässt allerdings keinen Schluss darüber zu, seit wann sie Geld sind. Die Geldfunktion eines Zahlungsmittels ist an konkrete Orte und Zeiten gebunden. Die Erscheinungsform regional verwendeter Zahlungsmittel unterliegt der Mode. Was heute Geld ist, muss morgen nicht Geld sein, so wie das Geld von gestern heute mehr oder weniger wertlos ist. Es gibt kein Geld per se. Nicht einmal Gold ist immer und überall Geld gewesen. In Amerika besaß Gold vor der kolonialen Eroberung keinen Geldwert. Geld ist immer nur das, was auf dem Markt als Zahlungsmittel akzeptiert wird. Geld erfordert in jedem Fall einen Markt, auf dem Waren käuflich sind.

Es liegt nahe, dass Prestigeobjekte in einer späteren Entwicklungsphase zu Geld wurden. Genau wie Geld besitzen sie einen symbolischen Wert. Gerade das ist das Wesen des Geldes. Schon Schurtz macht deutlich, dass Schmuck und Prestigegegenstände Vorformen des Geldes bilden und vor allem soziale Aufgaben erfüllen. Er bezeichnet sie als Zeichengeld,[30] weil sie keinen eigentlichen Wert im Sinne eines Gebrauchswertes besitzen, sondern Wertsymbol, bzw. Wertzeichen sind. Gerloff nennt diese Tauschmittel Symbolgeld.[31] Zweifelsfrei waren die Übergänge zwischen Geschenk- und Tauschwirtschaft sowie Tausch- und Geldwirtschaft fließend und Grenzziehungen nur schwer möglich. So bleibt unklar wie steinzeitliche Funde von Schmuck oder Feuersteinen, weit entfernt von den Ursprungsorten,[32] zu bewerten sind. Nach Heichelheim war ein

> primitiver Güterumlauf ... unbezweifelbar während des Paläolithikums entwickelt.[33]

Doch sieht auch er hierin noch keinen ökonomischen, sondern einen sozialen Tausch. Er glaubt, dass

> derartig differenzierte ... Schmuckstoffe und Gerätematerialien ... bei Heiraten durch Frauenkauf, bei allerlei Festlichkeiten durch magische Schenkregeln[34]

verwendet wurden. Ihre Begehrtheit machte die natürlichen Kleinode zu den ersten Wertgegenständen der Menschheit. Wer sie besaß, konnte anderen imponieren und so Sexualpartnerinnen gewinnen oder Bündnisse auf- bzw. ausbauen. Prestigeobjekte verschafften Ansehen, Status und sozialen Rückhalt. All das lässt sich heute auch mit Geld kaufen. Hier verschwimmen die Grenzen. Doch mit Prestigeobjekten konnten keine Waren gekauft werden, solange es noch keine Waren gab. Noch lebten alle in reiner Selbstversorgung. Erst gravierende Veränderungen der Lebensweise brachten Waren und Handelsbedarf hervor.

3.2. Nutzgeld

Wahrscheinlich seit 10 000 Jahren
Ware und Geld – Geld oder Ware

> Als Tauschmittel dienten anfangs die ursprünglichen Lebensbedürfnisse, also Nahrungsmittel, Kleider, Schmuck und Gerät.
>
> Kurt Regling[35]

Während Prestigegeld seinen Ursprung in der Geschenkwirtschaft hat und erst später Geldfunktion erhielt, entstand Nutzgeld in der Tauschwirtschaft. Tauschwirtschaft entwickelte sich in der sogenannten neolithischen Revolution. Diese Revolution war kein eruptives Ereignis, sondern ein sehr langwieriger Prozess, der nach dem Ende der letzten Eiszeit zunächst in Asien[A] einsetzte. Dieser Jahrtausende dauernde Prozess hat das Leben der Menschen schließlich revolutioniert. Die sesshafte Lebensweise hat das Nahrungsangebot einer Gemeinschaft zwar vermutlich stabilisiert, die Nahrungspalette aber zunächst nachweislich reduziert. Zumindest belegen archäologische Funde, dass der Gesundheitszustand früher Siedlerinnen und Siedler deutlich schlechter war, als der zeitgleich lebender Sammel- und Jagdgemeinschaften.

Allerdings erlaubte eine sesshafte Lebensweise das Entstehen von Hausrat über Kleidung und Jagdgeräte hinaus. Neben Häusern entstanden Tongefäße. Werkzeuge und auch Schmuck differenzierten sich. Kleidung wurde aufwendiger und schmuckreicher. Mit dem Sesshaftwerden entstanden so Tauschgüter, aber

---

[A] Ackerbau und Viehhaltung begannen damals unabhängig in Fernostasien sowie in Mesopotamien. Wann er in Amerika begann, ist mir unbekannt.

nicht zugleich auch Märkte, denn der Umfang der Tauschgüter war zunächst begrenzt und lokal unterschiedlich. Die Entwicklung der Tauschwirtschaft kann deshalb nicht mit dem Entstehen einer Marktwirtschaft gleich gesetzt werden. Tausch fand zunächst bilateral in Form des stummen Handels statt (siehe Kapitel 2.2. *Tauschwirtschaft*, S. 14ff.). Dieser Tauschhandel stellte keine logistische Herausforderung dar, zumal die Tauschparteien wirtschaftlich autarke Gemeinschaften waren. Gütertausch machte ihr Leben vermutlich schöner und ihre Ernährung abwechslungsreicher.

Doch Tauschhandel war anfangs keine existenzielle Notwendigkeit, sondern Bereicherung und Ergänzung. Erst nachdem sich bilaterale Tauschbeziehungen verstetigt und verfestigt hatten, konnte eine Spezialisierung einsetzen. Erst nachdem verlässliche Handelsbeziehungen entstanden waren, konnten sich Gemeinschaften vom Tausch abhängig machen. Erst dann konnten Grundnahrungsmittel wie Getreide, Reis, Mais oder Hirse zu Tauschgütern werden. Erst dann wurde Tausch teilweise zur Notwendigkeit. Doch gerade dieser Tauschhandel wird weiter primär bilateral gewesen sein, da er verlässliche Handelsbeziehungen erforderte. Nur wenn sich eine Gemeinschaft auf die Getreidelieferung verlassen konnte, konnten sie sich auf die Erzeugung anderer Tauschgüter wie Vieh, Geräte, Gefäße, Öle, Salz, Stoffe, Schmuck oder anderes spezialisieren. In dem diese Güter speziell für den Tausch produziert wurden, erhielten sie neben ihrem Gebrauchswert auch einen Tauschwert.

Festgelegt wurden die Tauschwerte durch die Großkaufleute, jene die den Fernhandel organisierten und die heimischen Märkte so mit den nun notwendigen Tauschgütern versorgten. Sie sorgten als Aufkäufer*innen der Waren für den Fernhandel dafür, dass die für den Fernhandel bestimmten Tauschgüter im lokalen Handel zu Tauschmitteln wurden.[B] So wurde aus Tauschgütern Nutzgeld. Nutzgeld war immer auch Ware mit einem Gebrauchswert. Am Anfang der Geldwirtschaft war Geld noch kein abstraktes Wertsymbol, sondern voll gebrauchswerthaltiges Tauschmittel, das Ware sein, aber auch als Tauschvermittler fungieren konnte. Je nach Kulturkreis wurden die Grundnahrungsmittel wie Reis, Weizen, Gerste, Hirse bzw. Mais, aber auch Stoffe, Salz oder Vieh als Nutzgeld verwendet. Ausgangspunkt des lokalen Handels war stets der Fernhandel. Im Fernhandel nahm die Entwicklung des Geldes und des Tauschwertes ihren Anfang.

Da Tauschwirtschaft zunächst zwischen Fremden stattfand, unterschied sie sich von der Geschenkwirtschaft dadurch, dass eine Gabe sofort durch eine Ge-

---

[B] Ein ähnlicher Prozess vollzog sich Jahrtausende später in den von Europa zu Kolonien gemachten Ländern. Deren Hauptexportgüter dienten im Inland als Zahlungsmittel, vgl. Leverkus (1990), S. 92.

gengabe erwidert werden musste. Denn es war nicht klar, ob sich die Tauschparteien je wieder treffen würden. Im Tauschhandel ging es deshalb immer darum, einen vollen Wertausgleich während einer Begegnung zu schaffen. Anders als in der Geschenkwirtschaft sollte gerade keine Verpflichtung offen bleiben.

Dennoch haben sich in Tauschgeschäften Elemente der Geschenkwirtschaft erhalten. Zum einen waren Tauschgeschäfte und auch spätere Geldgeschäfte teilweise ritualisiert. Dieter Veerkamp belegt das für den stummen Handel.[36] Am deutlichsten wird die Ritualisierung von Tauschhandel jedoch beim Potlatch, gerade wegen der vordergründigen Sinnlosigkeit dieses Austausches. Dass auch Geldgeschäfte teilweise noch ritualisiert waren, belegen Uwe Wesels Berichte über das römische Recht. Er beschreibt, dass

> der frühe römische Vertrag ein Formalgeschäft [war]. Seine Wirksamkeit hängt davon ab, daß bestimmte Formen eingehalten werden. ... Warum das römische Recht am Anfang so formalistisch war, im Gegensatz zum griechischen,[c] darüber kann man nur Vermutungen anstellen. Vielleicht waren es religiös-magische Vorstellungen. Vielleicht meinte man, daß nur die Einhaltung bestimmter Formeln zu wirksamer Bindung mit göttlichen Sanktionen führte.[37]

Auch wurden Kaufverhandlungen oft durch Geschenke eingeleitet oder beendet, wie u.a. Schurtz berichtet:

> Ganz allgemein hat sich als Rest des Geschenkverkehrs die Sitte erhalten, den Handel durch Geschenke zu eröffnen und wohl auch zu schließen, so dass die Geschäftssachen, bei denen auch in Afrika die Gemütlichkeit aufhört, von der älteren freundlichen Sitte gewissermassen umrahmt sind.[38]

In jedem Fall aber entwickelte sich Tauschhandel zunächst zwischen Fremden. Das erforderte einen sofortigen vollständigen Wertausgleich. Diesen Wertausgleich leistete das Nutzgeld. Das Nutzgeld erwarb seine Tauschmittelfunktion als im Fernhandel akzeptiertes Tauschgut. Diese Entwicklung wiederholte sich Jahrtausende später im Kolonialhandel. Von den Kolonialmächten begehrte Waren wurden im lokalen Handel innerhalb der Kolonien allmählich zu Nutzgeld. Das beschreibt u.a. Gerloff:

> Übereinstimmend finden wir in einer ganzen Anzahl von Kolonien, daß es die Standardware der kolonialen Produktion war, die die Rolle des Geldes übernahm und Geld wurde.[39]

---

[c] Ich vermute, dass in der römischen Geschichte der Übergang von der Tauschwirtschaft zur Geldwirtschaft sehr viel schneller und übergangsloser erfolgte, als bei den Griechen. Wir werden im Kapitel 3.7. *Münzgeld* (S. 47ff.) sehen, dass die Griechen das Münzgeld entwickelten und in Anwendung brachten. Die Römer haben dieses neue Tauschmittel bereits fertig vorgefunden und übernommen. Die Tauschwirtschaft wurde bei ihnen deshalb sicher rasch von der Geldwirtschaft überformt. Infolgedessen haben sich bei den Römern traditionelle Tauschhandelsriten wohl erst später abgeschliffen und aufgelöst.

Adam Smith nennt u.a. folgende Nutzgelder:

...Stockfisch auf Neufundland, Tabak in Virginien, Zucker in einigen unserer westindischen Kolonien, Häute oder zugerichtetes Leder in einigen anderen Ländern...[40]

Es irritierte am Nutzgeld stets, dass seine Geldfunktion äußerlich nicht erkennbar war, sondern allein von seiner Verwendung nach dem Tausch abhing. Innerhalb eines Naturaltauschsystems konnte im Grunde jede Ware Nutzgeld sein. Sie war es de facto, wenn sie nach dem Tausch nicht konsumiert, sondern als Tauschmittel weitergegeben wurde. Der Geldcharakter von Nutzgeld ließ sich folglich nicht am Stoff festmachen. Ein Scheffel Weizen war Geld, wenn er gegen Bier oder anderes weiter getauscht wurde. Der Scheffel wurde zur Ware, wenn er gegessen (konsumiert) wurde.

Definieren wir Geld als ein Tauschmittel für Ware, so war Nutzgeld das erste geldartige Tauschmittel. Von heutigem Geld unterscheidet es sich allerdings in zwei wesentlichen Punkten. Erstens war es kein immanentes Geld, also nie darauf beschränkt nur Tauschmittel zu sein, da es jederzeit als Gebrauchsgut konsumiert werden konnte. Zweitens entstand es gleichzeitig mit der Ware, da es ja selbst Ware war, so dass Geldmenge und Warenmenge formal stets gleich groß waren. Geldkrisen waren in einem Nutzgeld- bzw. Naturalwirtschaftssystem deshalb unmöglich.

Geld im engeren Sinn entstand erst, als sich die Geldherstellung von der Warenproduktion abkoppelte. Mit der Trennung der Warenwertschöpfung und der Geldschöpfung beginnt die eigentliche Geschichte des Geldes. Dieses „echte" Geld ist kein Nutzgeld mehr, denn es hat keine andere Funktion als Tauschmittel zu sein.

Geldschöpfung geschieht auch heute nicht im Produktionsprozess. Sie erfolgt durch Kreditaufnahme im sogenannten Finanzierungssektor. Dass die Marxsche Werttheorie beide Wertschöpfungsprozesse als synchron annimmt, sagt nichts über die Realität aus. In der Realität übersteigt die Geldmenge das Bruttosozialprodukt um ein Vielfaches. Durch synchrone Warenwert- und Geldschöpfung kann das nicht erklärt werden. Wir werden im 3. Teil dieser Tetralogie (siehe S. 162) nach anderen Erklärungsmustern suchen. Doch kehren wir zunächst zu den Anfängen der Geldentstehung zurück, bevor wir uns in den Problemen der Gegenwart verlieren.

Mit dem Tauschhandel begann die Buchhaltung. Aus der Buchhaltung entwickelten sich Quittungen und Schuldscheine. Wer Getreide im Gemeinschaftsspeicher ablieferte erhielt eine Getreidequittung. Wer Getreide auslieh, musste einen Schuldschein quittieren. Beides, Quittungen und Schuldscheine, wurden schon bald parallel zum Nutzgeld als alternative Zahlungsmittel genutzt.[41] Doch diese Getreidequittungen unterschieden sich wesentlich von modernem Kreditgeld, wie später gezeigt wird. Allerdings haben gerade Getreideschulden zu Verschuldungs-krisen geführt, die die antike Geschichte mit geprägt haben. Die Gesetzgebung des Solon entstand aus einer solchen Krisensituation. Auf die Problematik der Verschuldung in Nutzgeld, insbesondere in Saatgetreide, wird im Kapitel 12. *Zinsen* (S. 141ff.) eingegangen. Dort wird erkennbar, inwieweit die antike Schuld-sklaverei die Entwicklung des Zinses und der Zinskritik geprägt hat.

Die Natur verlangt, die Zeit zwischen Aussaat und Ernte zu überbrücken. Vor diesem Hintergrund muss die Verschuldungsproblematik gesehen werden. Doch diese frühe Schuldsklaverei steht in keinem Zusammenhang mit der Entwicklung des Metallgeldes. Sie entstand, bevor die betroffene bäuerliche Bevölkerung Me-tallgeld verwendete. Eine Untersuchung der antiken Schuldsklaverei führt deshalb auf ein Nebengleis und nicht zum Verständnis der Entwicklung von Metallgeld. Es ist leicht zu verstehen, warum Menschen Getreide als Tauschmittel nutzten, doch wie kleine nutzlose Metallscheiben zu Geld werden konnten, bleibt zu klä-ren.[42]

Noch trennen uns Jahrtausende von der ersten Münzprägung. Erst mit der um 3 000 v.u.Z. einsetzenden technischen Revolution, die zur Herstellung der ersten Zinnbronzegeräte führte, kommen wir auf dem Weg zum Metallgeld einen gewal-tigen Schritt voran. Bronzegeräte wie Gefäße, Werkzeuge und Waffen waren Handelsgüter, die Elemente des Prestige- wie des Nutzgeldes in sich vereinten. Zugleich besaßen sie eine Eigenschaft, die für die weitere Geschichte des Geldes von entscheidender Bedeutung war. Bronzegeräte waren wesentlich verlustfreier lagerfähig als Nutzgeld. Diese Lagerfähigkeit machte aus dem Tauschmittel ein Kaufmittel, denn sie verlieh diesem Geld eine Wertaufbewahrungsfunktion. Die Lagerfähigkeit der Bronzegeräte ermöglichte es zwischen Kauf und Verkauf bzw. Verkauf und Kauf beliebig viel Zeit vergehen zu lassen, ohne dass das Tauschmit-tel einen Wertverlust erlitt. Deshalb begann erst mit dem Handel mit Bronzegerä-ten die eigentliche Geldwirtschaft.

Gerade die Wertaufbewahrungsfunktion wird das Geldsystem jedoch immer wieder in tiefe Krisen stürzen. Es wird überall in Eurasien wiederholt Rückfälle in die Tauschwirtschaft geben. Alfons Dopsch registriert in seinem Buch „Natural-wirtschaft und Geldwirtschaft in der Weltgeschichte" solche Rückfälle bis in die Gegenwart hinein. Nutzgeld blieb immer ein Element der Tauschwirtschaft. Es war zugleich immer ein Bindeglied zwischen Tauschwirtschaft und Geldwirt-schaft, denn auch das Metallgeld begann als Nutzgeld. Als Bronzegerät war es zu-nächst Gebrauchsgegenstand und Tauschgut.

3.3. Gerätegeld

Vor etwa 5 000 bis 3 000 Jahren
Tauschmittel im Fernhandel

> Gerätegeld ist in der ersten Phase von Arbeitsteilung und Produktionstausch noch reines Nutzgeld. Die Gerätschaften sind voll einsatz- und gebrauchsfähig und werden unter diesem Aspekt von den Tauschpartnern erworben. ... Relative Unverderblichkeit, gleiche Qualität, Wiederverwendbarkeit des Grundmaterials durch Umgießen seien die hervorragenden Eigenschaften früher Gerätegeldformen, die diesen rasch Einbürgerung und Verbreitung sicherten, nachdem ihr Charakter als Wertmesser anerkannt und fast ausschließlich Selbstzweck geworden war.
>
> Christoph Sommerfeld[43]

Jahrtausende nach dem ersten Verwenden von Kupfer (was um 8500 v.u.Z. einsetzte) sowie knapp 2 000 Jahre nach dem ersten Auftauchen von Arsenbronze begann um 3000 v.u.Z. schließlich die Bronzezeit. Mit der Zinnbronze, einer Legierung aus Kupfer und Zinn entstand ein Material, aus dem sich nicht nur Schmuck und Gefäße herstellen ließen, sondern auch Werkzeuge und Waffen, die den Steingeräten an Schärfe ebenbürtig und an Beständigkeit überlegen waren.

Es entstand eine wachsende Nachfrage nach Bronzegeräten. Entsprechend musste die Erzgewinnung und Verarbeitung stetig ausgeweitet werden. Kupfer kam relativ häufig vor. Da es den größten Anteil an der Bronzelegierung ausmachte, lag es nahe, Bronze in Gegenden mit leicht abbaubaren Kupfervorkommen herzustellen. Das für die Bronzeherstellung ebenfalls notwendige Zinn war wohl auch in der Antike eher selten zu finden. Von der ersten Zinnbronzeherstellung bis zur antiken Massenproduktion von Bronzegeräten vergingen wahrscheinlich etwa tausend Jahre. In dieser Zeit wurden offensichtlich an weit voneinander entfernt liegenden Plätzen die nötigen Rohstoffe entdeckt. Um Bronze herstellen zu können, wurde Zinn deshalb über weite Strecken per Schiff transportiert.

Da man sich offensichtlich bereits in der Antike des ökonomischen Vorteils bewusst war, der sich durch den Handel mit knappen Rohstoffen erzielen ließ, wurde das Wissen über die Abbaugebiete des begehrten Erzes bewahrt. Dessen Herkunft ist daher bis heute geheimnisumwittert.[44] So unbekannt die meisten in der Antike genutzten Zinnlagerstätten bis heute sind, so bekannt sind viele Umschlag-, Verarbeitungs- und Handelsplätze. Ein Bronzezentrum war die „Kupferinsel" Zypern. Dort trafen sich Händler aus Eurasien und Afrika, um Kupfer- oder

Zinnbarren bzw. wertvolle Bronzegeräte einzuhandeln. Sie brachten edle Waren aus heimischer Produktion als Tauschobjekte mit. Auf den Metallmärkten des östlichen Mittelmeerraums entwickelte sich ein ausgeprägter Fernhandel. Weil sich Bernsteinhändler aus dem Baltikum, Gewürzhändler aus Arabien und Indien, Seidenhändler aus China, Holzhändler aus dem Libanon, Getreidehändler aus Ägypten auf diesen Märkten begegneten, konnten sie nicht nur ihre heimischen Produkte gegen die vor Ort produzierten Metallbarren oder Bronzegeräte eintauschen, sie konnten auch untereinander Handel treiben und Seide gegen Gewürze oder Bernstein gegen Getreide tauschen. In diesem Handel wurden die vor Ort produzierten Bronzegeräte, wegen der alle hierher gekommen waren, nach und nach zur Verrechnungseinheit und schließlich zum allgemeinen Tauschmittel. Ringe oder Beile, später Spangen oder Sicheln, bzw. für den asiatischen Markt Messer und Spaten wurden zu Gerätegeld.

Die Geldfunktion der Bronzegeräte blieb allerdings auf die internationalen Metallmärkte beschränkt. Nur dort bemaßen alle ihre Waren in Bronzegerät und machten Bronzegerät dadurch zu einem allgemeinen Verrechnungsmaßstab. Nur dort gab es ein hinreichend großes und vielfältiges Warenangebot, um die wertvollen Bronzestücke als Zahlungsmittel nutzen zu können.

Diese internationalen Metallmärkte waren in vieler Hinsicht etwas Neues. Zwar waren Menschen schon immer gewandert und hatten weite Strecken zurück gelegt, doch die Wanderungen der Nomaden richteten sich nach dem Wetter und dem Nahrungsangebot. Sie wanderten mit den Jahreszeiten ohne feste Termine. Nun hatten diejenigen, die sich mit einem Schiff zu den weit entfernten Metallmärkten auf den Weg machten, nicht nur ein festes Ziel, sondern auch so etwas wie Termine, denn sie unternahmen die weite Reise nicht nur, um Bronzegeräte einzutauschen. Sie wollten auch die exotischen Waren aus anderen Teilen der Welt bestaunen und tauschen. Folglich mussten sie ihre Reise zeitlich planen, um rechtzeitig einzutreffen, bevor andere den Handelsplatz verlassen hatten. Ich vermute deshalb, das Entstehen von Kalenderbauten (wie der megalithischen Steinkreise) resultierte aus dem Bedürfnis, Abreisetage für die Fernreisen bestimmen zu können.

Zum Bestellen der Felder konnten die Menschen sich an der Natur orientieren. Die Veränderungen der Vegetation der Umgebung werden geholfen haben, den besten Zeitpunkt für Aussaat und Ernte zu bestimmen. Nach Austrieb oder Blüte bestimmter Pflanzen, nicht nach den Sternen, wird sich die Aussaat gerichtet haben. Der Reifegrad der Früchte, nicht der Lauf der Sonne, wird die Zeit für die Ernte angezeigt haben.

Für die Reiseplanung der Kaufleute war der Wechsel der Jahreszeiten allerdings viel zu schwankend, um Reisetermine für Fernreisen zu bestimmen. Wer zur See fuhr hatte jedoch gelernt, sich nach den Sternen zu richten. So lag es nahe, sich auch auf dem Land an die Sterne zu halten.

Wer den Boden bearbeitete, richtete den Blick eher auf die Erde und ihre Gewächse. Dort fanden all jene, die tags arbeiteten und nachts schliefen Orientierung. Sie, die mit der Sonne aufstanden und schlafen gingen, beobachteten die lebendige Natur. Aus diesen Beobachtungen entstanden die Bauernkalender, die oft erstaunlich präzise Vorhersagen ermöglichen. Die Sterne kamen den Landwirt*innen wohl eher selten in den Blick oder in den Sinn. Die Entwicklung der Landwirtschaft war deshalb kaum Auslöser der Steinkreisarchitektur, auch weil es in ihrem Umfeld weder Protostaaten als Organisatoren gab, noch Steuern, deren Eintreibung terminlich festgelegt werden musste.

Sinn machten Steinkreise (wie Stonehenge) jedoch für Fernreisende. Sternenkundige Seefahrer*innen,[D] die exotische Waren und Geschichten aus unbekannten Weltgegenden mitbrachten, konnten sicher genug Magie entfalten, um Menschen zu den gewaltigen Kalenderbauten zu bewegen. Der Fernhandel erforderte eine Zeitrechnung, die über den heimischen Horizont hinaus ging. Auf Fernreisen wurden Sterne zu Orientierungshilfen und der Himmel zum verbindenden Element. Der Fernhandel eröffnete den Menschen so in mehrfacher Hinsicht neue Horizonte, neue Sichtweisen, neue Welten.

Die monumentalen Kalenderbauten können nur von Menschen initiiert worden sein, die über Wissen, ökonomisches Potential und Motivation für solche Bauwerke verfügten. Auch die geographische Verbreitung dieser Bauwerke spricht dafür, dass sie von Menschen erbaut wurden, die mehr als die heimische Scholle kannten. Ich vermute, dass die Kalenderbauten selbst zugleich bedeutende Handelsplätze waren, oder doch Orte markierten, in deren Umfeld Handelsplätze oder wichtige Handelswege lagen. Möglicherweise waren die Abbauorte der Steine für diese Bauwerke zugleich Orte der Erzgewinnung. So oder so sehe ich in den seefahrenden Fernhändler*innen der Bronzezeit die Erbauer*innen der Megalithsteinkreise.

Ich sehe Parallelen zu den Kathedralen des Mittelalters, die von der Bedeutung eines Handelsortes kündeten und zugleich Landmarken und Orientierungspunkte waren. Auch die Kalenderbauten der Bronzezeit werden Kultplätze, Handelsplätze und Orientierungspunkte in einem gewesen sein. Im Kapitel 2.2. *Tauschwirtschaft* (S. 14ff.) wurde darauf hingewiesen, das Handel oft ritualisiert war. Dieter Veerkamp schreibt in seiner Dissertation „Stummer Handel"

[D] Helga Helsper berichtet „über Piratinnen und andere Seefrauen" (siehe Literaturverzeichnis im Anhang), die erkannt oder unerkannt als Matrosinnen oder gar Kapitänin zur See fuhren. Ihre biographischen Skizzen reichen bis in die Antike zurück. Deshalb können wir annehmen, dass auch in der Bronzezeit Frauen zur See gefahren sind.

... unter magisch-religiösem Gefühl ist noch etwas anderes zu verstehen: man stellt sich unter den Schutz und die Abhängigkeit einer übernatürlichen Macht. Ganz deutlich wird dies am Bericht des Theophrast aus Saba, nach dem sich der Vorgang des stummen Handels im Schutz eines Tempels abspielt, und ebenso deutlich an einem Beispiel aus Guinea (Kingsley), wo ein Fetisch die Waren und ihren ordnungsgemässen Austausch überwacht.[45]

Veerkamp berichtet auch, dass Menschen das Erzeugen unbekannter faszinierender Tauschgüter magischen Wesen zuschrieben.[46] Die Erzählungen der Seefahrer*innen aus völlig fremden Welten werden den magischen Vorstellungen zusätzlich Vorschub geleistet haben. Ein Zusammenhang zwischen Handelsplatz und Kultplatz, gestaltet als monumentaler Kalender, liegt daher nahe.

Unabhängig von diesen Vermutungen steht außer Zweifel, dass es in der Bronzezeit zur Ausdifferenzierung der Gesellschaft kam. Mit dem Gerätegeld entstanden soziale Schichten. Das Gerätegeld ermöglichte, ja es erzwang neue Formen der Wertspeicherung – das Horten. Anders als Nutzgeld wurde Gerätegeld nicht in öffentlichen Lagerhäusern verwahrt. Es wurde individuell in der Erde vergraben. Es gehörte nicht mehr, wie die gemeinschaftlich produzierten Tauschgüter, der Allgemeinheit. Es war Eigentum der Kaufleute. Sie hatten es im Handel erworben. Indem die Geldfunktion des Bronzegerätes zunahm, wurde ihr Tauschwert zum primären Gebrauchswert in den Händen der Kaufleute. Es wird ein langsamer, schleichender Prozess gewesen sein, bis Bronzegerät zu Gerätegeld wurde. Dieser Wandel hatte tiefgreifende Auswirkungen. Für Bronzegerät gab es in der lokalen Wirtschaft Verwendung, für Gerätegeld nicht. Geldfunktion hatte Gerätegeld nur im Fernhandel. Für diesen Fernhandel war es inzwischen zu Handelskapital geworden. Das könnte die Privatisierung des Gerätegeldes legitimiert haben. Zumindest machte aus dieser Perspektive Vergraben von Gerätegeld Sinn.

Das Entstehen von Geld, das zugleich Handelskapital in den Händen einer kleinen Elite war, markiert das Ende der egalitären Gesellschaft. Die Gemeinschaft begann sich zu spalten, in Arme und Reiche, in Wissende und Unwissende. In Megalithbauten manifestierte sich diese Teilung. Hier fand Wissen einen steinernen Ausdruck. Hier manifestierte sich Macht in Protz. Hier wurden Spezialkenntnisse in magische Rituale verwandelt. Mit dem Ende des Urkommunismus, begann das Zeitalter des Sparens. Nun soll kein antagonistischer Widerspruch zwischen Egalität und Sparen aufgebaut werden. Sparen ist so sinnvoll wie wichtig, wenn dabei Maß gehalten wird, weil es ein Korrektiv gibt. Handelt ein Eichhörnchen sinnvoll, wenn die Hälfte seiner vergrabenen Vorräte ungehoben bleibt? Sicher, denn die Zukunft ist ungewiss. Auch entsteht durch diese Vorratshaltung kein Schaden. Ungehobene Früchte werden Bäume oder Erde. Was aber ist mit den Hortfunden, die seit der Bronzezeit in der Erde ruhen?

3.4. Hortfunde

Seit etwa 4 000 Jahren
Verschollenes Handelskapital – Sinnbild nutzloser Arbeit

> Überblickt man die ungeheure Masse an bronzezeit-
> lichen Deponierungen, deren Zahl in Europa in die
> Tausende geht, dann wird man erkennen, daß die
> Mehrzahl und gerade die besonders reichen nicht in
> Unruhezeiten, sondern in Perioden kontinuierlicher
> Entwicklung blühender Zivilisationen gehört.
>
> Bernhard Hänsel[47]

Hortfunde wurden in großer Zahl vor allem in Mittel- und Osteuropa gefunden. Es lassen sich zeitlich und regional verschiedene Formenkreise[E] unterscheiden. Zunächst dominierten Ringe oder Beile, später wurden vor allem Spangen
oder Sicheln vergraben. Werden Bronzehorte bei archäologischen Grabungen ge-
hoben, lassen sie sich zeitlich gut einordnen. Aus den verfügbaren Daten lässt
sich erkennen, dass Bronzehorte überwiegend in Boom-, selten in Krisenzeiten
angelegt wurden. Daraus wurde die These entwickelt, vergrabene Bronzegeräte
nicht als Geldhorte, sondern als Göttergeschenke anzusehen. Doch wie glaubhaft
ist diese Vermutung?

Durch heimliches Vergraben von Geld Götter oder Dämonen beeinflussen zu
können, widerspricht dem historisch-religiösen Verständnis. Die Idee, ein Indivi-
duum könne mit Gott individuelle Zwiesprache halten, entstand erst in der
Reformation. Bis dahin erforderte das Beschwören der Götter gemeinsame
Rituale. Rituale, deren Kraft auch darin lag, den Zusammenhalt der Gemeinschaft
zu stärken.

Noch in der Reformationszeit galt ein kommerzieller Handel mit Gott – wie
ihn der Ablasshandel darstellt – als fragwürdig. Es war geradezu ein Auslöser der
Reformation, dass Martin Luther die Idee ablehnte, ein sündiger Mensch könne
gegen Bezahlung seine Verweildauer im Fegefeuer verkürzen. Durch Ablasshandel erschien Gott als Krämer (Kaufmann). Das stand in krassem Gegensatz zur
christlichen Idee, göttliche Gnade sei ein Geschenk. Der aufkommende Ablasshandel zeigt jedoch, wie tiefgreifend die im Mittelalter erneut aufkommende Geld-

---

[E] Anhand der Form der Geräte die in einem Hort vergraben (niedergelegt) wurden, lassen sich
verschiedene Kulturen unterscheiden. Die Archäologie spricht von Formenkreisen. Für manche
Regionen sind Beile üblich, für andere Schwerter, Ringe oder Schalen, später tauchen Sicheln
auf. In Asien finden sich überwiegend Messer und Spaten. Es gab jedoch auch andere Formen,
siehe S. 155.

wirtschaft die moralischen Vorstellungen der Menschen veränderte. Von solchen religiösen Vorstellungen waren die Menschen der Bronzezeit noch weit entfernt. Es erscheint mir daher mehr als unwahrscheinlich, dass Göttern, Geistern oder Dämonen bereits in der Bronzezeit individuelle Geldopfer dargebracht wurden.

Aber auch das Vergraben von Bronzegerät in einem öffentlichen Opferritual ist wenig wahrscheinlich. Solche Schätze wären sehr wahrscheinlich bald geraubt worden. Aus Ägypten wissen wir, dass weder göttliche noch irdische Strafandrohungen das Plündern von Schätzen aus Gräbern verhindern konnten. Da wir nur wenige ägyptische Gräber unversehrt vorfinden, spricht das massenhafte Auffinden unversehrter Bronzehorte gegen eine öffentliche Opferung des Gerätegeldes. Das religiöse Verständnis der Zeit spricht gegen heimliche Opfer.

Der Gedanke, dass vergrabene Bronzeschätze „Gaben an die Götter"[48] waren, ergab sich für die Archäologie vor allem aus bestimmten Funden. So wurden Musikinstrumente, aber auch Waffen, teilweise bewusst zerstört und dann in Seen oder Mooren versenkt. An solchen Orten war tatsächlich ein öffentliches Ritual denkbar, weil eine Bergung der Schätze hier praktisch unmöglich war.

Ob es sich um Gottesopfer oder um eine frühe Form der Bilderstürmerei handelte, bleibt zu diskutieren. Denkbar ist beispielsweise, dass die betörende Wirkung von Musik die bestehende Sozialordnung gefährdete, weshalb Instrumente bewusst zerstört und an unzugänglichen Orten versenkt wurden. Vielleicht hat die Geschichte vom Rattenfänger von Hameln uralte Vorbilder?!

Ähnlich ließe sich das Versenken von Waffen in Seen und Flüssen erklären. Vielleicht dienten solche Rituale dem Besiegeln eines Friedens. Vielleicht folgten sie auf einen Machtwechsel, und die Waffen der alten Machthaber oder Machteliten wurden rituell entweiht und vernichtet. Diese besonderen Bronzefunde verlangen zweifelsfrei nach einer besonderen Interpretation.

Aber für die tausenden vergrabenen Bronzegeräte sollte das Naheliegende angenommen werden, dass es sich um im Geheimen verwahrte Geldvermögen handelte. Das würde erklären, warum sie in Phasen wirtschaftlicher Prosperität vergraben wurden. Ein Sparbuch wird gewöhnlich in Zeiten des Wohlstandes angelegt, nicht in Krisenzeiten.

Warum Gerätegeld nach Hause transportieren, wenn es zu Hause weder als Gerät noch als Geld Verwendung findet? Warum das Risiko eingehen, auf dem Heimweg beraubt zu werden? Warum die Mühen des Rücktransportes in Kauf nehmen? Das Vergraben des schweren und wertvollen Gerätegeldes am Rand der Handelswege legt nahe, dass es auf heimischen Märkten nicht gebraucht wurde. Es war Handelskapital (siehe Kapitel 2.3. *Geldwirtschaft*, S. 18ff.) für den Fernhandel. Das Auffinden von Bronzehorten entlang der Handelswege erscheint so folgerichtig.

Tatsächlich werden nicht alle Hortfunde als „Gaben an die Götter" betrachtet. Christoph Sommerfeld schreibt z.B.:

> Die wenigen [aus Griechenland d.A.] ... bekannten ... Depots würde man unter Berücksichtigung ihrer Fundumstände eher aus einem nichtsakralen Zusammenhang entstammend deuten wollen.[49]

Auch später, als aus Gerätegeld längst Münzen geworden waren, finden wir Geldhorte eher in der Nähe der Märkte als im Wohnumfeld der Kaufleute. So wird trotz Berichten immer wieder bezweifelt, dass die Lydier die ersten Münzen prägten, denn ihre Münzen wurden nicht in Lydien, sondern in Griechenland, zunächst in Ephesos, gefunden.[50] Das spricht jedoch vor allem dafür, dass Geld immer wieder neu für den Fernhandel entstand.

Geld wanderte ins Ausland ab, weil es Zahlungsmittel auf fremden Märkten war. Auf den heimischen Märkten fand es anfangs kaum Verwendung. Deshalb sparten sich die Kaufleute den Rücktransport des Geldes. Infolgedessen finden wir Geldhorte oft weit entfernt von den Prägeorten der Münzen. So berichtet Bernd Kluge aus der Zeit der Münzrenaissance unter den sächsischen Ottonenkaisern im 10. Jh.:

> Das Erstaunliche an den Sachsenpfennigen und Otto-Adelheid-Pfennigen ist vor allem ihre riesige Zahl und die Tatsache, daß wir sie kaum in Deutschland finden. Um so zahlreicher sind sie in Schatzfunden anzutreffen, die in Skandinavien, Polen, dem Baltikum oder Rußland gehoben wurden.[51]

Die Fundorte der Geldhorte sagen etwas über die Handelsbeziehungen aus. Die Münzen erzählen, woher die Kaufleute kamen. Die Fundorte verraten wohin sie gereist sind. Münzsorte und Fundort verraten auch, wer eher gekauft und wer eher verkauft hat.

Wenn sich „riesige" Mengen ottonischer Münzen in Skandinavien und dem Baltikum finden, haben ottonische Kaufleute dort eingekauft, ohne entsprechende Waren liefern zu können. Sie mussten mit Geld zahlen, weil sie nicht mit Waren handeln konnten. Ähnliches gilt für den Handel des Römischen Reiches mit dem fernen Osten. Statt Waren zu liefern, die in Indien und China Absatz fanden, musste die römische Oberschicht Gewürze und Seide mit Geld bezahlen. Dieser ständige Geldabfluss trug mit zum Zerfall des römischen Münzwesens bei und damit auch zum Zerfall des Römischen Reiches.

Anderthalb Jahrtausende später stand das britische Empire vor dem gleichen Dilemma. Zwar waren die Vorzeichen nun andere, aber die Chinesen interessierten sich nicht für die modernen technischen Geräte der Briten. Da die Briten keine Waren zu bieten hatten, die im Reich der Mitte Interesse fanden, mussten sie mittels Geld kaufen, was sie begehrten. Als ihnen das Silber für die Münzen ausging, begannen sie den Opiumkrieg. Doch diese Geschichte gehört nicht hier her.

Geld kann viele Geschichten erzählen. Vergrabene Schätze erzählen in meinen Augen vom Fernhandel. Waffen, Musikinstrumente, Schmuck oder Kultgegenstände haben Menschen wahrscheinlich in kultischen Handlungen entweiht bzw. den Göttern geweiht. Für standardisierte Bronzegeräte, die offensichtlich nie Gebrauchsgut waren, sondern immer nur Gerätegeld, lässt sich das nicht plausibel machen. Ich sehe in vergrabenen Bronzegeräten immer nur Handelskapital, das verloren ging. Vielleicht starben die Kaufleute, bevor sie zurück kehren konnten? Vielleicht haben sie ihr Versteck nicht wieder gefunden? Ich vermute, der Tod war in vielen Fällen der Grund, dass Gerätegeld im Boden verblieb und heute als Hortfund von den Anfängen der Geldwirtschaft berichten kann.

In all diesen ungehobenen Schätzen verbirgt sich eine ungeheure Tragik, die unsere Erde im wahrsten Sinne des Wortes bis heute vergiftet. Denn das Erz für das Bronzegerät wurde in schweißtreibender Arbeit aus der Erde geholt, Wälder wurden abgeholzt, um es zu verhütten und zu Bronze zu verarbeiten. Sehr viel Arbeit und sehr viel Holz wurden eingesetzt, um Tauschmittel herzustellen, die schon bald wieder unter der Erde verschwanden. Aufgewendete Arbeit und Energie waren faktisch vergeudet, wenn Bronze wieder vergraben wurde.

Wir haben diese fatale Verschwendung längst nicht überwunden. So werden in Deutschland Kupfermünzen hergestellt, die teilweise nach nur einem Umlauf in Dosen oder Büchsen landen und so dauerhaft aus dem Kreislauf verschwinden. Infolgedessen müssen immer neue 1, 2 und 5 Cent-Münzen aus immer neuem Kupfer geprägt werden. Material und Energie für diese Münzproduktion sind verloren, wenn diese Münzen nicht im Umlauf verbleiben.

Noch verheerender belastet die Goldproduktion die Natur. Ganze Gebirge werden zertrümmert und mit schwersten Giften wie Quecksilber oder Zyanid versetzen, um aus einer Tonne Gestein lediglich 5-60 g Gold herauszufiltern.[52] All das nur, um das der Erde abgerungene Gold in Banktresoren zu „vergraben". Konkret werden aus einer Million Gramm Gestein im Extremfall nur 5 g Gold extrahiert. Das sind 0,0005%. Was für eine Verschwendung an Energie, Arbeitskraft und Ressourcen! Was für eine verheerende Vergiftung der Natur! Wie viel Blut wurde vergossen, wie viele Wälder wurden gerodet, um Erz aus der Erde zu holen und zu schmelzen, nur um es der Erde wenig später, vergraben in Erdlöchern oder Tresoren, zurück zu geben?

Es scheint kein Zufall, dass mit der Verbreitung des Metallgeldes die Zeit der Pyramiden und Megalithbauten endete. Die abertausend Arbeitskräfte, die einst Jahrtausende überdauernde Bauwerke schufen, wurden nun zur Geldherstellung abkommandiert. Statt über der Erde auf Baustellen zu schuften, mussten sie nun unter der Erde Erz brechen. Von dieser Arbeit blieben keine Bauwerke, sondern bestenfalls Bergwerksstollen zurück. Schlimmer noch, das Produkt ihrer Arbeit, das Metallgeld verschwand immer wieder aus dem Umlauf. Es wurde vergraben, in privaten Truhen gehortet oder wanderte für den Luxuskonsum einer kleinen Oberschicht ins Ausland ab. Deshalb musste immer neues Erz geschürft, mussten immer neue Münzen geprägt werden.

Mitteln wir unterschiedliche Schätzungen[53] so haben allein in den Silberbergwerken im Umland Athens im 5. und 4. Jahrhundert v.u.Z. Jahr für Jahr mindestens 30.000 Bergwerksklaven gearbeitet. Manche Schätzungen sprechen von mehr als der doppelten Zahl. Wie viel Megalithgräber, Steinkreise oder Pyramiden, wie viele Häuser auch für die Lebenden hätten gebaut werden können, wenn dieses Arbeitskräftepotential nicht in die Produktion von Geld geflossen wäre? Wie viele Wälder würden noch stehen, wenn sie nicht für die Produktion von Tauschmittel verheizt worden wären?

Kehren wir nach diesem Blick über die verwüstete Erde zur Geschichte des Geldes zurück. Noch existierte Geld nur im Fernhandel. Noch gab es nur große Werteinheiten meist in Form von Bronzebeilen in Europa, massiven Ringen in Vorderasien sowie Spaten und Messer in China. In Europa haben Sicheln später die Beile verdrängt. Noch basierte der Wert dieser Tauschmittel auf ihrem Gebrauchswert. Auch wenn Hortfunde belegen, dass die vergrabenen Bronzegeräte nie als Geräte genutzt wurden. An den meisten in Horten niedergelegten Beilen, Sicheln, Spaten oder Messern lässt sich nachweisen, dass sie nie geschäftet, nie geschliffen worden waren. Das Bronzegerät war zum reinen Tauschmittel geworden. Es war zu Gerätegeld mutiert. Doch noch immer hatte es potentiellen Gebrauchswert. Noch war es kein abstraktes Wertsymbol.

Das Entstehen eines Wertübertragungsmittels, das keinen Gebrauchswert mehr besaß, war der entscheidende Schritt in der Geldentwicklung. Dinge ohne Gebrauchswert konnten nur einen Prestigewert haben. Was aber war oder ist ein Prestigewert? Denken wir an die Steinscheiben auf der Insel Yap (siehe Kapitel 3.1. *Prestigegeld*, S. 26ff.). Prestigewerte konnten an einen kleinen Kulturkreis gebunden sein.

Demgegenüber besaßen Metalle sicher gerade im Übergang von der Steinzeit zum Bronzezeitalter etwas grundsätzlich magisches und damit für alle Menschen faszinierendes. Trotzdem wird sich ihr großer Wert zunächst gerade aus ihrer Gebrauchsfähigkeit als Werkzeug oder Waffe hergeleitet haben. Damit Bronze und andere Metalle auch losgelöst von der Form und damit losgelöst vom Gebrauchswert als Prestigewert wahrgenommen werden konnten, bedurfte es deshalb wahrscheinlich einer Rohstoffkrise. Jedenfalls erfolgte der Wertewandel, die Loslösung vom Gebrauchswert und Reduzierung auf einen Prestigewert schrittweise. Das Gerätegeld begann zunächst zu verkümmern, bevor es als Münze seine Form vollständig verlor.

3.5. Kümmerformen

Vor etwa 3 200 Jahren
Vom Warenwert zum Wertsymbol

> Das Zeichengeld, als dessen vollkommenste Vertreter
> unsere Banknoten erscheinen, gilt gewöhnlich für eine
> Errungenschaft der fortgeschrittensten Kulturvölker.
> Das ist indessen, wenn wir den Begriff Zeichengeld
> nicht allzu eng fassen, vollkommen unrichtig.
>
> Heinrich Schurtz[54]

Das etwa Mitte des 3. Jahrtausends v.u.Z. entstandene Gerätegeld geriet um 1200 v.u.Z. in eine Krise. Wahrscheinlich war das eine Folge des Versiegens von Zinnquellen.[55] Möglicherweise stand beides in Zusammenhang mit dem Völkerwanderungssturm, der als "Invasion der Seevölker" in antike Quellen einging.[F] Wenn Uwe Wesel[56] berichtet, dass in Babylon aus dieser Zeit keine Kaufverträge mehr bekannt sind, dann dürfen wir vermuten, dass Geld als Kaufmittel fehlte.

Andererseits tauchten in Gegenden Europas fernab des Mittelmeers, die nicht von der Völkerwanderung betroffen waren, um 1200 v.u.Z. die ersten Bronzesicheln in Hortfunden auf. Ihr Stückgewicht war geringer als das der früher üblichen Beile. Doch die Sicheln stellten nicht einfach eine Art Kleingeld dar, mittels derer nun kleinere Werteinheiten getauscht werden können. Ihr Erscheinen setzt eine Entwicklung fort, die bereits vorher mit dem Auftreten so genannter Kümmerformen von Beilen und anderem Bronzegerät ihren Anfang genommen hatte.

Kümmerformen werden Bronzestücke genannt, deren Form an ursprüngliches Gerätegeld erinnerte. Sie waren wie Beile, Messer oder Spaten geformt, aber zu klein, um noch Gebrauchswert zu besitzen. Kümmerformen waren zu Wertsymbolen verkümmertes Gerätegeld. Diese Wertsymbole markierten den Übergang vom Nutzgeld zum Zeichengeld. Im Tauschakt stand hinfort dem Gebrauchswert der Ware nur noch ein Wertsymbol gegenüber. Denn getauscht wurde nun nicht mehr Ware gegen Bronzegerät bzw. Gerätegeld, sondern nur noch Ware gegen Kümmerform. Eine Kümmerform sah nur noch aus wie ein Beil oder ein Messer. Sie war nur noch Symbol. Zwar war das Gerätegeld schon vor dem Erscheinen

---

[F] Neuere Forschung nimmt klimabedingte Hungersnöte als Ursache für die Wanderungen verschiedener Völker an. Da die Wanderungen nicht über Land, sondern auf Schiffen erfolgten, müssen die Völker der Seefahrt kundig gewesen und also wohl Handelsvölker gewesen sein. Interessant sind zudem zwei Dinge. Die Völkerwanderungen markieren das Ende der Bronzezeit, was für eine Rohstoffkrise spricht. Ausgerechnet das Volk der Hethiter, das bereits die Eisenherstellung beherrschte, verschwand damals aus der Geschichte. In welchem Volk ging es auf?

der Kümmerformen nicht mehr als Gebrauchsgut verwendet worden, doch es war eben noch potentielles Gebrauchsgut gewesen. Kümmerformen besaßen nur noch einen Symbolwert. Es hätten mehrere Stücke eingeschmolzen werden müssen, um ein ursprüngliches Bronzegerät herstellen zu können. Der Wert einer Kümmerform entsprach aber wohl eher dem Wert des Gerätes, das dargestellt wurde, als dem Materialwert. Folglich waren Kümmerformen Wertsymbole. Ihr Erscheinen markierte einen entscheidenden Wandel in der Geldentwicklung. Möglich wurde dieser Wertewandel wohl nur, weil das Gerätegeld bereits vorher seinen Gebrauchswert verloren hatte. Gerätegeld ohne Gebrauchswert war schon als Zwischentauschobjekt, als eine Art Platzhalter für eine Wertübertragung verwendet worden. Doch erst mit dem Entstehen der Kümmerformen wurde offensichtlich, dass Geld nur eine symbolische Wertübertragung leistete. Dass Kümmerformen sich auf den Märkten als Geld durchsetzen konnten, lässt ahnen, wie abhängig Menschen inzwischen vom Handel geworden waren. Sie waren bereits gewohnt auch für den Markt zu produzieren. Auf diesem Markt waren Tauschmittel bereits so allgegenwärtig, dass Kaufleute eher bereit waren Veränderungen des Tauschmittels hinzunehmen, als ohne Tauschmittel auszukommen. Der Wertzuwachs des Bronzegeräts (Gerätegeldes) störte wahrscheinlich den gesamten Handel. Um die gewohnten Mengen handeln zu können, mussten die Tauschmittel kleiner werden.

Tatsächlich fand sich in Hortfunden ab 1200 v.u.Z. Bruchbronze. In einer Übergangszeit vor Verbreitung der Kümmerformen wurde augenscheinlich altes Gerätegeld zerbrochen, um kleinere Tauscheinheiten zu erhalten. Bronze war offensichtlich wertvoller geworden. Unklar ist, ob knapper werdende Erze[57] oder schwerer zu beschaffendes Holz für die Verhüttung[58] die Wertsteigerung auslöste. Vielleicht haben auch beide Faktoren gemeinsam die Entwicklung von Kümmerformen in Gang gesetzt.

Die Verdrängung des Gerätegeldes durch Kümmerformen war ein entscheidender Schritt in der Geldentwicklung. Damit waren Tauschmittel entstanden, die nur noch der Wertübertragung dienten. Aus Gebrauchswert war Symbolwert geworden. Infolgedessen waren nun weder der Materialwert noch der Gebrauchswert fixe Größen. Mit den Kümmerformen entstand die Möglichkeit den Wert der Zahlungsmittel durch Gewichtsreduktion oder Legierungsverschlechterung zu manipulieren. Da die Kaufkraft der Kümmerformen nicht mehr am Gebrauchswert, sondern nur noch am Symbolcharakter der Form hing, konnten alte, noch vollwertige Stücke in neue kleine Formen umgeschmolzen werden. Dadurch ließ sich zusätzliche Kaufkraft gewinnen. Der Tauschwert des Metallgeldes wurde seltsam unbestimmt und dadurch manipulierbar. In diesem Spannungsfeld entstand der Geldschöpfungsgewinn.

3.6. Barrengeld

Vor etwa 4 000 bis 2 500 Jahren
Die Geburt des Geldschöpfungsgewinns

> So erfahren wir, daß zur Zeit des Kaisers Yüan Di in der
> Han-Dynastie (von 48-33 v. Chr.) Gung Yü eine Reihe von
> Maßnahmen vorgeschlagen hat, um die weitere Verbreitung
> falscher Münzen zu verhindern und die über hunderttausend
> Menschen, die sich nur noch mit der Kupfersuche für die
> Prägung von Falschgeld beschäftigen, wieder zum Ackerbau
> zurückzuführen.
>
> Liao Bao-Seing [59]

Neben die Kümmerformen traten bald Barren aus unterschiedlichen Rohmetal-
len wie Kupfer, Zinn, Blei, aber auch Gold und Silber. Diese hatten mehr oder
weniger unbestimmte Formen. Sie wurden ursprünglich wahrscheinlich als Roh-
material gehandelt, erlangten spätestens jetzt aber wohl auch eine Geldfunktion.

Hatte der Markt die Kümmerformen erst einmal als Tauschmittel akzeptiert,
war der Weg geebnet, Metall auch in anderer Form und Größe als Tauschmittel
zu verwenden. Da die Metallstücke in Material, Zusammensetzung, Form und
Größe variierten, war ihr Tauschwert immer schwerer einzuschätzen. Diejenigen,
die über das nötige Wissen der Metallverarbeitung verfügten, konnten nun
Tauschmittel nicht nur herstellen, sondern auch manipulieren. Ein Geldschöpfungsgewinn konnte dabei auf zweierlei Weise entstehen. Wurde eine konstante
Menge an Geldzeichen mit sinkenden Herstellungskosten hergestellt, ergab sich
ein zusätzlicher Geldschöpfungsgewinn. Ein Gewinn ergab sich auch, wenn mehr
Tauschwert (Kaufkraft) mit konstanten Herstellungskosten geschaffen wurde.

Ein Geldschöpfungsgewinn erwuchs stets aus der Differenz zwischen den Auf-
wendungen für die Herstellung eines Tauschmittels und dem dadurch erzeugten
Tauschwert. Angeschoben durch die Verknappung der Rohstoffe begann sich der
Prozess der Gewichtsreduzierung zu verselbständigen.

Geldmanipulationen haben ihren Ursprung im Entstehen des Zeichengeldes.
Geldfälschung reicht in die Zeit vor Prägen der ersten Münze zurück. Es wird sich
zeigen, dass das Schlagen von Münzen ein Versuch war, Geldfälschung zu ent-
gehen. Zunächst aber hat das Entstehen von Zeichengeld [G] und das Verwenden unterschiedlicher Metallarten, Formen und Größen viele Möglichkeiten für das
Geldfälschen geschaffen. Wurde der Geldschöpfungsgewinn dadurch sehr groß,

---

[G] Zeichengeld ist Geld, das bereits zum Wertsymbol (zum Geldzeichen) geworden ist.

dann wurde Geldherstellung lukrativer als Warenproduktion. So etwas konnte nicht lange gut gehen. Später eintretender Warenmangel musste die Warenpreise hoch treiben. Dadurch wurde der Geldschöpfungsgewinn zunichte gemacht.

Nicht nur im alten China (siehe Kapitelzitat) gab es Zeiten, in denen Menschenmassen magisch vom Geldfieber ergriffen wurden. Jeder Goldrausch der Neuzeit geht auf das gleiche Konto. Ab 1848 strömten Glücksritter nach Kalifornien, 1851 wandten sie sich den Goldfeldern Australiens zu, um 1890 setzte der Goldrausch in Südafrika ein, 1896 trieb der Goldrausch und eine Wirtschaftskrise Menschen nach Alaska. Großer Reichtum blieb der Mehrheit der Goldjäger oft verwehrt, denn wo viel Gold bzw. Geld und vergleichsweise wenig Ware vorhanden ist, steigen die Warenpreise verständlicherweise an. Wenn Menschen eher Gold als Kartoffeln o.ä. aus der Erde holen, müssen sie vergleichsweise viel Gold für die wenigen Feldfrüchte zahlen.

So löste sich der Geldschöpfungsgewinn für die meisten Goldwäscher und Goldgräber bald in Luft auf, denn da Geld stets ein Tauschmittel für Ware ist, hängt seine Kaufkraft eben stets vom Verhältnis der Warenmenge zur nachfragenden Geldmenge ab. Wo nur Geld, aber keine Ware produziert wird, muss das Geld zwangsweise seinen Wert verlieren. Daher haben am Goldrausch letztlich vor allem diejenigen verdient, die die Goldsucher zu stark überteuerten Preisen mit den nötigen Waren versorgten.[H]

Es sind also nicht notwendig die Geldhersteller*innen, die den Geldschöpfungsgewinn kassieren. Es gewinnen die, denen es gelingt, die Wertdifferenz zwischen den Herstellungskosten des Geldes, dem Tauschwert des Geldes sowie den Herstellungskosten der Ware abzuschöpfen.

Es würde ein Buch füllen, die vielen Möglichkeiten aufzuzeigen, die es gibt, um aus den Differenzen zwischen diesen drei Wertkategorien Profit zu ziehen. Für das Verständnis der Geldentwicklung ist nur wichtig, den Ursprung des Geldschöpfungsgewinns zu verstehen. Er wird möglich mit dem Übergang vom Nutzgeld zum Zeichengeld.

Während der Wert eines Gebrauchsgutes mehr oder weniger gut überprüfbar ist, ist der Wert eines Wertsymbols schwer zu fassen. Hängt er am Materialwert, am Gewicht oder an der Form des Metallstückes? Gelänge es hierüber Klarheit zu erlangen, ergeben sich weitere Fragen. Wie hoch ist der Materialwert? Wie ist er überhaupt festzustellen, wenn es sich um eine Metalllegierung handelt? Wie groß ist das Gewicht? Wie lässt es sich bestimmen, wenn es noch keine einheitlichen

---

[H] Aus ähnlichen Gründen ist auch Spanien an der Ausplünderung der Gold- und Silbervorkommen Amerikas nicht reich geworden, siehe S. 90. Mit dem Edelmetall finanzierte der spanische Hof seinen Luxus, den er infolge Kreditaufnahme doppelt und dreifach bezahlte. Das Erz machte weder die selbstermächtigten Eigentümer, noch gar die versklavten Bergleute, sondern nur die Kaufleute reich.

Maße gibt? Welche Bedeutung hat die Form des Metallstückes?

All diese Fragen waren kaum zu klären. Der Wert eines Metallstückes war deshalb im Handel nur schwer zu überprüfen. Großkaufleute kamen deshalb auf die Idee, ihre selbst hergestellten Metallbarren zu stempeln, bzw. zu punzen. Indem sie ihre eigenen Metallbarren durch Punzen markierten, konnten sie diese wieder erkennen. Gelangten solche gepunzten Barren wieder in ihre Hände, garantierte ihnen ihre eigene Punze den Wert dieses Barrens. Deshalb nahmen sie diese gepunzten Barren zum Nennwert an. Unbekannte Barren mussten mindestens durch Wiegen geprüft werden. Doch Wiegen sagt nichts über die Legierung (die Materialbeschaffenheit) eines Barrens aus. Gerade weil ungepunzten Barren misstraut wurde, wuchs das Ansehen der gepunzten Barren. Sie wurden die ersten wirklichen Zahlungsmittel, denn ihr Wert musste nicht mehr durch Abwiegen bestimmt werden. Sie konnten abgezählt werden. Mit dem Punzen von Barrengeld war die Idee für das Prägen von Münzen geboren. Doch der Siegeszug der Münzen beruhte noch auf einem anderen Element.

3.7. Münzgeld

Seit etwa 2 600 Jahren
Kaufleute als Akzeptanten

> Theorien, daß die Münzen zuerst dazu benutzt wurden, um Söldner zu bezahlen, oder daß sie in einem weiteren Umfang für normierte Zahlungen durch und an den Staat dienten, sind mit dem Charakter und dem Erscheinungsbild der Münzprägung in Einklang zu bringen...
>
> Christopher Howgego[60]

Natürlich sind alle bisher aufgezeigten Schritte der Geldentwicklung vom steinzeitlichen „Prestigegeld" bis zum bronzezeitlichen Barrengeld in Wirklichkeit nicht so klar gegliedert und chronologisch geordnet abgelaufen. Es hat Parallel- und Rückentwicklungen sowie Überlagerungen gegeben. Das um so mehr, als die Bronzezeit kein global einheitlicher Prozess war. Bronze hat Europa erst nach und nach von Asien aus erobert. Auch die ideengeschichtlichen Prozesse der Wertverschiebungen verliefen nicht gleichzeitig und kontinuierlich. Die Gesamtentwicklung war noch komplexer. Neben Bronze sind auch Silber und Gold, aber auch Kupfer und Blei, teilweise sogar Zinn als Zahlungsmittel benutzt worden. Zudem sind Gerätegeld und Barrengeld nicht immer klar zu unterscheiden, vor allem wenn es sich um sogenanntes Ringgeld in Form von Arm- oder Halsringen handelt. Die Entwicklung war in Wirklichkeit also um einiges detailreicher und regional unterschiedlich. Hier wurde lediglich das Prinzip der Geldentwicklung heraus gearbeitet.

Gerätegeld bildete den fließenden Übergang zwischen Nutzgeld und Zeichengeld. Es blieb dem Fernhandel vorbehalten und besaß nur auf internationalen Märkten Kaufkraft. Auch Kümmerformen und Barrengeld waren für die regionalen Märkte anfangs wegen ihres hohen Stückwertes als Tauschmittel ungeeignet. Der Wert von Kümmerformen und Barrengeld war für Uneingeweihte zudem schwer zu bestimmen, weil ihr Tauschwert oft von Gewicht und Legierung abhing. Im lokalen Handel spielten diese Tauschmittel deshalb lange keine Rolle. Doch je größer die Siedlungen und Städte der antiken Welt wurden, desto vielfältiger wurde das Warenangebot. Jetzt erst – nach einer mehrtausendjährigen Entwicklung – wurde der Tauschhandel allmählich komplexer. In dieser Zeit hatten sich die Menschen an den Naturaltausch mittels Nutzgeld wie Getreide, Stoff, Salz oder Eisennägel etc. gewöhnt. So berichtet Dobrizhofer aus Paraguay:

> When a housewife wanted to purchase candles, she took to the shop a basket containing various goods, such as cotton, tea, tobacco, sugar, salt, etc. The seller of candles chose among these goods a quantity corresponding to the fixed value of the candles.[61]

> Wenn eine Hausfrau Kerzen erstehen wollte, ging sie zum Geschäft mit einem Korb, in dem sich verschiedene Güter befanden, beispielsweise Baumwolle, Tee, Tabak, Zucker, Salz und so weiter. Der Verkäufer der Kerzen wählte aus diesen Gütern eine Menge aus, die dem festgelegten Wert der Kerzen entsprach. [Ü.d.A.]

Neben Tauschhandel mittels Warenpool oder dem im Kapitel 2.2. *Tauschwirtschaft* auf S. 16 beschriebenen Ringtausch gab es ein weiteres altvertrautes Zahlungsmittel.

Salzgeld

Unter den verschiedenen Nutzgeldarten zeichnete sich Salz durch gute Lagerfähigkeit, allgemeinen Bedarf und ein für die Regionalmärkte ausreichendes Verhältnis zwischen Gewicht bzw. Volumen und Tauschwert aus. D.h. es konnten genügend große Warenmengen mittels transportabler Salzmengen ausgetauscht werden.

Für den Gebrauch von Salz als Tauschmittel gibt es entsprechend zahlreiche Berichte. Salzgeld gab es in Afrika[62], vor allem in Nordafrika und der Sahara, sowie im Kongo[63] und im Sudan[64]. Auch auf verschiedenen Pazifikinseln wurde Salz als Zahlungsmittel verwendet[65]. In Amerika gab es Salzgeld mindestens in Peru[66]. In China[67] und Indien[68] diente es in den verschiedenen Provinzen unterschiedlich lange als Nutzgeld.

In Äthiopien[69] war es „in besonders rückständigen Regionen"[70] noch im 18. Jh. ein übliches Zahlungsmittel. Paul Einzigs Bericht ist zu entnehmen, dass es hier bereits den Status von Zeichengeld besaß.

Only the black bars are accepted as a medium of exchange. White salt of much finer quality is only taken at its commodity value which is much lower. Moreover, in many districts only faultless bars are accepted as money.[71]

Nur die schwarzen Salzbarren werden als Tauschmittel akzeptiert. Weißes Salz von viel besserer Qualität wird nur zu seinem gewöhnlichen, viel geringeren Wert gehandelt. Mehr noch, in vielen Bezirken werden nur fehlerfreie Barren als Geld akzeptiert.[Ü.d.A.]

Einzigs Bericht lässt uns erkennen, wie aus Nutzgeld im Laufe der Zeit Zeichengeld wurde. Salzbarren, die durch lange Nutzung als Tauschmittel schwarz geworden waren, hatten dadurch sichtbar Geldcharakter erworben. Schwarzen Salzbarren war ihr häufiger Wechsel von Hand zu Hand direkt anzusehen. Dadurch war offensichtlich, dass diese Salzbarren von allen als Tauschwert akzeptiert wurden. Gleichzeitig kam den Salzbarren zugute, dass sie, wenn nötig, teilbar waren – wobei sie dadurch sicher einen Teil ihrer Kaufkraft verloren. Zumindest berichtet Einzig unter Berufung auf Cheeseman:

A women goes to the market with a bar, and when small purchases are made she breaks off a bit of salt and pays with it.[72]

Eine Frau geht mit einem Salzbarren zum Markt und wenn kleine Zahlungen zu tätigen sind, bricht sie etwas von dem Salz ab und zahlt damit. [Ü.d.A.]

Vermutlich hat diese Frau aber keinen wertvollen schwarzen Salzbarren geteilt, sondern einen weißen. Zur Teilbarkeit und allgemeinen Begehrtheit des Salzes kam die gute Lagerfähigkeit hinzu.

To some extent at any rate salt serves as a store of value.[73]

Bis zu einem gewissen Grad dient Salz als Wertaufbewahrungsmittel. [Ü.d.A.]

Salz war als allgemein begehrtes Gut auf den regionalen Märkten als universelles Tauschmittel bestens geeignet. Es hatte diese Funktion teilweise wohl Jahrtausende erfolgreich erfüllt. Salz durch Metallgeld zu ersetzen, fiel entsprechend schwer, weil sein Gebrauch eine lange Tradition hatte.[74] Schließlich lässt sich selbst schwarzes Salz notfalls noch als Lecksalz für die Tiere verwenden. Einen Metallbarren muss man hingegen erst schmieden, Münzen gar erst einschmelzen, um daraus Gebrauchsgegenstände schaffen zu können. Edelmetall ist in seiner Anwendbarkeit zudem begrenzt, denn es lassen sich zwar Schmuckstücke und Gefäße, aber keine Werkzeuge daraus fertigen.

Salzgeld besaß bereits viele Eigenschaften eines universellen Zahlungsmittels. Doch dort wo Barrengeld und Kümmerformen bereits bekannt waren, förderte das Stempeln von Metallstücken deren Akzeptanz unter den Kaufleuten. Allerdings waren diese privaten Emissionen zu gering, um Metallgeld zu einem allgemeinen Zahlungsmittel zu machen. Erst als Stadtstaaten Münzen prägten, begann der Siegeszug des Metallgeldes. Dazu waren gleichwohl einige Rahmenbedingungen nötig. Heute erscheint es uns selbstverständlich, dass der Staat Münzen prägt. Das Erstaunliche dieses Vorgangs wird uns deshalb nicht bewusst. Der Staat konnte damals weit weniger als heute vorschreiben, welches Zahlungsmittel Kaufleute akzeptieren sollten. Zwar versucht Georg Friedrich Knapp Geld als „Geschöpf der Rechtsordnung" zu definieren. Doch seine Thesen überzeugen nicht:

Geldwert
Gesetzeskraft versus Marktkräften

Knapp stellte 1905 in der „Staatliche(n) Theorie des Geldes" die These auf:

„Geld ist … im Laufe der Geschichte in den verschiedensten Formen aufgetreten … eine Theorie des Geldes kann daher nur eine rechtsgeschichtliche sein."[75]

Es gelingt Knapp allerdings nicht, seine Eingangsthese insofern zu begründen, als Geld ein *ausschließliches* Konstrukt *juristischer* Festlegungen ist. Dazu fehlt der historische Nachweis. Vielmehr stellt er fest, dass Staaten sich in ihrer Währungspolitik auch von außenwirtschaftlichen Überlegungen leiten lassen müssen, da ihre Rechtsakte sonst wirkungslos bleiben oder negativ wirken. Um Entstehen und Wirken staatlicher Gelderlasse[I] zu verstehen, müssen die wirtschaftlichen Zusammenhänge betrachtet werden, die die Erlasse hervorgebracht, erzwungen oder wirkungslos gemacht haben. Recht und Gesetz können nur bei Berücksichtigung der Marktgesetze greifen. Menger sieht ein Durchdringen von staatlicher Rechtssetzung und ökonomischen Gesetzmäßigkeiten:

„Die Jurisprudenz ist im Rechte, wenn sie in denjenigen Fällen, in denen die Eigenart des Geldes im Kreise der übrigen Güter eine spezielle Regelung der betreffenden Rechtsverhältnisse verlangt, eine solche tatsächlich vornimmt. Es ist indes klar, dass hieraus keineswegs gefolgert werden kann, dass das Geld ein Vermögensobjekt sei, dessen Verkehrswert sich *nicht* nach den ökonomischen Gesetzen des Gütertausches richte, dass es ein bloßes Wertzeichen, eine Verkehrsmarke, eine Anomalie der Volkswirtschaft sei. *Die Irrlehre, dass das Geld ein 'abstraktes Wertquantum' darstelle, das der Staat durch bloße deklaratorische Akte nach Willkür regeln könne, findet wohl in einzelnen Stellen des Corpus juris, nicht aber in der notwendigen speziellen Regelung von Rechten, die Geld zum Objekt haben, eine Stütze.*"[76] [H.d.A.]

[I]   Gesetzliche Regelungen.

Unstrittig scheint, was der Numismatiker Howgego am Kapitelanfang feststellt: dass staatliche „Münzen zuerst dazu benutzt wurden, um Söldner zu bezahlen". Weil vor dem massenhaften Auftreten staatlicher Münzen jedoch vereinzelt privat gestempelte Metallstücke gefunden wurden, kann darüber gestritten werden, ob die Münze ursprünglich privater oder staatlicher Natur war. Howgego legt sich nicht fest, ob die ältesten gefunden Münzen zweifelsfrei aus staatlicher Prägung stammten.

> Die literarischen Überlieferungen wie auch die anderen schriftlichen Zeugnisse sind jedoch völlig unzureichend, um eine Entscheidung zwischen den konkurrierenden Hypothesen zu erlauben.[77]

Allerdings bezieht er Stellung, wenn er wenig später schreibt,

> ... es gibt in der gesamten Antike keinen einzigen sicheren Beleg dafür, daß Münzen von Privatpersonen produziert wurden.[78]

Der Streit lässt sich möglicherweise durch folgende Überlegungen beilegen. Fundstücke belegen, dass dem Staat nicht der Ruhm zukommt, das Stempeln von Metallstücken erfunden zu haben. Die Idee stammte von Großkaufleuten, die damit ihre eigenen Barren kennzeichneten und so deren Wert garantierten. Sie erhöhten dadurch die allgemeine Akzeptanz dieser gestempelten Stücke.

Das vereinzelte Stempeln von Metallstücken durch Privatpersonen stellte dennoch keine Münzprägung dar. Erst durch umfangreiche staatliche Münzproduktion wurde eine neue Geldqualität geschaffen – ein im Regionalhandel von allen nutzbares Münzgeld. Der Vorteil gegenüber früheren Tauschmitteln lag in der großen Menge standardisierter Stücke, deren Wert aufgeprägt war. Dadurch wurde Geld Zahlungsmittel, denn Bezahlen erforderte nun nur noch das Abzählen von Münzen. Mit einem Normwert (Nennwert) gestempelte Münzen mussten nicht mehr gewogen werden.

Aber konnte der Staat den Münzwert wirklich garantieren? Das wäre denkbar, wenn der Staat als Teil des Geldkreislaufes nicht nur Münzen durch Soldzahlungen in Umlauf gebracht, sondern sie für Steuerzahlungen auch zum Nennwert angenommen hat. Doch es gibt ein interessantes Phänomen in der Münzentwicklung, siehe Textkasten auf der nächsten Seite.

Es scheint unstrittig, dass Metall zuerst in Lydien gestempelt wurde. Den Siegeszug trat das Münzgeld aber von Athen aus an. Die attische Münzprägung war so erfolgreich und so umfangreich, dass sie in den gesamten Mittelmeerraum ausstrahlte. Dieser Erfolg hat sich bis heute in einer Redewendung erhalten, die inzwischen vielleicht einer Erklärung bedarf. In Athen geprägte (attische) Münzen waren mit einer Eule versehen. Die Eule war das Symbol der Göttin Athena, der Schutzheiligen von Athen. Silbermünzen mit der attischen Eule nach Athen mitzubringen, galt als völlig unsinnig, weil es in Athen ausreichend Silbermünzen mit der aufgeprägten Eule der Göttin gab. *Eulen nach Athen tragen* ist bis heute eine Umschreibung für überflüssige bzw. unnütze Taten.

Das Geld der Griechen

Auszüge aus Christopher Howgegos Buch:
Geld in der Antiken Welt. Was Münzen über Geschichte verraten.[79]

Die frühesten indischen Prägungen aus der Mitte des 4. Jhs. v. Chr. verdanken möglicherweise einiges griechischen Anregungen, die über Persien vermittelt wurden; in jedem Fall aber war die indische Münzprägung des 3. Jhs. v. Chr., und daran kann kein Zweifel sein, von der griechischen Tradition beeinflußt. Die chinesische Münzprägung, die nur etwa ein Jahrhundert nach der griechischen eingeführt wurde, war eine völlig eigenständige Entwicklung und wird daher hier nicht berücksichtigt.

Mit welcher Berechtigung kann man aber die Tradition der Münzprägung ‚griechisch' nennen, wenn es gute Gründe für die Annahme gibt, daß Münzen zuerst im Königreich Lydien geprägt wurden?

Münzprägung ist jedoch unbestreitbar eine griechische Erscheinung, wo auch immer die ersten Münzen geschlagen wurden. Das wichtigste Argument dafür ist, daß sie sich äußerst schnell über die gesamte griechische Welt ausbreitete, aber anderswo nur langsam Wurzeln schlug.

Der Erfolg der attischen Münzen basierte nur zum Teil auf den reichlich vorhandenen Silbervorkommen im Umland Athens. Ich wage die These, dass die griechische Demokratie mit zur raschen Akzeptanz der Münzen beigetragen hat. Die griechische Polis war *nicht*, wie die mesopotamischen Stadtstaaten, als Steuereintreiberin Teil des Geldkreislaufes. Direkte Steuern waren in Griechenland verpönt.[80] Deshalb war die Polis keine zwingende Annahmestelle für ihre Münzen, die sie für Sold und Diäten ausgab und so in Umlauf brachte. Allerdings gab es in Athen auch keine staatliche Münzprägung. Darin unterschieden sich die griechischen Stadtstaaten von den mesopotamischen. Genau hierauf beruht wahrscheinlich der Erfolg der griechischen Münzen.

In Athen konnten alle Münzen prägen (lassen), d.h. alle, die es sich leisten konnten den Erzabbau, die Verhüttung und das Schlagen der Münzen vorzufinanzieren. Das Prägen von Münzen erfolgte wegen der hohen Investitionskosten zwar nicht demokratisch, aber es war auch nicht staatlich monopolisiert. Münzen wurden in Griechenland meist von Oligarchen geprägt, d.h. von Angehörigen der reichen Oberschicht. Es ist anzunehmen, dass die freie Konkurrenz zwischen den Oligarchen den griechischen Münzen eine allgemeine Akzeptanz auf dem Markt sicherte. Zweifellos war

...die Notwendigkeit, staatliche Zahlungen zu leisten[J], ein wichtiger Grund für die Produktion von Münzen in der Antike...[81]

Doch Akzeptanz erfuhren die Münzen nicht dadurch, dass die Polis sie ausgab, sondern dadurch, dass Kaufleute sie annahmen. Diese breite Akzeptanz folgt nach Gerloff aus

... dem Verhältnis von Führer und Masse und dem Erfolg als treibender Kraft. Die Führer gäben das Vorbild; der Anteil der Masse bestehe wie bei allem gesellschaftlichen Handeln darin, daß sie die Übung schaffe, im Falle des Geldes die Massengewohnheit der Annahme.[82]

Vorbild im Gebrauch von Münzen waren nicht der Staat, Vorbilder waren die Oligarchen und Großkaufleute. Da sie die Münzen prägten, vertrauten sie ihnen und da sie ihnen vertrauten, vertrauten auch die kleinen Kaufleute auf ihren Wert. Also konnten auch die anderen Marktteilnehmer*innen auf den Wert der Münzen vertrauen. Hierin sehe ich den Grund, dass Münzprägung *unbestreitbar eine griechische Erscheinung* war. Nicht mit der staatlichen Münzprägung in den Königreichen Mesopotamiens begann der Siegeszug des Münzgeldes, die private Münzprägung in frei konkurrierenden Prägestätten verschaffte dem Münzgeld allgemeine Akzeptanz.

Der von vielen tausend Sklaven betriebene Silberabbau u.a. im Umland von Athen sorgte für ausreichend Münzgeld nicht nur in Athen selbst, sondern in der gesamten griechischen Welt. Der Geldkreislauf schwoll durch das unentwegte Prägen neuer Münzen stetig an, denn Münzen verschwinden durch Gebrauch nicht, wie Brot, Fleisch, Öl und Wein. Das bedenkend, stellt sich die Frage, wie der Siegeszug der Münze gelingen konnte? Hätte Inflation Münzgeld nicht entwerten müssen?

Wäre es gleich zu Beginn der Münzprägung zu Inflation gekommen, hätte sich Münzgeld niemals durchsetzen können. Ein instabiles Tauschmittel wäre nie als allgemeines Zahlungsmittel akzeptiert worden. Doch das im ewig unvergänglichen Metallgeld versteckte Problem, wurde nicht sofort sichtbar. Es machte sich erst bemerkbar, als nach Jahrhunderte langem Gebrauch von Münzen eine Welt ohne Münzgeld nicht mehr vorstellbar war.

[J]   Die Polis zahlte Sold und Diäten.

4. Münzwert

Vom Wert des Vertrauens

> Die altherkömmliche Vorstellung, dass das Geld als solches ir-
> gend einen selbstständigen, mehr oder weniger unveränderlichen
> inneren Wert besitzt, an dem die Tauschwerte der eigentlichen
> Waren sich so zu sagen vergleichen oder messen, dürfte heute
> keinen wissenschaftlichen Verteidiger mehr besitzen, obwohl
> Nachklänge derselben auch in der neueren Litteratur über das
> Geld zuweilen verspürt werden können.
>
> Knut Wicksell[83]

In der Münze hatte sich der Wert des Tauschmittels endgültig von dessen Warenwert gelöst. Ungeachtet dessen bemühte man sich bis ins 20. Jh., glaubhaft zu
machen, dass der Tauschwert des Geldes auf (s)einem Metallwert beruht. Dabei
hatte der Prozess des Loslösens der beiden Wertgrößen bereits vor dem Entstehen
der Münzen – mit der Entwicklung der Kümmerformen des Geräte- und Barren-
geldes – begonnen. In den später einsetzenden Münzverschlechterungen setzte
sich das Auseinanderdriften zwischen Tauschwert und Materialwert nur weiter
fort. Gerade deshalb wird seit der Antike über den Zusammenhang zwischen dem
inneren Wert einer Münze und ihrem Tauschwert nachgedacht. Inzwischen füllen
Bücher über Werttheorien ganze Bibliotheken. Dabei ist Wert im Grunde kein
ökonomischer, sondern ein sozialer Begriff. Wert ist immer Resultat kultureller
Prägungen und individueller Neigungen. In der Geschichte des Geldes zeigen sich
kulturell geprägte Wertvorstellungen am deutlichsten beim Prestigegeld. Grundsätzlich hängt der Wert, den wir Dingen beimessen, immer stark von individuel-
len Faktoren ab. Individuelles Verlangen wird dabei von schwankenden biologi-
schen Bedürfnissen wie Hunger oder Sucht, aber auch von persönlichen,
familiären und eben auch kulturellen Prägungen bestimmt. Daraus folgende
Wertzumessungen können sich innerhalb eines Tages oder im Laufe eines Lebens
ändern.

Die Geschichte der Entwicklung des Münzgeldes hat gezeigt, dass erst ein sehr
langer Prozess dazu geführt hat, das kleine Metallscheiben als Tauschmittel akzeptiert wurden. Der am Gebrauchswert orientierte Mensch der Antike hing dabei
noch lange an der Idee, dass sich der Tauschwert der Münzen aus ihrem Metallgehalt ergibt, denn er war noch tief in der Tradition des Tauschhandels verwurzelt.
Der Kauf mittels Münzen wurde sicher noch lange als ein Austausch von Wertäquivalenten empfunden. Daher rührt die Idee, Geld müsse einen inneren Wert
haben.

Dieser Wert wurde lange im Metallgehalt gesehen. Insgeheim ist die Idee, dass Geld einen inneren Wert haben muss, auch heute im Zeitalter des virtuellen Geldes noch lebendig. Sie offenbart sind in den Forderungen der Banken nach Kreditsicherheiten. Der innere Wert des Geldes findet sich heute aber nicht mehr im Geld selbst, sondern in den Grundbüchern. Dabei gibt es seit langem Zweifel an der Bedeutung des inneren Geldwertes für die Kaufkraft. Die Münzgeldgeschichte kennt Zeiten, in denen die Kaufkraft von Münzen trotz sinkendem Metallgehalt nicht sank und trotz steigendem Metallgehalt nicht stieg. In den Theorien blieb das unberücksichtigt.

In den wenigsten Theorien wird die Kaufkraft des Geldes im Zusammenhang mit dem Warenangebot untersucht. Solange dieser Zusammenhang ausgeblendet bleibt, bleiben Geldtheorien realitätsfern. Erst durch eine gemeinsame Betrachtung des Geld- und Warenangebotes wird erkennbar, dass der innere Wert des Geldes für dessen Tauschwert bestenfalls von ideeller Bedeutung ist. Der Wert des Geldes erwächst aus den Waren, die ich dafür kaufen kann. Ein Beispiel dafür aus der neueren Geschichte wird auf S. 134 beschrieben.

Doch wie bereits erwähnt unterliegen Wertvorstellungen dem kulturellen Wandel. Die materielle Entwicklung des Münzgeldes ging daher mit einer ideengeschichtlichen Entwicklung vom Wert der Tauschmittel einher. Der Wandel der Wertvorstellungen setzte mit den Kümmerformen ein, schritt mit der Münze fort und endet (gegenwärtig) beim virtuellen Geld. Antike Münzen mussten nur deshalb aus Edelmetall bestehen, weil noch nicht so abstrakte Wertvorstellungen entwickelt waren wie heute. In der Geschichte des Eigentums (Teil 1, Kapitel 5.2) habe ich nachgezeichnet, wie sich nach Entstehen von Landbesitz in einem langen Prozess die Idee von Eigentum an Boden entwickelt hat. Ähnlich evolutionär verlief der ideengeschichtliche Prozess, der vom Gerätegeld zur Münze führte.

Er beginnt mit dem Gerätegeld, das zunächst Ware war. Jahrtausende später ist das Gerätegeld zur Münze verkümmert, die nur noch Kaufkraft für Ware ist. Doch woher stammt ihre Kaufkraft? Während der Tauschwert, also der Preis einer Ware, ihren Herstellungskosten entsprechen sollte, ergibt eine solche Wertbeziehung für Geld kaum Sinn. Der Münzwert, d.h. der Tauschwert bzw. die Kaufkraft der Münze müsste danach den Metallkosten plus Prägekosten entsprechen. Der Münzwert ließe sich durch hohe Prägekosten also beliebig steigern. Welche Wertsteigerung erfährt das Metall aber durch das Prägen? Während durch das Verarbeiten von Leder zu einer Tasche oder einem Sattel der Gebrauchswert des Leders zunimmt, erhöht sich der Gebrauchswert des Münzmetalls durch die Qualität des Prägebildes nicht. Natürlich verschafft erst das Prägen dem Metallstück einen nominellen Münzwert. Doch die Schönheit des Münzbildes und die Höhe der Prägekosten vermögen vielleicht die Akzeptanz der Münze, nicht aber ihren

Gebrauchswert zu steigern. Andererseits liegt der Gebrauchswert der Münze letztlich in ihrer Akzeptanz als Tauschmittel. Weil das Münzprägen Voraussetzung für den Münzgebrauch ist und der Gebrauch von Münzen den Handel erleichtert, erhöht sich durch Münzprägung die gesamtwirtschaftliche Produktivität. Die nicht direkt wertschöpfende Arbeit der Geldherstellung rentiert sich auf dem Umweg der gesamtwirtschaftlichen Produktivitätserhöhung infolge von Handelserleichterungen. Durch Münzgeld kann Zwischenhandel vermieden werden. Arbeitspotential, das vordem mit Handel beschäftigt war, steht nun für die Warenproduktion zur Verfügung. Das Warenangebot nimmt folglich in Umfang und Vielfalt zu, was weitere Arbeitsteilung gestattet, die zusätzliche Produktivitätssteigerung bewirkt.

Am Ende lässt sich über den Wert einer Münze sagen, alles was zu ihrer Akzeptanz beiträgt, erhöht ihren Wert. Das wichtigstes Element zur Wertsteigerung von Münzen ist jedoch nicht materieller, sondern ideeller Natur. Von entscheidender Bedeutung ist das Vertrauen, dass die Menschen in Geld haben. Vertrauen ist die Grundlage eines jeden Geldsystems. Wird es zerstört, droht der Zerfall der Gesellschaft. Unser heutiges Geldsystem erschüttert das Vertrauen der Menschen. Das wird nicht ohne Folgen bleiben.

5. Münzerfolg

Naturalwirtschaft als Stabilisator

> Die landläufige Auffassung von Natural- und Geldwirtschaft als ökonomischer Zeitenfolge in geradlinigem Aufstieg der Entwicklung von den Primitiven und dem grauen Altertum zur Kulturhöhe unserer Gegenwart bricht zusammen, sobald man sich der großen Vielgestaltigkeit bewusst wird, welche die Quellen allüberall zutage treten lassen. Diese Pluralität historischer Phänomene macht es unmöglich, die Wirklichkeit in ein so simples Schema einzuzwängen.
>
> Alfons Dopsch[84]

Der Münzwert resultierte nie aus dem Warenwert der Münzen. Münzwert basierte immer auf Vertrauen. In der Antike vertrauten Menschen auf den Staat als Münzschöpfer. Doch wie sicherte ein Staat den Geldwert? Wie hatte sich ein bis heute unverstandenes[85] und noch immer unbeherrschbares Geldsystem durchsetzen können?

Vertrauen in den Wert des Geldes heißt darauf vertrauen, dass ich zu einem späteren Zeitpunkt ein Wertäquivalent bekomme, für das, was ich heute für das Geld geleistet habe. Dieses Vertrauen kann dadurch gesichert werden, dass Geld durch Waren gedeckt ist. Doch wie konnte der Staat eine Warendeckung seiner Münzen sicherstellen? Der Staat produzierte keine Gebrauchsgüter, sondern bestenfalls Münzen. Er übte auch keinerlei Kontrolle über die Warenproduktion aus. Die Gelddeckung und die daraus resultierende Geldwertstabilität ergaben sich allein dadurch, dass die Tauschwirtschaft ein Warenangebot hervor gebracht hatte. Die bisher naturalwirtschaftlich oder mittels Nutzgeld getauschten Waren konnten nach Einführung des Münzgeldes nun auch mittels Münzen gehandelt werden. Eine Identität von Geldmenge und Warenwertmenge war nicht nötig, weil neben dem Münzgeld zunächst weiterhin andere Tauschmittel zur Verfügung standen. Wichtig war allein, dass ausreichend Waren auf dem Markt vorhanden waren sowie, dass Münzen allgemein als Tauschmittel angenommen wurden.

Ein ausreichendes Warenangebot war gesichert, weil die Warenproduktion nicht erst mit Einführung des Münzgeldes in Gang gesetzt wurde. Die Akzeptanz des Münzgeldes folgte zum einen aus seiner Akzeptanz durch die Großkaufleute und zum anderen daraus, dass standardisiertes Münzgeld den Zahlungsverkehr sicherer und leichter machte.

Ich vermute, dass ein Mangel an Vertrauen in die despotischen Staatsmächte Mesopotamiens Ursache dafür war, dass Münzprägung hier „nur langsam Wurzeln schlug." Ein ausreichendes Warenangebot wird es auch auf diesen Märkten gegeben haben, denn Warenproduktion gab es lange vor dem Entstehen von Geld. Die ursprüngliche Warenproduktion folgte nicht aus einer monetären Vorinvestition, sondern war Nebenprodukt der Entwicklung von Nahrungsvorräten.

Dass dem Geldhandel überall ein Tauschhandel vorausging, belegen nicht nur ethnologische Berichte, sondern auch archäologische Funde und bildliche Darstellungen. So zeigt ein ägyptisches Grabrelief aus dem Alten Reich (2640-2155 v.u.Z.) Marktszenen, in denen landwirtschaftliche Produkte gegen handwerkliche getauscht werden.[86] Handel erfolgte lange naturalwirtschaftlich durch wertäquivalenten Tausch zweier Gebrauchsgegenstände, die wahlweise Ware oder Geld darstellen konnten. Beide Tauschwerte konnten nach dem Handelsakt entweder konsumiert oder weitergetauscht werden. Solange es zwischen Ware und Geld noch keine Funktionstrennung gab, weil jede Ware auch Geld sein konnte, gab es weder Mangel, noch Überfluss an Nutzgeld, denn jedes Tauschgut konnte zugleich Nutzgeld sein. In einer Natural- bzw. Tauschwirtschaft konnten deshalb weder die Geldmenge noch die Geldverteilung[A] zu wirtschaftlichen Störungen führen.

[A] Eine hinreichende Geldverteilung war gesichert, solange alle Gesellschaftsmitglieder an Produktion oder Verteilung der Waren beteiligt waren und so Zugang zu Nutzgeld hatten.

Mit dem Münzgeld als Vollendung der Kümmerformen des Gerätegeldes entstand im Ergebnis eines etwa zwei Jahrtausende dauernden Prozesses ein Zeichengeld, das seitdem ausschließlich Geldfunktion besitzt. Infolge dieser Funktionstrennung trennte sich die Geldherstellung von der Warenproduktion.

Die von den Klassikern (der Ökonomie) noch im 19. Jh. angenommene Äquivalenz von Geld und Ware löste sich bereits im 1. vorchristlichen Jahrtausend auf. Geld wird seitdem nicht mehr zusammen mit den Waren erzeugt. Vielmehr findet Geldschöpfung nun völlig unabhängig von der Warenproduktion statt.

Marx' Werttheorie (Das Kapital, Band 1) erklärt den Kapitalismus deshalb nicht, wie bereits im 1. Teil dieser Tetralogie[87] skizziert wurde. Mit der Ware entsteht nicht zugleich auch Geld, um diese Ware zu kaufen. Seit Beginn der Münzprägung erfolgte Geldschöpfung in einem Prozess, der nicht an die Warenproduktion gekoppelt war. Dieser Prozess setzte mit dem Gerätegeld ein und vollendete sich in der Münzprägung.

Während Gerätegeld noch Gebrauchsgut sein konnte, besaß Münzgeld nur noch Kaufkraft. Infolge der Entkopplung von Geld- und Warenwertschöpfung entfernten sich Geldmenge und Geldverteilung von den Bedürfnissen all jener, die für den Markt produzierten, um Tauschgüter konsumieren zu können. Hierin sehe ich die Ursache aller späteren Geldkrisen, denn mit dem Geld entstand keine Geldtheorie. Zwar soll bereits Diogenes (vermutlich 413-323 v.u.Z.) Kritik am unvergänglichen Geld geübt haben,[88] doch die Entwicklung des Geldes verlief planlos. Geldschöpfung durch Münzprägung resultierte Jahrtausende lang aus dem Bedarf der jeweils regierenden Münzherren und nicht aus dem Bedarf des Marktes.

> Obwohl es auch andere Möglichkeiten gab, stellt die Überlieferung mit Nachdruck heraus, daß Staatsausgaben bei weitem das wichtigste Mittel waren, mit dem Münzgeld in der Antike in den meisten Fällen in Umlauf gebracht wurde.[89]

Sofern genug Metall verfügbar war, ließen antike wie feudale Staaten so viele Münzen prägen, wie zum Bezahlen der Soldaten, zum Errichten öffentlicher Bauten und zur Finanzierung der Verwaltung bzw. des Hofstaates benötigt wurden. Die Staatsausgaben bestimmten die Geldmenge.

Eine unabhängig von der Warenproduktion stattfindende Geldschöpfung musste früher oder später Inflation auslösen, weil sich die Geldmenge durch fortgesetzte Münzprägung stetig vermehrte. Münzen waren – anders als Nutzgeld – ein unvergängliches Tauschmittel. Wenn immer neues unvergängliches Tauschmittel in Form von Münzen geprägt wurde, um vergängliche Waren (durch Konsum verschwindende Werte) zu kaufen, musste ein Wertkonflikt entstehen. Denn während die Geldmenge durch eine kontinuierliche Münzproduktion stetig wuchs, sicherte kontinuierliche Warenproduktion nur ein gleich bleibendes Warenangebot. Inflation war vorprogrammiert, siehe Abbildung 2.

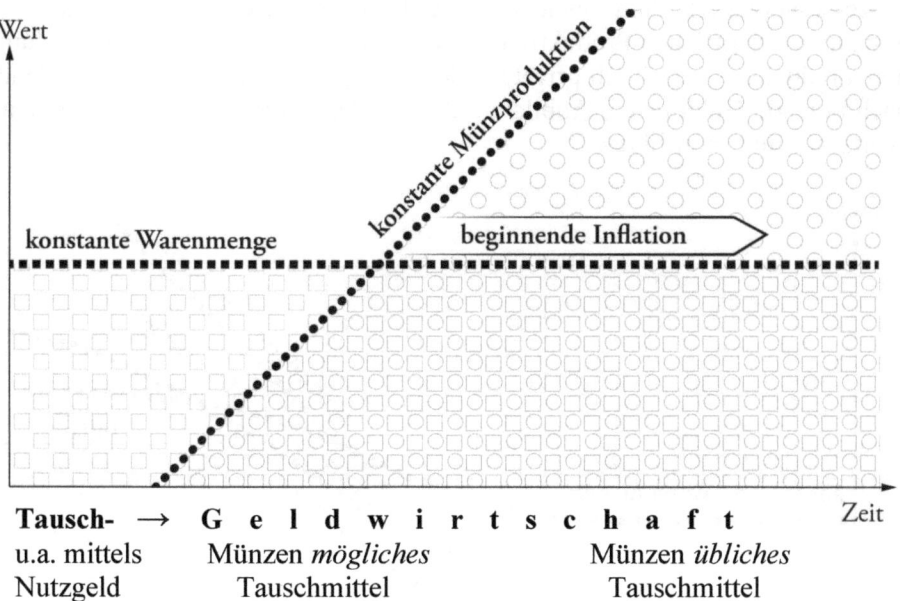

Tausch- → **G e l d w i r t s c h a f t**   Zeit
u.a. mittels   Münzen *mögliches*   Münzen *übliches*
Nutzgeld   Tauschmittel   Tauschmittel

Abbildung 2:
Wertschöpfungskonflikt durch konstante Waren- und Münzherstellung

Waren verbrauchen sich durch Konsum immer wieder, doch die Münzgeldmenge wächst durch stetiges Münzprägen kontinuierlich. Solange mehr Waren als Geld vorhanden sind, stört diese Diskrepanz nicht, da Waren auch ohne Geld getauscht werden können. Der Siegeszug des Münzgeldes kann gelingen, weil der Wertschöpfungskonflikt zunächst unsichtbar bleibt. Erst nach Jahrhunderte langer Münzprägung kommt es zu Inflation.

Da der Gesamtmünzwert (die Geldmenge) bei Einführung des Münzgeldes unterhalb des Gesamtwarenwertes lag, blieb der Wertschöpfungskonflikt lange unsichtbar.[B] Der Siegeszug des Münzgeldes basierte auf dem reichen Warenangebot, infolge einer seit langem funktionierenden Warenproduktion und Tauschwirtschaft. Als die Münze auf dem Markt erschien, trat sie als Tauschmittel auch zwischen Waren, die zuvor ohne Vermittlung gegeneinander getauscht worden waren. Erst Jahrhunderte nach Einführung der Münze begann die Geldmenge die Warenwertmenge zu übersteigen. Dieser Zeitpunkt wurde durch zwei entgegenwirkende

---

[B] Wer meint, das Verhältnis der Geldmenge zur Warenmenge sei unwichtig, weil unvergängliches Geld beliebig viele Tauschvorgänge durchführen und deshalb beliebig große Warenmenge tauschen kann, wird auf das Kapitel 9.1. *Gelddeckung* im 3. Teil dieser Tetralogie (siehe S. 162) verwiesen.

Prozesse verzögert. Zum einen bewirkte die Geldwirtschaft eine Steigerung der gesamtwirtschaftlichen Produktivität, wodurch das Warenangebot stieg. Zum anderen reduzierte sich durch private Geldhortung und Geldabfluss ins Ausland die nachfragende Geldmenge. Abbildung 3 zeigt das verzögerte Sichtbarwerden des Wertschöpfungskonfliktes.

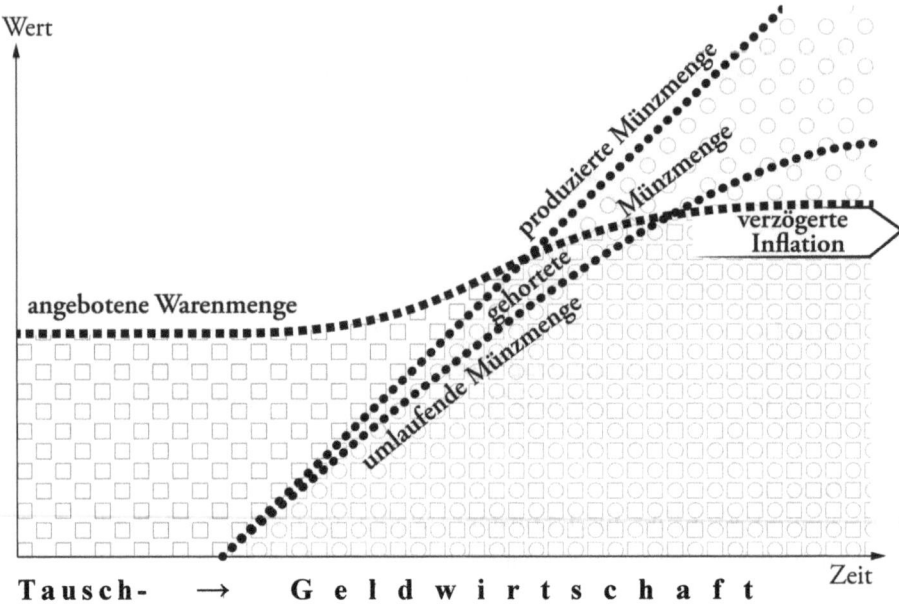

Abbildung 3:
Verzögertes Sichtbarwerden des Wertschöpfungskonflikts
Geldwirtschaft fördert die Arbeitsteilung. Mit der Produktivität steigt das Warenangebot. Durch Geldhorten sinkt die nachfragewirksame (umlaufende) Geldmenge.

Als die Inflation begann, waren Menschen seit Generationen an Geld gewöhnt. Geld war als Tauschmittel nicht mehr weg zu denken, nicht nur weil das Warenangebot vielfältiger geworden war. Wir können uns heute eine Welt ohne Handys nicht mehr vorstellen, obwohl sie erst wenige Jahrzehnte existieren. Geld existierte beim Einsetzen der Inflation bereits seit Jahrhunderten. Immer neue Geldkrisen konnten die Geldwirtschaft zwar schwächen und wiederholt Rückfälle in die Tauschwirtschaft bewirken, doch Geld war nicht mehr aus der Welt zu schaffen.

6. Münzversagen

Geldkrisen und Kulturkollaps

> Insgesamt wurde zu viel ausgegeben,
> ohne daß dies durch eine entsprechende
> Warenmenge gedeckt war, mit der Folge
> einer ständigen Inflation.
>
> Uwe Wesel[90]

Nachdem der Staat Jahrhunderte lang Geld nach Gutdünken geschaffen hatte, erschien der in der römischen Kaiserzeit zunehmende Kaufkraftverfall unerklärlich. Diocletian[A] (Kaiser von 284-306) versuchte, die Inflation durch wiederholte Preisedikte zu beenden. Doch seine allerorts in Stein gemeißelten Festpreise – er ließ Steinplatten mit Preisen auf den Märkten aufstellen – blieben ohne Wirkung. Kaiser Diocletian besaß nicht die Macht, die Inflation durch Gesetze zu beenden. Der Staat konnte die Kaufkraft des Geldes nicht definieren. Die unentwegte staatliche Geldschöpfung hatte einen nicht durch Waren gedeckten Geldüberhang erzeugt, der nun zur Geldentwertung führte. Wesel beschreibt die von *einer ständigen Inflation* geprägte chronische Krise jener Zeit folgendermaßen:

> Im 3. Jahrhundert n.Chr. kommt das römische Reich endgültig in eine langanhaltende Wirtschaftskrise… Das Land wurde zum großen Teil nicht mehr bebaut, weil es keine Sklaven mehr gab und es sich wegen der Steuern auch nicht mehr lohnte.[91]

Das zunehmende Versagen des Tauschmittels zerrüttete die Wirtschaft und infolgedessen die Gesellschaft. Eine seit Jahrhunderten praktizierte freie Münzprägung des Staates führte erst jetzt zu Problemen. Verständlich, dass der Zusammenhang unerkannt blieb. Das monetäre Versagen war zweifelsfrei nur eine Ursache für den Untergang des Römischen Reiches.[B] Sein Zerfall hatte weitreichende Folgen für die Entwicklung Europas. Der kulturelle und ökonomische Verfall bewirkte einen deutlichen Bevölkerungsrückgang. Die Gesellschaft kehrte in weiten Teilen zur Tauschwirtschaft zurück. Der Niedergang der Geldwirtschaft führte auch zur Regression des Eigentumsrechts.[92] Im Feudalismus wurde Eigentum wieder zu Besitz. Besitzrechte wurden wieder mit dem Schwert, statt mit dem Gesetzbuch verteidigt. Boden war nicht mehr verkäuflich. Er wurde dem Adel vom

---

[A] Kaiser Diocletian gelang es nach der Ära der Soldatenkaiser, die durchschnittlich nur je 2 Jahre regierten, bevor sie von ihren einstigen Anhängern ermordet wurden, noch einmal politische Stabilität im Römischen Reich herzustellen. Vgl.: Lauffer (1971)

[B] So basierte die römische Wirtschaft auf der Arbeit von Unfreien und Zugewanderten. Mit dem Ende der römischen Expansion wurden Arbeitskräfte knapp. Mitverantwortlich für die staatszerrüttende Dauerkrise waren auch Rohstoffmangel, Handelsprobleme und schlechte Geldverteilung.

König als Lehn im Austausch gegen Pflichten zur Landesverteidigung übertragen. Eine ähnliche Entwicklung hatte es bereits vor gut anderthalb Jahrtausenden gegeben. Um 1200 v.u.Z. war die Geldwirtschaft in Teilen Mesopotamiens und des östlichen Mittelmeeres zusammen gebrochen. Auch damals kam es in einigen Regionen zu einem kulturellen Zusammenbruch.[93] In der Geschichtswissenschaft werden beide Perioden des staatlichen und kulturellen Verfalls als dunkle Jahrhunderte bezeichnet, sowohl die Zeit nach 1200 v.u.Z. wie auch die Zeit nach dem Zerfall des Römischen Reiches im 5. Jh. u.Z.

Beide dunklen Zeitalter dauerten jeweils etwa 3 Jahrhunderte. Einige Historiker hat das plötzliche Verschwinden kultureller Zeugnisse veranlasst, Fehler in der Chronologie zu vermuten. Gunnar Heinsohn hält die dunklen Jahrhunderte der Antike für nicht existent.[94] Herbert Illig hält das Mittelalter für gefälscht.[95] Tatsächlich hatte der kulturelle Zusammenbruch nach dem Zerfall des weströmischen Reiches im 5. Jh. einen gewaltigen Verlust an Wissen zur Folge. Es dauerte etwa 700 Jahre bis Europa mit einer Welle von Städtegründungen zu einem neuen Aufschwung ansetzte.

Die kulturellen und bevölkerungspolitischen Auswirkungen des Untergangs des Römischen Reiches machen deutlich, welche Verantwortung dem Staat für die Aufrechterhaltung der Geldwirtschaft zukommt. Indem die Römische Republik um 300 v.u.Z. durch Proklamation Münzen als staatliches Zeichengeld einführte, forcierte sie die allmähliche Auflösung subsistenzwirtschaftlicher (selbstversorgender) Produktionsstrukturen und naturalwirtschaftlicher Tauschsysteme. Mit der Zerstörung der sich selbst regulierenden Wirtschaftsstrukturen durch staatliche Eingriffe fiel dem Staat die Aufgabe zu, das Funktionieren der Geldwirtschaft zu sichern. Dieser Aufgabe gerecht zu werden, war und ist für jeden Staat eine Überlebensfrage. Die heutigen Demokratien stehen vor der gleichen Aufgabe wie das Römische Reich. Gelingt es in Zukunft nicht, die Geldwirtschaft aufrecht zu erhalten, werden auch die modernen Staaten untergehen.

Bevor wir nachvollziehen, auf wie verschlungenen Pfaden sich unser modernes Geldsystem entwickelt hat, ein kurzer Blick auf eine deutsche Sonderentwicklung, der in der Geldtheorie einige Beachtung geschenkt wurde.

7. Brakteaten

Intermezzo – Mitte 12. bis Mitte 14. Jahrhundert
Münzverrufung zur feudalen Geldbeschaffung

> Im übrigen ist aber die wirkliche Entwicklung
> der Brakteatengeldwirtschaft doch eine rein
> deutsche Erscheinung; die nordischen Ansätze
> dazu sind, ohne eine Bedeutung erlangt zu ha-
> ben, wieder erloschen.
>
> Karl Walker[96]

In den ersten Jahrhunderten nach Wiederbelebung der Geldwirtschaft in Europa, hat es in Deutschland eine Sonderentwicklung gegeben. Wie Italien war Deutschland in viele kleine Staaten zersplittert, die alle ihre eigenen Münzen prägten. Doch allein in Deutschland wurden von der Mitte des 12. bis zur Mitte des 14. Jhs. besonders dünne Münzen geprägt, sogenannte Brakteaten.

Als Brakteaten werden Münzen bezeichnet, die nur einseitig geprägt wurden. Da sie sehr dünn waren, zeigte sich diese Prägung auf beiden Seiten als positives bzw. negatives Bild. Diese dünnen Münzen verschlissen schnell und erforderten häufiges Neuprägen. Die Aufforderung, alle alten Münzen zum Umprägen in die Münzstätten zu bringen, wurde öffentlich ausgerufen. Solche Münzverrufungen erfolgten bei jedem Thronwechsel, denn auf die Münzen musste das Abbild des neuen Herrschers geprägt werden. So wurde er im Land bekannt.

Während des sogenannten Brakteatenzeitalters fanden viel öfter Neuprägungen statt. Die dafür erhobene Gebühr kam einer Geldsteuer gleich. Diese Gebühr wurde Schlagschatz genannt. Der Schlagschatz verschaffte den jeweiligen Münzherren mehr oder weniger regelmäßige Einkünfte. Erzbischof Wichmann von Magdeburg soll das System regelmäßiger Münzverrufungen nach 1150 eingeführt haben.[97]

Anhänger der Ideen Silvio Gesells betrachten die Brakteaten als eine Art Schwundgeld. Sie sehen in diesem Geldsystem die Ursache für den wirtschaftlichen Aufschwung im 12. Jh. Sinnbild dieses Aufschwungs ist für sie u.a. der Bau von Kathedralen. Allerdings war Magdeburg bereits im 11. Jh. eine blühende Metropole.

Die Stadt war 968 von Otto I. gegründet worden. Der erste der drei Ottonenkaiser ließ seinen Hauptsitz nicht zufällig nahe der Goslarer Silberminen[98] (im Harz) errichten. Die weite Verbreitung der Otto-Adelheid-Pfennige belegt, dass die ottonische Geldschöpfung die Geldwirtschaft in ganz Europa belebte. Handelserleichterungen und Produktivitätssteigerungen waren die Folge. Hinzu kam ein Wissens- und Technologietransfer nach den Kreuzzügen am Ende des 11. Jhs. Antikes Wissen gelangte durch arabische Texte nach Europa zurück. Auch stiegen infolge klimatischer Veränderungen die Ernteerträge. All das mündete um 1150 in einer Welle von Städtegründungen. Städte, die zu bedeutenden Handelszentren wurden, errichteten als Zeichen ihrer Macht und Souveränität Kathedralen. Sie waren sowohl Ausdruck der Wirtschaftskraft als auch des Bündnisses mit Gott. Der wirtschaftliche Aufschwung Magdeburgs war eher Auslöser des Aufschwungs ab 1150, als Folge einer jetzt beginnenden Münzverrufung.

Unabhängig davon ist für mich nicht nachvollziehbar, wie eine Steuererhöhung Auslöser eines wirtschaftlichen Aufschwungs werden kann. Letztlich war der Schlagschatz nichts anderes als eine Geldsteuer. Walker sieht nicht die steuerliche Belastung der Bevölkerung durch die Münzverrufungen. Er sieht, dass jährliche oder gar halbjährliche Münzverrufungen das Horten von Geld verhinderten. Dieser Effekt wird den schädlichen Effekten der Geldsteuer entgegen gewirkt haben. Doch im Schlagschatz einen Auslöser für den wirtschaftlichen Aufschwung zu sehen, ist wenig glaubwürdig; u.a. weil das System jährlicher Münzverrufungen nur in Deutschland existierte. Wirtschaftlichen Aufschwung gab es im 12. Jh. jedoch in ganz Europa. Auch in Frankreich wurden gewaltige Kathedralen gebaut. In Italien veränderte die Renaissance ab dem 15. Jh. unser Weltbild. Da war das Brakteatenzeitalter in Deutschland bereits zu Ende.

Ich sehe den Zusammenhang zwischen wirtschaftlicher Prosperität und Münzverrufung daher eher andersrum. Steuern waren nicht Auslöser, sondern Folge des Aufschwungs. Menschen werden nicht produktiver, weil die Steuern steigen. Eher steigen die Steuern, wenn die Produktivität steigt. Daher sehe ich im Schlagschatz nicht den Auslöser, sondern lediglich eine Folge des Wirtschaftsbooms. Dafür spricht auch das Ende dieses Systems. Die Münzverrufungen wurden nach den furchtbaren Pestjahren Mitte des 14. Jh. abgeschafft. Diesem wirtschaftlichen Einbruch wurde nicht durch Verhindern von Geldhortung (mittels Münzverrufung) begegnet, sondern gerade durch Abschaffen dieses Systems.

Manche sehen neben der Pest auch im Rückgang der europäischen Silberproduktion eine Ursache für den wirtschaftlichen Abschwung ab Mitte des 14. Jhs. Entstehender Silbermangel hat Münzherren teilweise veranlasst oder gezwungen, den Städten ihre Münzrechte zu verkaufen. Diese erwarben damit das Recht „ewige Pfennige" prägen zu lassen. Die Folgen des Übergangs der Münzprägung vom Adel auf das Bürgertum werden im Kapitel 9. *Kreditfalle* (S. 89ff.) betrachtet.

Eingedenk des Gesagten darf bezweifelt werden, dass Münzverrufung eine Wirtschaftsblüte auslöste. Wahrscheinlicher ist, dass dadurch Gewinn abgeschöpft wurde, solange die Wirtschaft prosperierte. Verlassen wir dieses Nebengleis der Weltgeschichte und folgen den großen Umbrüchen.

8. Entstehen des Kreditgeldes

Kreditgeld: 1. Teil – Das Geld der Kaufleute

> Geld ist ein Zahlungsmittel, das zugleich Tauschmittel in einem bestimmten Menschenkreis und das – typischerweise durch Stückelung nach dem „Nennwert" – dergestalt ist, dass damit gerechnet werden kann. Aber diese seine technische Leistung ist nicht daran gebunden, dass ihm eine bestimmte äußere Formung gegeben wird. Die Hamburger Mark Banko-Währung, deren Vorbild bestimmte chinesische Einrichtungen waren, beruht z.B. auf Depots in Silber, deren Form gleichgültig war; der darauf gezogene Wechsel aber war Geld.
>
> Max Weber[99]

Nach dem Untergang Westroms fand Europa in einem langen, blutigen Prozess unter einem neuen Gott – dem „barmherzigen"[A] Gott der Christen – zu einer neuen kulturellen Einheit. Das Christentum verbreitete auch ein neues Gesetz, das Neue Testament. Allerdings wurden auch Teile des Alten Testaments in das kanonische Recht der allein selig machenden katholischen Kirche aufgenommen. Einige eigentlich über Bord geworfene alte Gesetzesteile lieferten einen Entwicklungstreibstoff, der schließlich zu einer neuen Geldordnung führte.

Das alte Gesetz, das die kommende Entwicklung maßgeblich mitformte, war das biblische Zinsverbot.[100] Es wurde etwa im 5. Jh. im Kanon der christlichen Gesetze verankert. Folglich war es als göttliches Gesetz unbedingt einzuhalten. Es sollte der wirtschaftlichen Entwicklung ab dem 12. Jh. eine entscheidende Wende geben. Ein göttliches Gesetz, das nicht eingehalten werden konnte, siehe Kapitel 8.2. *Zinsverbot* (S. 69ff.) sowie Kapitel 12. *Zinsen* (S. 141ff.), forderte die Kreativität der Menschen heraus. Es förderte monetäre Innovationen. Die mussten allerdings vor den Augen der Kirche verborgen bleiben.

Das Dilemma vor dem die Kaufleute standen war: Handel braucht Geld (Handelskapital). Kaufleute denen es an nötigem Handelskapital fehlte, suchten Kredit. Kreditangebote gab und gibt es nur gegen Zinsforderungen. Die Notwendigkeit von Krediten erzwang deshalb eine Umgehung des Zinsverbotes. Deshalb wurden Kredite in der christlichen Welt in das Gewand des Wechsels gekleidet, siehe Kapitel 8.1. *Wechsel* (S. 67ff.). Wechsel, die bereits in der Antike bekannt waren, veränderten dadurch ihr Wesen. Die ältesten Wechsel, die wir kennen, stammen

---

[A] Das Schwert mit dem diese neue Religion verbreitet wurde, sowie die Kreuzzüge, die Ketzervernichtungen und die Hexenverbrennungen lassen an der Idee eines barmherzigen Gottes zweifeln.

aus dem 3. Jahrtausend v.u.Z. aus der Zeit Sargon von Argades[101]. Wesel erwähnt Wechselbriefe zur Zeit Hammurabis (2. Jahrtausend v.u.Z.).[102] Auch im Römischen Reich waren Wechsel im Gebrauch. Doch diese Wechsel bilden nur den Ausgangspunkt der nun folgenden Entwicklung. Sie stehen am Anfang der Wiedergeburt des Wechsels im Mittelalter. Die dann einsetzende Entwicklung des Wechsels zum Kreditgeld haben die antiken Wechsel nicht vollzogen. Dazu fehlte in der Antike die Triebkraft, das umfassende göttliche Zinsverbot.

Die neuen Fähigkeiten des Wechsels, nun auch Zahlungsmittel sein zu können, waren Jahrhunderte lang nur den Kaufleuten bekannt. Noch in der Mitte des 19. Jhs. fand Carl Einert den

> ...Ursprung des Wechselrechts in ein undurchdringliches Dunkel gehüllt...[103]

Auf den ersten Blick erstaunt das, denn die ersten Wechsel nach der Antike tauchten in Europa bereits im 12. Jh. auf. Auf den zweiten Blick wird klar: das „undurchdringliche Dunkel" war eine Folge des Zinsverbots. Vor dem Hintergrund des Zinsverbots hatten sich Wechsel ab dem 12. Jh. stark verändert. Die neuen mittelalterlichen Wechsel waren kaum mit den antiken Wechseln vergleichbar. Ich halte es daher für irreführend allein von Hinweisen auf den Gebrauch von Wechseln in der Antike auf antike Kreditgeldschöpfung zu schließen, wie Drexhage, Konen und Ruffing es tun. Sie schreiben:

> Nach dem jetzigen Stand der Forschung kann man sich aber nicht mehr sicher sein, ob die Kreditgeldschöpfung nicht doch in erheblicherem Umfang als früher angenommen die „Geldmenge" vergrößerte... Auf jeden Fall beruhte das Geldangebot [im Römischen Reich d.A.] nicht zu 100% auf Münzbasis...[104]

Das mag sein, denn es wurde in Rom, wie im alten Ägypten, teilweise mit Quittungen oder Schuldscheinen bezahlt. Doch diese Zahlungsmittel waren allesamt aus einer Barzahlung entstanden. Die Quittung quittierte eine Einzahlung, der Schuldschein eine Auszahlung.

Die nun folgende Rekonstruktion der Entwicklung des Wechsels im Mittelalter soll zeigen, dass Kreditwechsel etwas völlig neues in die Welt setzten. Sie schufen die Möglichkeit, Wechsel ohne Bareinzahlung zu erschaffen. Damit hatten die Kaufleute unbeabsichtigt einen Weg gefunden, Geld aus dem Nichts zu schöpfen.

Während der Adel sich Alchemisten hielt, die versprachen Gold zu machen, schufen Kaufleute bald mittels Tinte und Papier Geld. Nichts deutet darauf hin, dass in der Antike eine ähnliche Entwicklung stattgefunden hatte, denn ein absolutes Zinsverbot hat es damals nie gegeben. Bringen wir also Licht in dieses Dunkel und zeichnen nach, wie aus dem Münzgeld der Antike und des Mittelalters modernes Kreditgeld wurde.

8.1. Wechsel

Seit dem 12. Jahrhundert
Ein Wechselbrief ersetzt den Geldtransport

> Zur Abwicklung des überörtlichen Zahlungsverkehrs war die Bedeutung des Wechsels hier immanent. Das hohe Risiko, die Kosten und die Dauer eines Geldtransportes konnten mit seiner Hilfe auf einfache Weise umgangen werden. In Zeiten schlecht ausgebauter und unsicherer Verkehrswege mußte der Wechsel zum fundamental wichtigen Zahlungs- und Geldtransportmittel werden.
>
> Kurt von Pannwitz[105]

Der Wechsel war – wie das bronzezeitliche Gerätegeld – zunächst ein Instrument der Großkaufleute. Erneut nahm die Entwicklung eines neuen Zahlungsmittels ihren Anfang im Fernhandel. Mit dem Erscheinen des Wechsels begann ein neues Zeitalter in Europa. Die drei dunklen Jahrhunderte nach dem Zusammenbruch des Römischen Reiches liegen hinter uns. Wir sahen die Merowinger, die Karolinger, die Ottonen kommen und gehen. Nun befinden wir uns im 12. Jh. Europa wächst nach einer blutigen Christianisierung allmählich zu einer neuen kulturellen Einheit zusammen. Noch herrscht das sogenannte finstere Mittelalter. Noch trennen uns Jahrhunderte von der Morgenröte, der im 15. Jh. herauf dämmernden Renaissance. Doch bereits im 12. Jh. wird römisches Vertragsrecht wieder belebt. Wesel schreibt:

> Nicht der Beginn oder das Ende der fränkischen Zeit oder des Mittelalters sind die Wegmarken, an denen seine Entwicklung sich orientiert. Wendepunkt ist das 12. Jahrhundert. Hier entstand die moderne Welt, nicht erst mit der Entdeckung Amerikas. Das ist auch im Recht ganz deutlich zu sehen. [106]

Heinrich IV. ruft 1103 den ersten Landfrieden aus. Die Straßen sollten wieder sicher werden, auch um den Handel zu stärken. Während Europa befriedet werden soll, werden im Orient blutige Kreuzzüge geführt. Ausgerechnet diese Schlachten beleben Europas Wissenschaft, Wirtschaft und Handel. Jacques Le Goff bezeichnet diese Phase als „kommerzielle Revolution"[107]. Schon die Ottonenkaiser haben um die Jahrtausendwende die Münzprägung neu belebt. Infolgedessen weitet sich seit dem 10. Jahrhundert die Geldwirtschaft erneut aus. Sie fördert Arbeitsteilung, belebt das Handwerk und steigert die Warenproduktion. Überregionale Märkte entstehen. Die Messen in der Champagne sowie entlang der Rhone erhalten bald herausragende Bedeutung. Zu den ein- bis zweimal im Jahr z.B. in Lyon stattfindenden Markttagen, kommen Kaufleute aus ganz Europa, aus dem Süden, aus Genua oder Venedig ..., aus dem Norden, aus Antwerpen oder Hamburg ..., aus dem Rheingebiet oder aus Trier oder Augsburg ...

Der Transport der Waren auf den Flüssen und über Land ist nicht nur mühsam, sondern trotz des verkündeten Landfriedens immer noch gefährlich. Der Kampf gegen Fehdewesen und Wegelagerei wird noch Jahrhunderte dauern. Erst 1235 lässt der letzte Stauferkaiser Friedrich II., bekannt als Barbarossa, den ewigen Reichslandfrieden ausrufen und verbietet damit im Heiligen Römischen Reich Deutscher Nation grundsätzlich Mord und Totschlag. Doch durchsetzen kann er diesen Landfrieden noch lange nicht. Das Reisen mit einer Kiste Geld im Gepäck bleibt ein gefährliches Unternehmen. Daher erfreuen sich die von italienischen Kaufleuten verwendeten Wechsel wachsender Beliebtheit. Sie machen riskante Geldtransporte vielfach überflüssig.

Wechsel waren bereits in der Antike im Gebrauch.[108] Wie viele andere antike Kenntnisse tauchten sie aber erst nach den Kreuzzügen wieder in Europa auf. Kaufleute mussten nun nicht mehr mit prall gefüllter Geldbörse zu fernen Märkten reisen. Statt dessen verwahrten sie einen Wechselbrief in ihrer Brieftasche, auf den sie sich am Marktplatz Münzgeld auszahlen lassen konnten. Für ihr in der Heimat eingezahltes Geld erhielten sie die auf dem jeweiligen Marktplatz üblichen Münzen. Die Wechselbankiers, die Geld entgegen nahmen oder auszahlten, mussten das Geld nicht durch Europa transportieren. Sie mussten nur dafür sorgen, dass in ihren über ganz Europa verteilten Filialen zu den Markttagen immer genug heimische Münzen vorhanden waren. Die Kaufleute sparten Kosten und Risiken des Geldtransportes. Die Wechselbankiers hingegen verdienten am Umrechnungskurs der diversen Münzsorten. So machten beide, ganz im Sinne Adam Smiths ein Geschäft. Das Instrument dieses Geschäftes war der Wechsel. Ich nenne diesen ursprünglichen Wechsel „Münzwechsel". Ein wesentliches Merkmal des Münzwechsels war die *Bareinzahlung*. Die Handel treibende Partei musste zum Ausstellen eines Münzwechsels einen Geldbetrag an einen Wechselbankier zahlen. Der legte im Münzwechsel dann Ort und Zeit der Auszahlung fest, sowie die Münzsorte und die Höhe der Auszahlung. Münzwechsel wurden immer auf die Stadt gezogen, in die die Handelsreise gehen sollte, auf die Stadt also in die auch die Kaufleute zogen. Dort wurde der Wechsel zur Auszahlung vorgelegt.

Doch Handel erfordert Geld zum Wareneinkauf, bevor Geld durch Verkauf der Waren verdient werden kann. Diese sogenannte Vor- oder Zwischenfinanzierung erfordert zuweilen Kredit. Die Organisation des Kredits verlangte wegen des Zinsverbots Kreativität und setzte zum Ende des Mittelalters eine Entwicklung in Gang, die die Welt grundlegend verändern sollte.

8.2. Zinsverbot

Seit dem 5. Jahrhundert
Ein Tabu wird zum Entwicklungstreibstoff

> Die Entwicklung des Wechsels, des Hauptelements im Aufstieg der Kaufmannsschicht, hatte ihren Ursprung im Wunsch der Kaufleute, der Kirche zu gehorchen, was dadurch gelang, daß sie eine Kreditoperation, die die Kirche mißbilligte, durch eine Wechseloperation ersetzte, die sie tolerierte.
>
> Jacques Le Goff[109]

Die Katholische Kirche kontrollierte durch Bischofssitze, Klöster und Pfarrhäuser ganz Europa. Sie war im Mittelalter eine Ordnungsmacht. Ihr biblisches Zinsverbot war nicht einfach ein Gesetz, es war Teil der göttlichen Ordnung. So stellt neben Le Goff auch Kurt von Pannwitz fest:

> Die ganze Wechselrechtslehre der Frühzeit ist nur vom Gesichtspunkt dieses Verbots aus zu begreifen.[110]

Der Mönch Luca Pacioli schreibt 1494 eine „Abhandlung über die Buchhaltung". Dieses Buch sollte zum Standardwerk ganzer Generationen von Kaufleuten werden. Darin gibt Pacioli jedem Kaufmann mit auf den Weg:

> Das Ziel eines jeden Kaufmanns ist die Erwerbung eines erlaubten und angemessenen Gewinns für seinen Unterhalt. Daher müssen die Kaufleute ihre Geschäfte immer im Namen Gottes beginnen und im Anfang aller ihrer Aufzeichnungen seinen heiligen Namen im Sinne haben.[111]

Pacioli weist in diesem Buch ganz nebenbei darauf hin, dass

> ...der Inhaber, die Gehilfen, die Lehrlinge sowie *die Frauen (wenn sie es können)* in Abwesenheit des einen oder anderen ... [112] [H.d.A.]

ins Memorial[B] Handelsgeschäfte eintragen. Wer auch immer die Geschäfte tätigte, sie mussten im Einklang mit den göttlichen Gesetzen stehen. Doch Handel erfordert Kredit und Kredit erfordert Zins. Die Kirche errichtete mit dem Zinsverbot ein Tabu, dem die Wirtschaft nicht gehorchen konnte. Verbote, die sich nicht befolgen lassen, waren und sind stets Nährboden für Innovationen.

Thomas Moser legt in seiner Arbeit über Ursprung und Entwicklung des Zinsverbotes dar, dass dieses Verbot ursprünglich einer Vision entsprang und nie geltendes Recht war. So wundert es nicht, dass es letztlich immer eine Utopie blieb und alle Versuche es durchzusetzen, an den ökonomischen Zwängen scheiterten.

[B]   Eines der Geschäftsbücher der Kaufleute.

Moser zeigt, dass das Zinsverbot nur im Alten und nicht im Neuen Testament erscheint. Da mit dem Neuen Testament das alte, mosaische Gesetz erneuert worden war, musste eine Übernahme dieses Verbots in den christlichen Gesetzeskanon gewissermaßen als Rückschritt erscheinen. Die Übernahme des idealistischen Zinsverbots erfolgte Moser zufolge denn auch erst nach langer Diskussion.

> Zu Beginn des 5. Jh.s war die patristische [kirchenväterliche d.A.] Position zur Zinsfrage im wesentlichen bezogen und die Begründung des Zinsverbotes wurde als abgeschlossen betrachtet. Fasst man die Argumentation zusammen, so war das Zinsnehmen nach Meinung der Kirchenväter aus vier Gründen zu verbieten. Erstens liess sich anhand der Heiligen Schrift zeigen, dass es gegen den Willen Gottes verstiess (biblisches Argument). Zweitens gingen sie davon aus, dass es negative Folgen für den Schuldner bzw. die Gesellschaft mit sich brachte (Folge-Argument). Drittens kritisierten sie, dass das Zinsnehmen auf einer verwerflichen Gesinnung seitens des Geldverleihers gründete (Motiv-Argument). Viertens übernahmen sie von den antiken Philosophen die Argumentation, dass das Zinsnehmen selbst, schon seinem Wesen nach eine Ungerechtigkeit sei (Wesens-Argument). Einerseits widerspreche die Idee des Zinses der natürlichen (und damit auch der göttlichen) Ordnung (Sterilitätsargument), andererseits verletzte das Zinsnehmen die Tauschäquivalenz, welche die Gerechtigkeit erfordere.[113]

Entgegen dieser theologischen Argumentation gab es jedoch ökonomische Gründe für das Zinsnehmen. Kreditvergabe verursacht(e) Kosten und barg Risiken. Beides musste in Rechnung gestellt werden können. Neben dem unvermeidlichen Kreditausfallrisiko, entstanden Kosten für die Buchhaltung und die Geldverwahrung sowie für die Unterhaltung des Bankkontors. Ggf. entstanden auch Kosten für die Geldbeschaffung. Bei Verbot einer Gebührenerhebung – in Form von Zins oder unter welchem Namen auch immer – würde es keinen Kredit geben. So berichtet Moser, dass der byzantinische Kaiser Leo der Weise (886-912) das von seinem Vorgänger Kaiser Basileios I. (867-886) erlassene Zinsverbot wieder aufheben musste.

> Das Zinsverbot, so Leo, würde zwar dem göttlichen Gesetz entsprechen und wäre an sich ideal, seine Anwendung hätte aufgrund der verdorbenen menschlichen Natur aber gerade das Gegenteil dessen bewirkt, was mit dem Verbot beabsichtigt worden sei. Anstatt, dass die ärmeren Bevölkerungsteile in den Genuss von zinslosen Darlehen gekommen seien, hätte nun aufgrund der fehlenden Gewinnmöglichkeiten überhaupt niemand mehr etwas geliehen und die Lage der ärmeren Bevölkerungsschichten hätte sich dadurch sogar noch verschlechtert.[114]

Da Handel und Zinsverbot sich nicht vertragen, musste eine ausdrückliche Befreiungen vom Zinsverbot ausgesprochen werden, um den Handel zu fördern. Das beweist eine Urkunde aus dem Stadtarchiv Trier. Dem Lombarden Manuel de Troya sowie seinen Neffen Regner, Ogerus Carena und Rufinus[115] wurde am

29.11.1262 ein Siedlungsprivileg erteilt, in dem es u.a. hieß:

> Wir erlauben auch und lassen zu, daß sie in dieser Stadt und Niederlassung aus ihrem Vermögen und ihrem Geld Nutzen ziehen und damit nach Wunsch und Wohlgefallen Geschäfte machen können. Auch werden Wir – das versprechen Wir aufrichtig – sie nicht wegen ihres Geldhandels und Geschäftes irgendwie bestrafen, werden sie keineswegs dafür zur Verantwortung ziehen, daß sie ihr Geschäft mit weniger Recht betrieben haben, und werden keinerlei Klage gegen sie vorbringen durch die sie an ihrem Besitz oder ihrer Person irgendwie geschädigt oder beschwert werden könnten; lieber überlassen Wir sie in diesem Punkt ihrem Gewissen.[116]

Auch die von dem Franziskanermönch Bernardius von Feltre zwischen 1484 und 1494 zur Darlehensvergabe an die ärmeren Bevölkerungsschichten gegründeten öffentlichen Pfandleihen konnten trotz heftiger Proteste der Dominikaner und Augustiner nicht ohne Zinsforderungen arbeiten. Eine Verbreitung dieser Einrichtungen außerhalb Italiens erfolgte erst, als die Kirche 1515 auf dem 5. Laterankonzil (1512-1517) „das Prinzip der vernünftigen Verzinsung" akzeptierte.[117]

Aus dem Zinsverbot war so letztlich ein Wucherverbot geworden. Aufgehoben war das Verbot des Zinsnehmens damit jedoch nicht. Es hielt sich, mit einer wachsenden Zahl von Ausnahmeregeln, bis ins 19. Jh.[118] Auf Ursprung und Wesen des Zinses wird im Kapitel 12. *Zinsen* (S.141ff.) eingegangen. Hier soll vorerst nur betrachtet werden, dass der Zins ein Preisaufschlag auf die Kreditsumme ist, den die Kreditsuchenden den Kreditgebenden zu zahlen haben. Ohne Zins gab es keinen Kredit, ohne Kredit keinen Handel, ohne Handel keinen Wohlstand. Doch bevor die Kirche ihr Zinsverbot, diesen Zwängen folgend, lockerte, hatte Kaufleute Strategien entwickelt, es zu umgehen. Die am Gesetz vorbei entwickelten Finanzmanöver ermöglichten Kaufleuten Gewinne, die durch Zinsen gar nicht möglich gewesen wären. Das Verbot hat letztlich weit schlimmeres hervorgebracht als es verhindern wollte.

Jakob Fugger der Reiche (1459-1525) gehörte ohne Zweifel zu jenen, die die aus dem Zinsverbot erwachsene Möglichkeit, Wechsel als Zahlungsmittel zu nutzen, am exzessivsten zu nutzen verstanden. Das verschaffte ihm und seinen Brüdern einen unvorstellbaren Vermögenszuwachs. Ogger berichtet, dass

> Jakob... 1479 erstmals in den Steuerbüchern Augsburgs auftauchte: mit einem offiziellen Vermögen von ganzen 60 Gulden.[119]

Damals war er 20 Jahre alt. Wenig später erfahren wir, dass

> die Profite der Fugger aus dem Silbergeschäft in den Jahren zwischen 1487 und 1494 auf rund 400 000 Gulden[120]

geschätzt wurden. Diese Profite resultierten zwar nicht allein aus Jakobs Kapital, sondern auch aus dem seiner zwei noch lebenden Brüder. Doch sie erwuchsen keineswegs aus verschleierten Zinsgewinnen. Um in 15 Jahren (also in der Zeit von 1479 bis 1494) ein Vermögen von 400.000 Gulden zu erwirtschaften, hätte ein Startkapital von 26.000 Gulden Jahr für Jahr 20% Zinsen abwerfen müssen, wobei jeder Gulden erneut hätte angelegt werden müssen. Es waren also mit Sicherheit nicht Zinsen, die die Fugger reich gemacht haben.

Jakob Fugger war als jüngster Sproß eigentlich für ein Leben im Kloster bestimmt gewesen. Nur der Tod von vier seiner älteren sechs Brüder rief ihn aus dem Kloster zurück in die Welt. Dass gerade er zu Jakob Fugger dem Reichen werden sollte, macht Staunen, denn wer wenn nicht er wusste:

> Es ist leichter, daß ein Kamel durch ein Nadelöhr gehe, als daß ein Reicher ins Reich Gottes komme.[121]

Die Gegenwart Gottes war ihm stets bewußt. Der Spruch auf seinem Epitaph richtete sich aber wohl eher an die Nachgeborenen. Sie sollten ihn in gutem Andenken behalten.

> Dem allmächtigen und gütigen Gott! Jakob Fugger aus Augsburg, Zierde seines Standes und seines Landes, Kaiserlicher Berater unter Maximilian I. und Karl V., unübertroffen in Erwerb von Wohlstand, in Großzügigkeit, in der Reinheit des Lebens und in der Größe der Seele. So unvergleichlich er unter den Lebenden war, so beispiellos wird er unter den Toten sein.[122]

Der hier so Gepriesene fürchtete sich jedoch vor dem Fegefeuer. Zum Ende seines Lebens gab Jakob Fugger der Reiche deshalb viel Geld aus, um in Augsburg eine erste Sozialsiedlung zu errichten. Diese noch heute existierende Fuggerei war Jakobs Geschäft mit Gott. In der Stiftungsurkunde legte er fest, dass nur wahre Katholik*innen dort wohnen dürfen, denn der sehr geringe Mietzins war mit der Verpflichtung verbunden, auf ewig – jeden Tag – für das Seelenheil Jakob Fuggers zu beten.

Die Bibel war für die Menschen des Mittelalters und der beginnenden Neuzeit ein heiliges Buch und die Katholische Kirche eine alles bestimmende Institution. Ihre Gesetze konnten nicht ungestraft übertreten werden. Nur vor diesem Hintergrund kann die folgende Geschichte verstanden werden.

Infolge der biblischen Gesetze befanden sich die Kaufleute in einem tiefen Zwiespalt. Einen Ausweg aus diesem Dilemma bot der Wechsel. Spätestens im 14. Jh. hatten Kaufleute den Wechsel so geschickt modifiziert, dass sie ihn als Kreditvertrag nutzen konnten.

8.3. Rückwechsel

Spätestens seit dem 14. Jahrhundert
Verwirrspiel zur Verschleierung des Kreditzinses

> Next, one should not forget the usury doctrine of the Church which had the important consequence of forging a close tie between banking and exchange. As a result, the purpose of exchange transactions was not always to transfer funds from one country to another. The theologians were not wrong when they were suspicious of dry exchange in its various forms...
>
> Raymond de Roover[123]

> Außerdem sollte man die enorme Wirkung der Wuchergesetze der Kirche nicht vergessen, die sich bemühte, eine scharfe Trennung zwischen Kreditgeschäften und Wechselgeschäften zu vollziehen. Eine Folge davon war, dass das Ziel der Wechselgeschäfte nicht immer der Transfer von Kapital von einem Land in ein anderes war. Die Theologen lagen nicht falsch mit ihrer Skepsis gegenüber dem trockenen Wechsel in seinen verschiedenen Formen... [Ü.d.A.]

Wesentlichstes Argument der Zinskritik war, dass darin ein Handel mit der Zeit gesehen wurde.

> Der Wucherer leiht dem Schuldner nichts, was ihm gehört, sondern nur die Zeit, die Gott gehört. Er darf also keinen Gewinn aus dem Verleih fremden Eigentums ziehen. [124]

Zwar wurde ab dem 12. Jh. zunehmend zwischen berechtigtem Zins und unberechtigtem Wucher unterschieden. Doch wollten nicht alle solche Unterschiede gelten lassen. Es galt daher „den Handel mit der Zeit" zu verschleiern. Spätestens im 14. Jh. muss Kaufleuten der Gedanke gekommen sein, dass beim Münzwechsel, zwischen der Einzahlung des Handelskapitals und der Auszahlung am Ende der Reise, Zeit verging. Zwischen Zahlung und Rückzahlung lag die Reisezeit. Der Münzwechsel war inzwischen eine im Handel akzeptierte Urkunde. Niemand warf dem Münzwechsel vor, mit Zeit zu handeln. Außenstehende wussten auch kaum, dass der am Ende der Reise ausgezahlte Betrag wertmäßig geringer war, als der vor Reiseantritt eingezahlte. Wechselbankiers – unter denen es wahrscheinlich auch Frauen gab, die aber im Namen ihrer Männer unterschrieben[125] – verdienten daran, dass sie am Zielort weniger auszahlen ließen, als sie selbst eingenommen hatten. Verschleiert wurde dieser Gewinn, weil in Europa damals fast überall andere Münzen im Gebrauch waren. Infolgedessen mussten alle Beträge umgerechnet werden. In den Umrechnungen ließ sich leicht ein Gewinn verstecken.

Suchte jemand jedoch z.B. Kredit für den Fernhandel und wollte geliehene 100 Dukaten nach Rückkehr des Schiffes im gleichen Ort in gleicher Münze zurück zahlen, wäre ein Zins auch für Unkundige erkennbar gewesen. Auf dem Kreditvertrag hätte einer Schuld von 100 Dukaten eine Rückforderung von 120 oder mehr Dukaten gegenüber gestanden. Die Kreditsuchenden selbst waren bereit Zinsen von 20 oder 30 Prozent zu zahlen, denn sie erwarteten, dass sie die geliehenen 100 Dukaten durch erfolgreichen Handel verdoppeln oder verdreifachen würden. Der Kreditvertrag, den sie abschlossen, musste für die Kreditgebenden jedoch juristisch durchsetzbar sein. Wegen des Zinsverbots wandten die Kaufleute folgenden Trick an: In der Stadt A stellte die kreditgebende Partei einen Wechsel aus, der einem Münzwechsel glich. Darin wurde eine Filiale in der Stadt B beauftragt, einen Betrag in Höhe des Kredits zuzüglich[C] Wechselgebühr in anderer Münze auszuzahlen. In B erkannte man jedoch, dass es sich nicht um einen Münzwechsel handelte. Erkennungszeichen war das *Fehlen* der Valutaklausel.[126]

Die Valutaklausel zeigte an sich an, dass die Person, an die der Wechsel ausgezahlt werden sollte, den geforderten Betrag zuvor eingezahlt hatte. In diesem Fall war allerdings ein Kredit ausgezahlt und kein Reisegeld eingezahlt worden. Deshalb diente ein Wechsel ohne Valutaklausel dazu, die Rückzahlung eines Kredits zu regeln. Das Fehlen der Valutaklausel zeigte der Filiale in B also an, dass es sich hier nicht um einen Münzwechsel, sondern um einen Kreditwechsel handelte. Da die Filiale in B deshalb keine Kreditrückzahlung in B erwartete, schickte sie einen Rückwechsel an die Filiale in A. In diesem wurde der Kreditbetrag erneut umgerechnet und erneut eine Wechselgebühr aufgeschlagen.[D] Der Rückwechsel wurde auf die kreditnehmende Person gezogen. Dadurch wurde sie verpflichtet, die Kreditsumme zuzüglich Kreditzins an die kreditgebende Person in der Stadt A zu zahlen. Der bereits übliche Münzwechsel wurde also in zwei Wechsel zerlegt. Ich nenne den ersten Wechsel, der von A nach B geschickt wurde, Kreditwechsel. Der zweite Wechsel, der von B nach A reiste, hieß Rückwechsel. Der Kreditwechsel regelte die Kreditauszahlung, der Rückwechsel die Kreditrückzahlung. Durch diese Trennung war für Juristen kein Zusammenhang zwischen den beiden Zahlungen erkennbar. Der Zins verbarg sich zudem in der Wechselgebühr, die in beiden Wechseln in der Umrechnung einer Münzsorte in eine andere verborgen war. Die Höhe der Wechselgebühr war schon beim einmaligen Umrechnen einer Münzsorte in eine andere schwer bestimmbar. Das System aus Kreditwechsel und Rückwechsel erforderte doppeltes Umrechnen und machte Kreditzinsen für Unkundige unkenntlich.

[C] Beim Münzwechsel wäre die Wechselgebühr vom auszuzahlenden Betrag abgezogen worden.
[D] … statt abgezogen, wie es beim Münzwechsel üblich gewesen wäre.

Kreditwechsel und Rückwechsel erschienen im Gewand des Münzwechsels. Das strikte Festhalten an diesem Erscheinungsbild war von Anfang an darauf ausgerichtet, das wahre Wesen dieser Papiere zu verschleiern. Kein Wunder also, dass Außenstehende Wechsel Jahrhunderte lang missverstanden haben. So schreibt Carl Einert 1839 in der Einleitung seines damals bahnbrechenden Buches über das Wechselrecht,

> ... so machte ich gleichzeitig noch eine andere Beobachtung, die nämlich, daß die Ansichten denkender und wohlerzogener Kaufleute, mit denen mich die Praxis in Berührung brachte, in sehr vielen Punkten von denen der juristischen Schriftsteller gänzlich abwichen, und ich bekenne ganz unverhohlen, daß ich gerade im Verkehr mit einsichtigen Negozianten [Wechselhändlern, d.A.] auf einen Zusammenhang des Instituts aufmerksam gemacht wurde, den ich gewiß aus den Schriften der Juristen nicht erkannt hätte.[127]

Die Unwissenheit der Juristen war allein dem Umstand geschuldet, dass Kaufleute Jahrhunderte lang darauf bedacht waren, von den Juristen nicht verstanden zu werden. Die Kaufleute haben ganze Arbeit geleistet und einen Schleier über ihre Geschäfte gelegt, der noch heute manchen Blick darauf trübt.

Mit dem System aus Kreditwechsel und Rückwechsel war unversehens und ungeplant etwas völlig neues in die Welt getreten. Beide Wechsel gehörten zu einem Geschäft. In beiden Wechseln wurden Münzsorten umgerechnet. Zwischen beiden Umrechnungen verging jedoch Zeit. Findige Kaufleute erkannten bald, dass mittels Kreditwechsel und Rückwechsel auf schwankende Wechselkurse spekuliert werden konnte. Denn lokales Geld wurde nicht nur vor und während einer Messe teurer, weil an Markttagen ein großer Bedarf an Bargeld bestand. Auch staatliche Kreditaufnahmen, schlechte Ernten oder Änderungen in der Erzausbeute etc. beeinflussen die Wechselkurse. Infolgedessen ließen sich durch ein gutes Informationssystem und geschickte Wahl der Fälligkeitstermine Kursgewinne erzielen. Die Währungsspekulation war geboren. Ein System zur Umgehung des Zinsverbotes hatte nebenbei völlig neue Möglichkeiten geschaffen. Derartige Spekulationen trieben bereits Ende des 14. Jhs. beachtliche Blüten. Interessanterweise kam es in Brügge ab 1389 infolge Wechselspekulation zu einer Inflation. Als die Burgunder die Kaufleute 1399 zwangen zur Barzahlung zurückzukehren, löste das eine Deflation aus.[128] Das muss erstaunen. Denn ein Überangebot an Wechseln konnte nur Inflation auslösen, wenn Wechsel bereits nicht nur als Kreditbriefe, sondern schon als Zahlungsmittel genutzt wurden. Wir werden diesen neuen Möglichkeiten in den folgenden Kapiteln nachgehen.

Es ist eine Ironie der Geschichte, dass gerade das Zinsverbot zum Geburtshelfer von Spekulation und monetärem Chaos wurde. Die Katholische Kirche hatte das alttestamentarische Zinsverbot vor allem deshalb verteidigt, weil der Wucher die weltliche Ordnung störte und dadurch ihre Macht bedrohte. Doch ausgerechnet das Zinsverbot hat tiefgreifende ökonomische Veränderungen in Gang gesetzt, die letztlich zur Säkularisierung der Gesellschaft führten. Die geistige und moralische Führungsrolle der Kirche begann durch die sich ausbreitende Geldwirtschaft zu sinken. Im Kampf gegen die säkularisierende Wirkung des Wuchers[E] wurde die Kirche zum unfreiwilligen Geburtshelfer einer säkularisierten Gesellschaft. Die Geschichte beweist immer wieder, dass Verbote Probleme nicht lösen, sondern oft eher verschärfen. Zielführende Lösungen müssen die Ursachen eines Problems beseitigen. Im Kapitel 12. *Zinsen* (S. 141ff.) wird eine Ursache hoher Zinsen freigelegt.

Das System aus Kreditwechsel und Rückwechsel zerrüttete jedoch nicht nur die alte Ordnung. Es schuf auch eine neue. Zumindest stammt die bisher älteste europäische Wechselordnung vom Ende des 14. Jhs.[129] Sie entstand wahrscheinlich vor dem Hintergrund der Wechselspekulationen. Diese und alle folgenden Wechselordnungen sind geprägt von einem anhaltenden Zwiespalt. Sie wollten den Handel den göttlichen Geboten unterordnen, ohne ihn durch Reglementierung abzuwürgen. So ging das Recht immer verschlungenere Wege. Das Agieren am Rande der Legalität führte letztlich dazu, dass ein Zinssatz für Wechsel nie amtlich proklamiert wurde[130] und kein offener Wettbewerb die Kreditbedingungen für die Kunden verbessern konnte. Noch 1571 gerieten die Lyoner Kreditwechsel

> ... in eine schwere Krise, weil sie von Papst Pius V. als Wucher verurteilt und verboten wurden. Sie verschwanden aus dem offiziellen Umlauf, konnten sich aber auf dem halboffiziellen Parallelmarkt noch behaupten.[131]

Offenbar scheiterten alle Versuche der Kirche den Geist in die Flasche zurück zu drängen. Die ungerufenen Geister stießen die Tür zur Moderne auf. Mit dem Rückwechsel war nicht weniger entstanden, als die Keimzelle des heutigen Kreditgeldsystems. Damit war die wirtschaftliche Dynamik des Kapitalismus in Gang gesetzt. Das GEO-Epoche Heft „Der Kapitalismus" beginnt daher nicht zufällig:

> KAPITALISMUS ... Im 14. Jahrhundert entsteht ein Wirtschaftssystem, das auf maximale Gewinne zielt. Und die Welt für immer verändern wird[132]

[E]   Die säkularisierende Wirkung des Wuchers ist nur vor dem Hintergrund der säkularisierenden Wirkung der Geldwirtschaft verständlich. Die sich zum Ende des Mittelalters erneut ausbreitende Geldwirtschaft veränderte die sozialen Beziehungen der Menschen. Tauschwirtschaft fördert bzw. bewahrt soziale Beziehungen. Geldwirtschaft vermag diese Beziehungen aufzulösen, weil sich alles in nackte Zahlen verwandelt. Erst durch Ausbreiten der Geldwirtschaft steigt der Kreditbedarf. Kredit und damit verbundener Zins bzw. Wucher sind somit Folge der wiedererstarkten Geldwirtschaft. Beides, Geldwirtschaft und Wucher beförderten das Entstehen mächtiger Kaufleute. Ihre Macht und ihre wachsende Bedeutung für die Gesellschaft stellte die Macht der Kirche mehr und mehr in Frage. Wie bereits in der Bronzezeit sind es erneut die Kaufleute, die das Wesen der Gesellschaft tiefgreifend verändern.

8.4. Eigenwechsel

Wahrscheinlich seit dem 14. Jahrhundert
Mit dem Kreditgeld entsteht der Kredithebel

> Man sieht, die Tratte [Handelswechsel, d.A.]
> ist ihrem Wesen nach ein eigener Wechsel,
> nur vollkommner und brauchbarer als jener.
>
> Carl Einert[133]

Kreditwechsel und Rückwechsel waren gemeinsam entstanden, aus dem Bedürfnis heraus Kreditverträge zu verschleiern. Dazu war der übliche Münzwechsel in zwei Wechsel zerlegt worden. Der Kreditwechsel regelte die Zahlung des Kredits. Er entstand folglich im Zusammenhang mit einer Barzahlung. Der Rückwechsel regelte die Rückzahlung des Kredits. Er entstand *ohne* Barzahlung, denn er enthielt nur das Zahlungsversprechen. Aus dem Münzwechsel, der die Ein- und Auszahlung in *einem* Wechsel regelte, wurden zwei getrennte Wechselbriefe. Der Kreditwechsel war eine Urkunde über eine *Einzahlung ohne Auszahlung*; der Rückwechsel eine Urkunde über eine *Auszahlung ohne Einzahlung*. Aus dieser scheinbar banalen Veränderung folgte eine lautlose monetäre Revolution.

In der weiteren Entwicklung löste sich der Rückwechsel vom Kreditwechsel und wurde dadurch zum Eigenwechsel, auch Solawechsel genannt. Der Eigenwechsel war das Instrument auf dem u.a. Fugger virtuos zu spielen vermochte. Während antike und mittelalterliche Münzwechsel letztlich immer eine Art Quittung über eine geleistete Barzahlung darstellten, war der Eigenwechsel etwas völlig neues. Er war ein Zahlungsversprechen, dem keine Barzahlung vorausging. Mit dem Eigenwechsel entstand das Kreditgeld.

Der Eigenwechsel war ein grandioser Kredithebel. Er ermöglichte den Großkaufleuten hinfort mit ihrem guten Namen zu zahlen. Wollte z.B. Fugger Waren erwerben, um sie mit Gewinn weiter zu verkaufen, brauchte er nun keine Münzen mehr. Es genügte, Eigenwechsel auszustellen. In diesen Wechseln versprach er, später (bei Fälligwerden der Wechsel) in barer Münze zu zahlen. Wurden die Fälligkeitstermine so gelegt, dass Fugger die Waren vorher verkaufen konnte, musste er sich um die Bezahlung seiner Wechsel keine Sorgen machen. Er konnte seine Eigenwechsel dann aus den Verkaufserträgen einlösen. Dank der Eigenwechsel benötigten Großkaufleute wie Fugger für den Handel kaum noch Münzgeld. Sie konnten Waren bargeldlos einkaufen. Dazu mussten sie nur ein Zahlungsversprechen abgeben. Das taten sie durch Ausstellen eines Eigenwechsels. Lieferungen wurden mit diesen Zahlungsversprechen bezahlt. Mit dem Eigenwechsel entstand Geld nun direkt im Handel und nicht mehr losgelöst durch freie Münzprägung.

Diese Geldschöpfung hat viel mit dem Kerbholz gemeinsam. Das Entgegennehmen einer Leistung (Ware) wird mit dem Versprechen einer späteren Gegenleistung quittiert. Wie oft in der Geschichte finden wir hier wieder eine spiralförmige Entwicklung. Im Neuen finden sich alte Elemente.

Ähnlich wie das Kerbholz erfordert das Ausstellen eines Eigenwechsels auch vergleichsweise wenig Arbeit, Energie und Material. Der Eigenwechsel barg damit das Potential enorme Mengen nicht gebrauchswertschaffender Arbeit einzusparen. Zwar schufteten keine Sklaven mehr in den Bergwerken, sondern Freie; doch die Arbeit unter Tage war noch immer schwer und führte oft zu einem frühen Tod. Auch das Verhütten der Erze erforderte viel Holz. Kreditgeld ermöglichte, den Aufwand zum Herstellen von Tauschmitteln drastisch zu reduzieren. Auf diesen Aspekt werden wir beim Erarbeiten von Geldreformvorschlägen zurück kommen.

Eigenwechsel waren gewissermaßen ein Vorgriff auf die Verkaufserlöse. Später entstanden viele Namen dafür: Handelswechsel, Warenwechsel, Tratte. Alle diese Wechsel waren Varianten des mit dem Eigenwechsel entstandenen Kreditgeldes. Damit ein Eigenwechsel von anderen als Zahlungsmittel akzeptiert wurde, durfte die Kreditwürdigkeit des/r Ausstellenden nicht in Frage stehen. Nun wurde ein guter Name zum wichtigsten Kapital der Kaufleute. Fugger hatte das erkannt. Seit sein Name in ganz Europa bekannt war, konnte er überall mit Eigenwechseln bezahlen, denn alle Kaufleute vertrauten darauf, dass ein Fugger seine Wechsel jederzeit pünktlich bezahlen werde. Zudem brachten Eigenwechsel nicht nur Vorteile für die Einkäufer*innen, sondern ersparten den Verkäufer*innen auch den Münztransport zum Heimatort. Sie leisteten also auch das, was ein althergebrachter Münzwechsel leistete. Ob allen Verkäufer*innen damals klar war, dass ein Eigenwechsel gar nicht durch Münzen gedeckt sein musste, darf zumindest bezweifelt werden. Zumindest war den Juristen bis Mitte des 19. Jhs. mehrheitlich nicht klar, das Kaufleute sich durch Eigenwechsel selbst Zahlungsmittel schufen.

Mit den Eigenwechseln entstanden Zahlungsmittel unabhängig vom Münzgeld. Die Geldmenge konnte sich von der Münzmenge lösen, denn die Wechsel konnten verrechnet werden. Nur die Differenzen zwischen eigenen Wechselforderungen und eigenen Wechselschulden mussten mit Bargeld bezahlt werden.

Eigenwechsel ermöglichten es Fugger, sein Vermögen binnen weniger Jahre zu vervielfachen. Bald konnte der einstige Klosterschüler, der mit 20 Jahren 60 Gulden besaß,[134] 5-stellige Beträge verleihen.[135] Doch Wechsel konnten bereits mehr, als in der Hand waghalsiger Kaufleute Handelskapital zu ersetzen. Wenn Großkaufleute Wechsel ausstellen, schufen sie nicht nur Handelskapital für sich selbst. Sie schufen mit ihrer Unterschrift unter einen Wechsel zugleich Geld für andere. Möglich geworden war das durch das Indossament, die Wechselübertragung.

8.5. Wechselübertragung

Spätestens seit dem 15. Jahrhundert
Indossament – Eine Urkunde wird Zahlungsmittel

> Die große Errungenschaft des Spätmittelalters war
> der Wechselbrief, der von Süd- nach Nordeuropa
> übertragen wurde.
>
> Rolf Sprandel [136]

Das Indossament – die Möglichkeit einen Wechsel zu übertragen – machte Wechsel, zumindest unter Großkaufleuten endgültig zu Zahlungsmitteln. Wie alle Begriffe des traditionellen Bankwesens stammt auch der Begriff Indossament aus dem Italienischen. Er leitet sich von *in dosso* (auf dem Rücken) ab, da die Übertragung der Rechte an einem Wechsel durch Eintrag auf der Rückseite desselben erfolgte. Wann das Indossament das erste mal angewandt wurde, ist nicht bekannt, denn keine offizielle gesetzliche Regelung, sondern Vereinbarungen unter Kaufleuten haben zur Entwicklung des Indossaments geführt. Wie vieles im Geldwesen hat auch diese Entwicklung in aller Stille ihren Anfang genommen. Ich kann mir zwei mögliche Szenarien vorstellen, durch die die Idee für das Indossieren von Wechseln entstanden ist. Allerdings erscheint mir das zweite Szenario wahrscheinlicher, wie ich darlegen werde.

1. Szenario: Möglicherweise drohte einem Kaufmann, der seinen Wechsel am Fälligkeitstag nicht in barer Münze einlösen konnte, der Schuldturm. Das Wechselrecht war in diesem Punkt in ganz Europa sehr streng. Wer seinen Wechsel am Fälligkeitstag nicht bezahlte, wurde ohne Ansehen der Person und ohne Prozess in den Schuldturm geworfen. Dort blieb die Person, bis der Wechsel eingelöst war. Wenn die zahlungsunfähige Person nun nicht über genügend Münzgeld, aber über fremde Wechsel verfügte, konnte sie ein Geschäft vorschlagen. Sie konnte anbieten, ihre eigenen Wechselschulden mit einem fremden Wechsel zu bezahlen, der erst später fällig wurde. Sie übertrug damit ihren Anspruch, von anderen Geld ausgezahlt zu bekommen, auf ihren Gläubiger. Dazu musste sie auf dem Rücken eines Wechsels erklären, an wen sie ihre Rechte an diesem Wechsel übertrug. Diese Notiz auf der Rückseite des Wechsels war das Indossament. Eine Wechselweitergabe war schließlich nicht ohne weiteres möglich. Denn in jedem Wechsel stand, wer wem wann wie viel Geld zahlen musste. Ging es doch im ursprünglichen Münzwechsel darum, den Raub von Bargeld während einer Reise zu verhindern, indem nur die im Wechsel benannte Person berechtigt war, die vereinbarte Summe am vereinbarten Ort ausgezahlt zu bekommen. Ein Wechsel sollte nicht von Unberechtigten eingelöst werden können. Ein Indossament konnte deshalb

immer nur von den Wechselgläubiger*innen vorgenommen werden, also vom den im Wechsel benannten Zahlungsempfänger*innen. Sie waren die Indossanten.

Ein Indossant übertrug einen Wechsel durch Indossament auf einen Indossatar. Der Indossatar konnte sich den fremden Wechsel dann auszahlen lassen.

Es ist jedoch sehr unwahrscheinlich, dass das Indossament in einem Schuldturm entstanden ist. Zum einen gab es dort wohl kaum Zeugen für das Indossament. Zum anderen hätte kaum jemand etwas auf die Unterschrift eines wegen Zahlungsunfähigkeit im Schuldturm sitzenden gegeben. Wahrscheinlicher ist deshalb folgendes.

2. Szenario: Spätestens mit dem Entstehen der Eigenwechsel war es möglich geworden, mittels Wechsel zu bezahlen, wie Einert Jahrhunderte später feststellt.

> Der Kaufmann *bezahlt* mit dem Wechsel die Waare, die er kauft, und der Verkäufer der Waare *achtet sich* durch die Wechsel *bezahlt*, die er für die Waare empfängt – in dem Augenblicke, wenn er den Wechsel in seine Hände bekommt, nicht erst, wenn er eingelöst wird. Das heißt, der Verkäufer, welcher in den Besitz von Wechseln gesetzt wird, die den Preis der verkauften Waare erreichen, hält von diesem Zeitpunkt an die Waarenschuld für getilgt, und verfährt dieser Ansicht gemäß, wenn er Quittung ertheilt, oder das Geschäft zu Buche bringt. Er liefert gegen Empfang der Wechsel die Waare aus, und von einem Creditgeben für die Kaufsumme, namentlich von fortlaufenden Verzugszinsen, auch von versprochenen Zinsen ist nicht weiter die Rede... [137] [H.i.O]

Das Bezahlen (Kaufen) mit Eigenwechseln hatte dazu geführt, dass immer mehr Wechsel im Gebrauch waren. Spätestens im 15. Jh. war es üblich geworden auf den Messen an den letzten Messetagen zusammen zu kommen, um alle Wechsel zu verrechnen. Dann legten alle ihre Wechsel vor. Die enthielten die Beträge, die sie von anderen bekommen sollten. Wechselbankiers vor Ort notierten die Forderungen jeder Person in einer eigenen Liste. Die Forderungen der einen waren natürlich Schulden anderer. In die Liste der Forderungen einer Person wurden deshalb auch alle Forderungen anderer *an* diese Person eingetragen. Am Ende wurden die Forderungen *an andere* mit den Forderungen *anderer* verrechnet. Nachdem alle vorgelegten Wechsel auf diese Weise doppelt gebucht waren, als Forderungen der Wechselinhaber*innen sowie als Schulden der Wechselaussteller*innen, wurde für jede Person der Saldo ermittelt. War er negativ, musste die Person den Betrag in bar an die Wechselbank zahlen. War er positiv, zahlte die Wechselbank am Ende der Verrechnung diese Beträge an die entsprechenden Kaufleute aus.[138] Denkbar ist nun dass ein Kaufmann, aus welchen Gründen auch immer, nicht zu einer Messe reisen konnte. Deshalb konnte er seine empfangenen (fremden) Wechsel nicht selbst zur Verrechnung einreichen. Schwerwiegender war jedoch, dass er auch seine ausgestellten Wechsel (Forderungen an ihn) nicht selbst einlösen konnte. Natürlich wäre es möglich seine Wechselschulden durch einen Vertreter zahlen zu lassen. Doch seine Wechselschulden überstiegen wahrscheinlich seinen Bargeldbestand. Sein Bargeldvermögen reichte nur um eine Differenz zwischen seinen Wechselschulden und seinen Wechselforderungen zu bezahlen. Er konnte seine Schulden also nur begleichen, wenn er auch seine Forderungen gelten machen konnte. Seine Wechselschulden konnte jeder zahlen. Um seine Forderungen gelten machen zu können, musste er seinen Vertreter durch Indossament als Zahlungsempfänger benennen. Wurde ein solcher indossierter Wechsel auf einer Messe präsentiert, hatte das Ereignis viele Zeugen.

Gerade weil das Wechselrecht sehr streng war, war allen Kaufleuten bewusst, dass sie unbedingt beim Verrechnen ihrer Wechsel anwesend sein mussten. Am Fälligkeitstag eines Wechsels nicht am vereinbarten Ort zu sein, kam einem wirtschaftlichen Selbstmord gleich. Alle Kaufleute werden das Indossament eines Wechsels unter diesen Umständen für mehr als legitim gehalten haben. Der erste Kaufmann (es muss in jedem Fall ein Mann gewesen sein), der zu dieser Lösung griff, hat allen anderen Kaufleuten damit ein Beispiel gegeben. Gerade weil ein erster indossierter Wechsel sehr wahrscheinlich auf einer Messe in Gegenwart vieler Kaufleute präsentiert wurde, machte die Idee Schule. Erst nach dieser öffentlichen Akzeptanz des Verfahrens konnte das Indossament später in einer beliebigen Schreibstube zwischen zwei Kaufleuten angewandt werden.

Damit war etwas Neues in die Welt getreten. Seitdem konnte jede Wechselforderung per Indossament auf eine andere Person übertragen werden. Das schuf die Möglichkeit fremde Wechsel als Zahlungsmittel zu verwenden. Statt eine eigene Wechselschuld in bar zu begleichen, konnte sie nun durch Indossament eines fremden Wechsels beglichen werden. Das Indossament war eine stille Revolution im Zahlungsverkehr. Durch Indossament war es möglich geworden, einen Wechsel durch einen anderen zu bezahlen. In Kombination mit dem Eigenwechsel erschuf das die theoretische Möglichkeit zur sogenannten Wechselreiterei.

Von Wechselreiterei wird gesprochen, wenn ein Eigenwechsel am Fälligkeitstag durch einen neuen, später fälligen ersetzt wird. Das ist eine Form der Umschuldung. Durch Bezahlen von Eigenwechseln mit immer neuen Eigenwechseln, konnte eine Barzahlung theoretisch in eine unendlich ferne Zukunft verschoben werden. Allerdings war das nur eine theoretische Möglichkeit, denn jede Umschuldung hatte ihren Preis. Der Indossatar – der den Wechsel statt Bargeld in Zahlung nahm – wurde durch Aufpreis dafür entschädigt, dass ihm im Augenblick keine endgültige Zahlung zuteil wurde. Dieser Aufpreis konnte natürlich erst beim Fälligwerden des Wechsels realisiert werden.

So wurde ein Wechsel, der am Fälligkeitstag 100 wert war, für 90 oder 95 in Zahlung gegeben, je nachdem, wie weit in der Zukunft der Fälligkeitstermin lag. Der Wechsel stellte also ein Zahlungsmittel dar, dessen Kaufkraft in dem Maße stieg, in dem der Fälligkeitstermin näher rückte. Durch Entwickeln des Indossaments war es somit möglich geworden, bargeldlos zu zahlen. Doch konnte ein Eigenwechsel nicht durch immer gleiche Eigenwechsel ersetzt werden. Jeder neue Eigenwechsel müsste über einen größeren Betrag lauten. Wenn doch ein eigener Wechsel am Fälligkeitstermin durch einen eigenen neuen (größeren) Wechsel ersetzt wurde, hieß das prolongieren. Der Kredit wurde verlängert. Das warf jedoch ein schlechtes Licht auf den Wechselschuldner. Es ließ an seiner Kreditwürdigkeit zweifeln. Er lief Gefahr, dass seine Wechsel künftig niemand mehr in Zahlung nahm. Damit war er als Kaufmann faktisch ruiniert, denn er besaß nun keine Möglichkeit mehr sich Handelskapital zu verschaffen. Um seinen Ruf nicht zu gefährden, musste er seine Wechselschuld durch entsprechende Barzahlung oder aber durch *fremde* Wechsel einlösen. Wechselreiterei machte das möglich.

Zwei Kaufleute konnten sich fremde Wechsel verschaffen, indem sie sich gegenseitig Wechsel ausstellten. Mit solchen sogenannten Reitwechseln konnte eine Prolongierung verschleiert werden. Wenn A einen Wechsel auf B zog und B einen entsprechenden Wechsel auf A, verschafften sich beide fremde Wechsel, mit denen sie ihre Eigenwechsel bezahlen konnten.

So wie die Entwicklung von Kreditwechsel und Rückwechsel die Möglichkeit zur Währungsspekulation eröffnet hatte (Kapitel 8.3. *Rückwechsel*, S.73ff.), eröffneten Eigenwechsel und Indossament nebenbei die Möglichkeit zur Wechselreiterei. Kurzfristig ermöglichen Reitwechsel zwei Kaufleuten, ihre Eigenwechsel unauffällig zu prolongieren, d.h. ihre Kredite zu verlängern. Langfristig war das jedoch keine tragfähige Strategie, denn immer neue Wechsel müssten über immer größere Beträge ausgestellt werden. Zudem gefährdeten solche Praktiken den guten Ruf. Der gute Ruf aber war das wichtigstes Kapital der Kaufleute. Von ihm hing ab, wie sehr Eigenwechsel als Zahlungsmittel akzeptiert wurden. Nicht erst Einert wußte:

Der Credit ist die Seele des Handels.[139]

Je mehr Wechsel in Gebrauch kamen und als Zahlungsmittel genutzt wurden, desto unübersichtlicher wurde die Fülle der Unterschriften und Siegel. Ein Fugger hatte es geschafft, sich in ganz Europa einen Namen zu machen. Er konnte überall mit seinem guten Namen bezahlen. Damit auch all die vielen kleinen Kaufleute Wechsel als Zahlungsmittel nutzen konnten, brauchte es eine Bürgin: die Wechselbank.

8.6. Bankakzept

Wahrscheinlich seit dem 16. Jahrhundert
Die Bank als Bürgin – Der gute Name der Bank

> Der Banquier macht Wechsel, nicht zu *seinem* Gebrauch als Zahlungsmittel, aber für diejenigen, welche dieses Zahlungsmittel suchen, z.B. um sie an Reisende zu verkaufen, die am fremden Orte Geld zu Einkäufen in Bereitschaft haben wollen. [H.i.O.]
>
> Carl Einert [140]

Eigenwechsel und Indossament ermöglichten es den Kaufleuten Wechsel als Zahlungsmittel zu verwenden. Doch die Akzeptanz eines Eigenwechsels und vor allem die Möglichkeit einen solchen Wechsel durch Indossament zu übertragen, also als Geld zu nutzen, hingen von der Bekanntheit der jeweiligen Kaufleute ab. Das Prinzip „Mit seinem guten Namen bezahlen" ist also weit älter als der Werbeslogan Frank MacNamaras. Der hatte in den 1940er Jahren seine Idee für eine Kreditkarte als Zahlungsmittel mit diesem Slogan beworben.

Doch wie sollten all die kleinen Kaufleute sich einen Namen machen? Sie konnten sich den Namen ihrer Bank borgen. Mit dem Entstehen von Eigenwechseln und Indossament waren auch Wechselbanken entstanden. Durch das Verrechnen der Wechsel auf den Messen waren sie den Kaufleuten bekannt. Kaufleute begannen in den Wechselbanken Münzgeld zu deponieren und ihre Wechsel nun auf die Bank auszustellen. Statt sich selbst als Wechselschuldner zu benennen, gaben sie den Namen ihrer Bank an. Natürlich informierten sie ihre Bank über solche Wechsel. Sie teilten ihr mit, wann und in welcher Höhe ihr Wechsel präsentiert werden würden. Seit Existenz der Wechselbanken konnten alle Kaufleute, die dort ein Konto unterhielten, ihre Wechsel auf diese Bank ziehen, d.h. sie konnten diese Bank als Schuldnerin eintragen, als Zahlungspflichtige am Fälligkeitstag. Doch woher sollten die Wechselgläubiger*innen wissen, ob es das Konto bei jener Bank wirklich gab, ob die Bank also zahlen würde? Gegen diese Unwissenheit half das Bankakzept.

Das Bankakzept war ein Wechsel, den die Bank (auf die er gezogen war) akzeptiert hatte. Damit bestätigte die Bank ihre Rolle als Wechselschuldnerin. So war sicher, dass sie den Wechsel einlösen würde. Das Akzept der Bank machte den Wechsel solide. Aus den Wechseln unbekannter Kaufleute wurden dadurch Wechsel einer bekannten Bank. Indem Banken zu Wechselbürginnen wurden, wurden sie zu Geldschöpferinnen. Denn das Bankakzept machte auch Wechsel kleiner, wenig bekannter Kaufleute zu allgemein akzeptierten Zahlungsmitteln. War der Name eines Wechselschuldners nur im lokalen oder regionalen Handel bekannt, waren diese Wechsel kaum indossierbar, denn niemand nahm Wechsel von Unbekannten in Zahlung. War jedoch eine Bank Wechselschuldnerin, weil sie einen privaten Wechsel akzeptiert hatte, war dieser akzeptierte Wechsel leicht übertragbar. Ein solcher, zum Bankakzept gewordener Wechsel, wurde von allen Kaufleuten in Zahlung genommen. Als Bankakzept war der Wechsel auf dem Weg vom Geld der Kaufleute zu Geld der Banken zu werden.

Die Bürgschaft ließen sich die Banken natürlich per Wechselgebühr bezahlen. Diese Gebühr buchte die Bank vom Kundenkonto ab. Außerdem löste die Bank den Wechsel am Fälligkeitstag ein. Schließlich hatte sie durch ihre Unterschrift den Wechsel in ein Bankakzept verwandelt. Verfügte das Konto eines Kunden am Tag der Fälligkeit nicht über ausreichende Deckung, hatte die Bank die Möglichkeit Wechselprotest einzulegen, d.h. sie konnte den Wechsel zurück weisen. Doch dadurch wurde nicht nur die Kreditwürdigkeit ihres Kunden, sondern auch ihr eigener Ruf bedroht. Denn für das Bankakzept hatte sie die Bürgschaft übernommen, termingetreu zu zahlen. Durch einen Wechselprotest würde sie ihre eigene Zahlungsfähigkeit in Frage stellen. Sie bezahlte den Wechsel deshalb aus ihren Reserven, statt ihn zu protestieren. Sie räumte ihrem Kunden dadurch einen Überziehungskredit ein. Im Anschluss konnte sie sich mit ihrem Kunden auseinander setzen. Entweder zahlte er nachträglich durch Bareinzahlung oder fremde Wechsel oder die Bank strengte ein Konkursverfahren an und bediente sich aus dem Verkauf seines Eigentums. All das kennen wir aus dem modernen Bankwesen. Entstanden sind diese Strategien schon vor Jahrhunderten. Für diejenigen, die ein Bankakzept in Zahlung nahmen, bot ein solcher Wechsel deshalb hohe Sicherheit. Er konnte faktisch nur platzen, wenn die Bank selbst Bankrott anmeldete.

Die selbstgeschaffenen Zahlungsmittel der Kaufleute waren dabei, zu Geld der Banken zu werden. Die Vollendung dieser Metamorphose sollte allerdings noch mehr als zwei Jahrhunderte dauern. Eine Form von Papiergeld hatten sie aber bereits angenommen.

Seit Barzahlungen bei Wechselausstellung nicht mehr zwingend nötig waren, entschied weniger der Bargeldbestand, als vielmehr die Kreditwürdigkeit der Kaufleute über ihre Liquidität. Damals wie heute galten reiche Leute als kreditwürdiger als arme. Entsprechend leichter fiel es ihnen Kredit zu erhalten und ihren Reichtum dadurch weiter zu mehren. Das Volk fand dafür drastische Worte: Der Teufel scheißt immer auf den größeren Haufen. Der Bankier und zeitweise Finanzminister David Hansemann drückt sich natürlich gepflegter aus:

> Der solide kleinere Gewerbetreibende findet den Personalkredit viel schwerer und teurer als der größere, mitunter auch gar nicht.[141]

Banken werden zu Geldschöpferinnen und Papier ist dabei Geld zu werden. Doch trotz Eigenwechsel und Bankakzept hält sich der Glaube „nur Bares ist Wahres" fast ungebrochen bis in die Gegenwart. Dabei spottete schon Goethes Mephisto:

> Daran erkenn ich den gelehrten Herrn!
> Was ihr nicht tastet, steht euch meilenfern,
> Was ihr nicht faßt, das fehlt euch ganz und gar,
> Was ihr nicht rechnet, glaubt ihr, sei nicht wahr,
> Was ihr nicht wägt, hat für euch kein Gewicht,
> Was ihr nicht münzt, das, meint ihr, gelte nicht![142]

Für die Kaufleute im 15. Jh. aber galten Eigenwechsel und Bankakzepte mit Sicherheit als Zahlungsmittel. Damit hatte sich der Wechsel weit von dem entfernt, was er einmal war: eine Auszahlungsanweisung für eine zuvor erfolgte Bareinzahlung. Die Geldmenge emanzipierte sich allmählich vom Münzgeld. Es galt jedoch stets, offene Forderungen und offene Schulden im Blick zu haben. Bevor wir uns der Entwicklung des Bankgeldes zuwenden, werfen wir einen kurzen Blick in die Geschäftsbücher der Kaufleute.

8.7. Buchhalten

Seit Ende des 15. Jahrhunderts
Doppelte Buchführung kettet Geld an Vermögen

> Von den Dingen, die dem wahren Kaufmann notwendig sind, und von der Ordnung, wie man ein Hauptbuch mit seinem Journal in Venedig, sowie an jedem anderen Platze gut führt.
>
> Luca Pacioli[143]

1494 schrieb der italienische Mönch Luca Pacioli eine „Abhandlung über die Buchhaltung". Dieses Buch sollte mindestens in den nächsten 2 Jahrhunderten zum europäischen Standardwerk werden. Für Jakob Fugger kam dieses Buch zu spät. Er hatte sein Lehrzeit bereits hinter sich. 1478 rief ihn sein ältester Bruder Ulrich aus dem Kloster in die Firma. Im September fuhr er über Nürnberg nach Augsburg.[144] Wenige Tage später reiste er nach Italien, um dort sein Kaufmannshandwerk zu lernen. Sein späteres Leben beweist, dass er den Kaufleuten erfolgreich über die Schulter und auf die Finger gesehen hatte. Auch...

> Der spätere Hauptbuchhalter der Fugger, Matthäus Schwarz, war in seiner Jugend 1514 nach Mailand geritten, um die Buchhaltung zu lernen, fand aber keinen, der „sufficient" [ital.: ausreichend, d.A.] war, ebenso war es ihm in Genua ergangen.[145]

85

In Venedig findet er schließlich eine Lehrstelle

... bei dem Kaufmann Antonio Mariafior. Als Schwarz nun vermeint, sich die Kunst des Buchhaltens ganz angeeignet zu haben, ritt er im September 1516 wieder zurück nach Augsburg, sehr stolz auf seine Gelehrsamkeit. Am 1. Oktober 1516 trat er in Fuggersche Dienste ... da mußte er jedoch beschämt erkennen, wie es mit seinen Kenntnissen in Wirklichkeit bestellt war: „Da es aber zu der prob kam und in dz thun, da empfandt ich, dz ich ein wenig mer kundt weder gar nichts; dz verdroß mich im hertzen vnd schambt mich vor mir selb, dz ich dem buchhalten so weit wart nachgezogen vnd het es bas zu Augspurg gelernet."[146]

„Da es aber zur Probe kam und ins Tun, da empfand ich, dass ich wenig mehr konnte als gar nichts; das verdroß mich in meinem Herzen und ich schämte mich vor mir selbst, dass ich dem Buchhalten so weit nachgereist war. Ich hätte alles besser in Augsburg gelernt." [Frei in Hochdeutsche übertragen, d.A.]

Nicht in Italien, sondern in Augsburg hat Schwarz nach eigenem Bekenntnis das entscheidende Wissen über die Buchhaltung erlangt. Die Lektüre von Paciolis Werk macht klar, was Fuggers Hauptbuchhalter vermisste. Doch sehen wir erst, was Pacioli lehrte. Berühmt ist Paciolis Abhandlung bis heute, weil hier erstmals die Prinzipien der doppelten Buchhaltung dargelegt wurden. Der Erfolg des Buches ergab sich vielleicht auch daraus, dass es in Italienisch und nicht in Latein abgefasst war. Pacioli beschreibt wie ein Hauptbuch geführt werden soll:

Du mußt wissen, daß von allen Posten, die Du im Journal gebucht hast, im Hauptbuch immer je zwei zu bilden sind, nämlich einer im Soll und einer im Haben, ... aber man darf nie etwas ins Soll setzen, das nicht auch ins Haben kommt, und ebenso darf man nie etwas ins Haben stellen, das mit demselben Betrage nicht auch ins Soll kommt. Und hier entsteht dann die Bilanz, die man vom Hauptbuche bei seinem Abschluß macht: es muß im Soll soviel sein wie im Haben. Wenn Du sämtliche Sollposten – wären es auch zehntausend – auf einem besonderen Blatt addierst und dann in gleicher Weise sämtliche Habenposten, so muß die eine Summe so groß sein wie die andere, sonst würde es zeigen, daß im genannten Hauptbuch Fehler sind, wie ich es vollständig bei der Lehre von der Bilanz berichten werde.[147]

Damit scheinen die Grundprinzipien des modernen Bankwesens dargelegt. Aber weit gefehlt. Pacioli vermittelt den Kaufleuten seiner Zeit im wesentlichen, dass sie durch doppelte Buchführung jederzeit einen Überblick über ihr Vermögen haben. Er kettet durch die doppelte Buchführung das Geld an vorhandene Sachwerte. Diese Sachwerte sind keineswegs nur Warenwerte, sie sind vielfach Vermögenswerte. Jede Ausgabe muss nach seinen Regeln zugleich von einem Vermögenskontos abgebucht werden; jede Einnahme wird entsprechend als Vermögenszuwachs gebucht. Ausgaben und Einnahmen werden also nicht nur, wie bis dahin üblich, in einem Kassenbuch untereinander gebucht. Pacioli lehrt, dass ein Hauptbuch immer zwei Spalten haben muss. Eine für Soll und eine für Haben.

Jede Transaktion wird nicht nur als geleistete oder erhaltene Zahlung aufgeführt, sondern auch als Minderung oder Erhöhung des Vermögens. Pacioli lehrt noch einiges, um einen leichteren Überblick über Gewinne oder Verluste aus einzelnen Geschäften zu erlangen und anderes Detailwissen, das hier nicht von Belang ist.

Doch all das hätte Fugger nicht reich gemacht. Deshalb fühlte Schwarz als er in Fuggers Schreibstube anfing, dass er wenig mehr als nichts wusste. Denn er hatte auf seiner Bildungsreise 1514-1516 wahrscheinlich nicht viel mehr gelernt, als in Paciolis Abhandlung stand. Dem Mönch Pacioli fehlten wesentliche Kenntnisse über die Handelsgeschäfte. Natürlich kannte er Wechsel. Auch war ihm die Kritik an den Wechseln vertraut.[148] Doch er verteidigte sie ausdrücklich.

> Es gibt Viele, mein erhabener Herzog (von Urbino), welche einen Haupttheil der kaufmännischen Wissenschaft, nämlich den Wechsel tadeln und die sich damit Abgebenden Wucherer oder etwas Schlimmeres heißen. Die Wechsler sind aber mit 100 Händen zu segnen, weil, wenn der Wechsel abgeschafft würde, die ganze Grundlage des kaufmännischen Gebäudes abgebrochen würde, die Republiken sich nicht erhalten und das Menschengeschlecht sich nicht ernähren könnte.[149]

Pacioli war sich der Bedeutung gerade von Eigenwechseln[F] für den Handel bewußt. Doch wir können davon ausgehen, dass der Mönch:

> von einem Tausche oder Kaufe von Geld durch Geld beim Wechsel aus[ging].[G]

Denn nach Ernst Ludwig Jäger definiert Pacioli, ein:

> Wechsel will nichts Anderes sagen, als nimm und gieb her, oder Du nimmst Dieses von mir und gibst mir Jenes![150]

Die Möglichkeit mittels Wechsel Kreditgeld zu schaffen blieb Pacioli mit Sicherheit verborgen. Deshalb findet sich in seiner Abhandlung auch nichts über die Bedeutung von Zahlungsfristen. Die muss ein Kaufmann wie Fugger aber immer im Blick haben. Ihm reicht es nicht nur in Summa zu wissen, wie viel er anderen schuldet und wie groß seine Forderungen an andere sind. Er muss stets darauf achten, dass sein Forderungen nicht erst nach seinen Schuldverpflichtungen fällig werden. Denn er kann seine Schulden gar nicht anders als durch seine Forderungen bezahlen. Für ihn ist ein ständiger Überblick über die Fristigkeit seiner offe-

---

[F] Nach Jäger (1878) wagt es Pacioli „trotz der Anrüchigkeit den trockenen Wechsel [Eigenwechsel] unter Umständen zu vertheidigen... (S. 28). Den „fingirten Wechsel" der auf einen Rückwechsel zielt, nach meiner Definition also ein Kreditwechsel ist, kritisiert Pacioli hingegen. Allerdings führt Jäger nachfolgend aus, dass alle Kritik auch am Rückwechsel letztlich erfolglos blieb (S. 30).

[G] Jäger führt an gleicher Stelle aus, dass schon früh angenommen wurde, der Wechsel sei ein Kreditbrief, was durch „kleine Abänderungen im Valutabekenntniß" kenntlich gemacht wurde. Doch der Autor dieser These Biener gibt nicht an, worin genau die Abänderung bestand. Jäger fährt fort: „Vermuthlich war es eine zweideutige Form wie ‚Wert in Rechnung', deren Gebrauch aber zu Paccioli's Zeit jedenfalls noch nicht erlaubt war." Jäger (1878), S. 25

nen Schulden und Forderungen von existenzieller Bedeutung. Doch darüber findet sich in Paciolis Abhandlung nichts. Zwar schreibt er:

> Bemühe Dich daher immer, den besagten Gläubiger unmittelbar nach seinem Schuldner auf dieselbe Seite oder auf die unmittelbar folgende zu setzen, ohne zwischen den einen und den anderen einen anderen Posten einzuschalten; denn an demselben Tage an dem der Schuldner entsteht, entsteht auch der Gläubiger, und aus diesem Grunde muß man immer den einen dem anderen näher bringen.[151]

Mehr erfahren wir über den Zusammenhang zwischen Guthaben und Schulden nicht. Paciolis Werk war deshalb als Lehrbuch für Fuggers Hauptbuchhalter Schwarz unbefriedigend. Es beweist einmal mehr, wie sehr das Kreditgeld der Kaufleute unter dem Radar von Kirche und Justiz existierte.

Matthäus Schwarz schreibt vielleicht zur Übung als junger Mann eine eigene Musterbuchhaltung. Hier erfahren wir tatsächlich, worauf es bei Kaufleuten ankommt. Schwarz führt neben dem Journal und dem Hauptbuch, die auch Pacioli beschreibt, ein „conto di tempo"[152]. Darin notiert er Termine für zu leistende und zu erwartende Zahlungen. Und...

> Schwarz weist darauf hin, daß nicht die Größe des Kapitals eines Kaufmanns Reichtum ausmache, sondern daß dieser im Verhältnis von Debitoren und Kreditoren [von zu leistenden und zu erwartenden Zahlungen, d.A.] zu suchen sei: „Nun vermaint mancher kauffman er sei reich, wan er ein groß capital hab vnd achtet nit seiner creditori, die er wider zalen muß, ob der mer oder minder seien weder seiner debitori. Sollich leut fallirn liuederlich vnd machen balt bankharota vnd wissen nit wie, wan oder wo es inen geschehen ist."[153]

> „Nun meint mancher Kaufmann er sei reich, weil er ein großes Vermögen hat, und achtet nicht auf seine Schulden, die er bezahlen muss, und darauf, ob diese größer oder kleiner als seine Forderungen sind, [die er gegen andere hat, d. A.]. Solche Leute machen große Verluste und gehen bald bankrott und wissen nicht wie, wann oder wo es ihnen geschehen ist." [Frei ins Hochdeutsche übertragen, d.A.]

Schwarz' Musterbuchhaltung wurde erst lange nach dem Tod Jakob Fuggers veröffentlicht. Fugger hatte nicht das mindeste Interesse seiner Konkurrenz Einblicke in seine Buchhaltung zu gewähren. Geldschöpfung durch Eigenwechsel und das Arbeiten mit Kredithebeln durch Überwachen der Fristigkeiten bzw. Verwalten der Zahlungstermine sollten Geschäftsgeheimnisse bleiben. Sie mussten nicht nur vor den Augen der Kirche, sondern auch vor den Augen der Konkurrenz verborgen werden.

Der Adel hingegen interessierte sich kaum für die „Niederungen" des Krämerlebens. Gerade deshalb ging er dem Patriziat (dem Großbürgertum) blind in die Falle und ließ sich wie ein „goldener Gänserich"[H] ausnehmen.

[H] Ogger nennt den Tiroler Herzog Sigmund der Münzreiche so, siehe Ogger (1979), S. 59.

9. Kreditfalle

Die neue Macht des Großbürgertums

> Die beträchtliche Expansion des kurzfristigen Staatskredits in Lyon und Antwerpen wurde nicht ausschließlich durch Nachfragefaktoren, sondern auch von der Angebotsseite bewirkt.

> Helma Houtman-De Smedt
> Herman van der Wee[154]

Fuggers Lebensmotto war „er wolle gewinnen, solang er könne."[155] Tatsächlich füllten sich seine Truhen erstaunlich schnell mit gewaltigen Münzmengen. Wir haben gesehen, dass ihm das durch geschicktes Verwenden von Eigenwechseln als Kredithebel möglich war. Doch der ehemalige Klosterschüler verwendete dieses Geld kaum für ein prunkvolles Leben. Geld war ihm immer Mittel zum Zweck noch mehr Geld zu verdienen. Darin war Jakob Fugger der Reiche ein typischer Vertreter des Patriziats, wobei seine eher spartanische Lebensweise untypisch war. Bei allem ist Fugger lediglich ein Name, der einer sozialen Schicht ein Gesicht gibt. Das Patriziat war ständig auf der Suche nach profitträchtigen Anlagemöglichkeiten für ihr Geld. Der Adel war ein interessanter Geschäftspartner, weil er als Geldschöpfer über eine scheinbar unerschöpfliche Profitquelle verfügte. Solange diese sprudelte, waren Kaufleute gern bereit Seide aus China und Gewürze aus Indien und Arabien herbei zu schaffen und Kriege zu finanzieren.

Das Verhältnis von Adel (und Klerus) zum Geld war grundsätzlich anders als das des Patriziats. Die Geldbeschaffung des Adels beruhte im wesentlichen auf stetiger Neuprägung von Münzen. Durch einen Rückgang der Silberproduktion ab Mitte des 15. Jhs.[156] sank die Münzprägung und damit die Geldschöpfung. Allerdings ließ sich Geld auch durch Münzverschlechterung oder Münzverrufung (siehe Kapitel 7. *Brakteaten*, S. 63ff.) beschaffen.

Münzverschlechterung erfolgte durch Umschmelzen eingezogener Münzen, wobei Schrot und/oder Korn, d.h. Gewicht und/oder Legierung der Münzen verschlechtert wurden, so dass aus der eingezogenen Menge alter Münzen eine größere Anzahl neuer geprägt werden konnte. Die Kosten des Umschmelzens und Neuprägens wurden dabei weginflationiert, da sie aus dem zusätzlich ausgeprägten Geld bezahlt wurden. Doch ganz gleich, ob Münzen aus neu gewonnenem Erz oder aus eingeschmolzenen alten Münzen geprägt wurden, die feudale Geldschöpfung kostete Geld bevor sie Geld abwarf. Erzabbau, Erzverhüttung und Münzprägung mussten bezahlt werden, bevor Münzen in die Staatskasse flossen.

Das erforderte vorausschauenden Krämergeist. Der war dem Adel fremd, nicht aber den Großkaufleuten. Sie hatten durch ihre kreditfinanzierten Handelsgeschäfte mehr Münzgeld eingenommen, als sie für ihren Warenhandel brauchten. Der Geldbedarf des Adels für Luxus und Kriege kamen da gerade recht. Staatsfinanzierung war ein gewinnträchtiges Geschäft, so gewinnträchtig, dass dadurch langfristig die Machtverhältnisse auf den Kopf gestellt wurden.

Dieser Prozess verlief im Zeitraffer etwa so: Der Adel hatte Geldbedarf, der seine Einkünfte aus Münzprägung und Steuern überstieg. Die Kaufmannsbankiers standen bereit ihre Truhen zu leeren und dem Adel Münzgeld zu leihen, das sie für ihre Handelsgeschäfte nicht brauchten. Dafür verlangten sie natürlich keine Zinsen, denn das verbot die katholische Kirche. Sie hüllten ihre Kredite in Wechsel und erhoben für diese Wechselgebühr. Diese Wechsel, die Forderungen an den Staat enthielten, hießen Schatzwechsel. Wurden Schatzwechsel fällig, mussten sie in klingender Münze getilgt werden. Der Adel konnte nicht mit fremden Wechseln zahlen, da ihm das Krämerleben völlig fremd war. Da fällige Schatzwechsel mit Münzgeld bezahlt werden mussten, strömte ständig feudales Münzgeld in die Truhen der Kaufleute. Im allgemeinen floss dadurch deutlich mehr Münzgeld in die Truhen der Kaufleute zurück, als sie bei Kreditvergabe herausgeholt hatten. Dieser stetige Geldzufluss wurde durch stetige Ausweitung der feudalen Münzprägung gespeist, siehe Kapitel 5. *Münzerfolg* (S. 56ff.). Egal wieviel Silber und Gold von geschundenen Menschen aus amerikanischen Minen geschürft und nach Europa verschifft wurde, der Geldbedarf des Adels war meist höher als seine Einkünfte. Der Adel konnte nicht rechnen. So vollbrachte ausgerechnet Spanien – in dessen Häfen die Schiffe aus der sogenannten „neuen Welt" ankamen – fünf Staatsbankrotte. Beim ersten Staatsbankrott 1557 stellten neben Spanien auch Portugal und Frankreich ihre Schuldendienste ein. Das führte fast zu einem europäischen Bankrott.[157] Spanien legte 1575, 1597, 1607 und 1627 noch vier weitere Staatsbankrotte hin.[158] Neue Kredite blieben aber erst aus, als durch den Verlust der spanischen Flotte[159] und den Rückgang der Erzproduktion[160] nicht mehr genug Profit zu erwarten war. Danach versank Spanien Jahrhunderte lang weitestgehend im Mittelalter. Die enormen Geldmengen aus Amerika waren durch das Land hindurch geströmt, ohne im Land Innovation oder Ausweitung der Warenproduktion auszulösen. Der spanische Hof hatte mit Edelmetall aus Amerika, Luxusgüter aus Asien und anderswo gekauft. Der größte Teil des Geldes floss deshalb durch das Land hindurch in die Truhen des europäischen Patriziats sowie nach Asien. Das spanische Volk hatte nichts davon.

Wo dem Adel Edelmetall zur Münzprägung fehlte, mussten zur Schuldtilgung nach und nach immer mehr feudale Einnahmequellen verpfändet oder verkauft werden. Die Ausbeute von Erzminen oder die Steuern ganzer Städte wurden als

Kreditsicherheiten übertragen. Der Adel überließ es so den Kaufleuten, sich ihr verliehenes Geld plus Gebühr von den verpfändeten Städten oder aus den Erträgen von Erzminen zurück zu holen. Auf kurze Sicht schien das für den Adel ein gutes Geschäft. Statt z.B. 50.000 Taler für das Herstellen von Münzen im Wert von 100.000 Talern vorzustrecken, erhielten sie durch Kreditaufnahme sofort 100.000 Taler und mussten dafür im Folgejahr nur 10.000 Taler Wechselgebühr zahlen. Sie übersahen, dass sie nun aber auch die 100.000 Taler zurück zahlen mussten, was sie als Geldschöpfer nicht gemusst hätten. Infolgedessen konnten Kredite oft lange nicht getilgt werden. Den Kaufleuten kam es gelegen, auf dauerhafte Staatsschulden dauerhaft Wechselgebühren zu kassieren. Diese Gebühren dienten reichen Familien als Renteneinkommen. Auf diese Weise flossen Steuereinnahmen in die Taschen derer, die ohnehin mehr Geld hatten, als sie zum Leben brauchten. Denn gerade sie hatten ihr überflüssiges Geld dem Staat geliehen. So entstanden mit der ewigen Staatsschuld ewige Rentner*innen. Vereinfacht lässt sich der Prozess der Umverteilung so darstellen:

- Das Patriziat bemühte sich, sein gehortetes Bargeld gewinnbringend zu verleihen.
- Der Adel hatte Geldbedarf für Hofhaltung und Kriegsführung, der seine Einnahmen aus eigener Geldschöpfung überstieg.
- Das Patriziat erhielt für sein Münzgeld Staatsschuldscheine (Schatzwechsel). Diese „zinstragenden", d.h. gebührenpflichtigen Wertpapiere hatten die Form von Tontinen und verschafften den Inhaber*innen Leibrenten.[A]
- Staatsschuldscheine konnten auf den Wertpapiermärkten gehandelt werden. Inhaber*innen konnten sie im Bedarfsfall also in Bargeld verwandeln. Die Kreditgeber*innen tauschten durch Verleihen ihres Geldes an den Staat somit nur liquide Zahlungsmittel (ihr Münzgeld) gegen weniger liquide Vermögenswerte (Schatzwechsel). Sie büßten durch den Geldverleih nur einen Liquiditätsgrad, nicht aber Vermögen an sich ein.
- Der Adel gab das Münzgeld für Kriegsführung, Hofhaltung oder Luxus aus. Dadurch gelangte es bald wieder in den Umlauf.
- Da gerade die Großkaufleute die Armeen mit Uniformen und Waffen und die Höfe mit Luxusgütern versorgten, floss das verliehene Geld meist bald in ihre Truhen zurück.

[A] Skopp (1990), S. 27: „Als weitere langfristige Verschuldungsalternative bei guter Kreditwürdigkeit werden Leibrenten und Tontinen genannt. Unter Leibrenten sind hierbei Gelder zu verstehen, welche dem Staat über eine gewisse Laufzeit zur Verfügung gestellt werden und erst am Ende dieser verzinst zurückbezahlt werden. Das Verfahren bei Tontinen ist ähnlich, nur dass im Todesfall der Auszahlungsanspruch auf die Erben übergeht. Falls diese nicht vorhanden sind, fällt dem Staat der Anspruch zu."

- Unabhängig von diesem Geldrückfluss, blieben die Schulden bestehen und verlangten nach Tilgung und Wechselgebühr.
- Je mehr Einnahmequellen der Adel für frühere Kreditaufnahmen bereits verpfändet hatte, desto weniger laufende Einnahmen standen ihm zur Verfügung. Jäger dazu:

  „Das Recht auf die Steuern wurde den Banken, oder besser gesagt den ihnen vorhergegangenen Individuen und Gesellschaften, zuerst als Sicherheit verschrieben und als die Staaten nicht zahlen konnten, zur Nutznießung unter Vorbehalt des Rückkaufrechts gegeben..."[161]

- Infolgedessen mussten immer neue Einnahmequellen verpfändet werden. Dazu zählten auch steuerpflichtige Städte. Jäger schreibt:

  „Je mehr der Staat in Noth kam, um so mehr trat er der Bank ab und zwar nicht nur an Steuern, sondern auch an Gebieten..."[162]

- Durch Verpfänden von Erzminen und Münzstätten beraubte sich der Adel nach und nach seiner Geldschöpfungsrechte und entzog sich so selbst eine wesentliche Machtbasis.
- Durch seine Kreditoperationen bewirkte das Patriziat die schrittweise Enteignung des Adels. Das Münzgeld, das es dem Adel lieh, holte sich das Patriziat oft zweifach zurück. Zum einen floss dieses Geld durch Warenverkauf an den Adel in die eigenen Truhen zurück. Zum anderen kassierte es Steuern für die Kreditgebühren und ggf. auch die Kredittilgung.

Obwohl die Verwandlung einer einmaligen Zahlung in einen ewigen finanziellen Rückstrom göttlichen und menschlichen Gesetzen zuwider lief, hatte Papst Martin V. bereits in der ersten Hälfte des 15. Jahrhunderts den Rentenkauf „als sittlich erlaubt erklärt"[163]. Statt wie aus der Antike wiederholt belegt[164] und im Alten Testament schriftlich fixiert, in mehr oder weniger regelmäßigen Abständen Entschuldungen durchzuführen und so eine maximale Laufzeit für Kredite festzulegen, legitimierte das Oberhaupt der allein selig machenden katholischen Kirche ein Rentensystem auf Basis von Staatsschulden. Verständlich, dass die Nutznießenden kein Interesse an einer Schuldentilgung hatten.

Der Adel hatte auch oft wenig Möglichkeiten zur Tilgung. Ausgegebenes Geld war für Kaiser, Könige und Fürsten „gegessenes Brot". Die Kreditoperationen des Patriziats zwangen den Adel jedoch, für „gegessenes Brot", d.h. für ausgegebenes Geld Jahr für Jahr Gebühren zu zahlen. Mit dem Verlust der Geldschöpfungshoheit verlor der Adel auch politische Freiheiten. Das zeigte sich zuerst in England. Die Veränderungen im Geldsystem führten schließlich auch auf dem Kontinent zum Untergang des Ancien Régimes (des Feudalsystems) und zum Aufstieg des Kapitalismus. Im Zuge dieses Wandels wurde aus dem Geld der Kaufleute endgültig das moderne Kreditgeld – ein Geld der Banken.

10. Entwicklung des Kreditgeldes

Kreditgeld: 2. Teil – Das Geld der Banken

> Die Wende des 15. zum 16. Jahrhundert ist ein Wende-
> punkt in mehr als einer Beziehung. Neue Kräfte sind am
> Werk, die alten Formen zu zerstören, in welchen Staat
> und Gesellschaft, Religion und Wissenschaft, kurz die
> ganze materielle und geistige Kultur während des Mittel-
> alters erstarrt waren.
>
> Alfred Weitnauer[165]

In der Realität haben sich Wechsel keineswegs so kontinuierlich und kritiklos durchgesetzt, wie im Kapitel 8. *Entstehen des Kreditgeldes* (S. 65ff.) dargestellt wurde. Hier wurde lediglich die Hauptlinie der Entwicklung des Wechsels zum Zahlungsmittel nachgezeichnet. Viele Abweichungen, Sonderwege und Rück-schritte blieben im großen und ganzen unerwähnt. Manche finden sich in den An-merkungen. Alle darzustellen würde ein Buch füllen. So gab es Jahrhunderte lang in Europa kein einheitliches Wechselrecht, sondern diverse regional gültige Wechselordnungen. Insbesondere Eigenwechsel sind als sogenannte „trockene Wechsel" immer wieder kritisiert und zeitweise verboten worden. So erlaubte Papst Pius V. Ende des 16. Jhs.[166] die Wechsel

unter ausdrücklichem Verbot aller sog. trockenen Wechsel...[167]

Auf Reitwechsel (siehe S. 82) werden die Kaufleute dieses Verbot sicher ange-wandt haben. Doch den Gebrauch von Eigenwechseln konnte die Kirche durch Verbote nicht verhindern. Schon der Mönch Pacioli hatte erkannt, dadurch würde

die ganze Grundlage des kaufmännischen Gebäudes abgebrochen.[168]

Verbote erzeugten nur immer neue Verschleierungsmanöver. Im Ringen um den Wechsel lieferten sich Kirche und Kaufleute Jahrhunderte lang ein Katz und Maus Spiel. Die Details sind für den Gang der Geschichte nicht mehr von Interes-se. Die Mäuse haben das Spiel gewonnen.

Nicht zufällig entstanden mit den neuen Möglichkeiten, Wechsel als Zahlungs-mittel zu nutzen, die ersten Wechselbanken. Die übernahmen auf den Wechsel-messen die vielfältigen Verrechnungen. Außerdem verschafften sie den Wechseln der kleinen Kaufleute Akzeptanz. Mit dem Bankakzept war die Bedeutung der Banken für die Akzeptanz des Kreditgeldes der Kaufleute deutlich geworden. Die weitere Entwicklung wird zeigen, dass das Kreditgeld der Kaufleute erst Bank-geld werden musste, ehe es allgemeines Zahlungsmittel werden konnte. Beim Durchsetzen des Kreditgeldes verlief die Entwicklung ähnlich wie beim Münz-geld. Erinnert sei an das private Stempeln bzw. Punzen von Metallbarren, siehe

Kapitel 3.6. *Barrengeld* (S. 45ff.) und 3.7. *Münzgeld* (S47ff.). Solche Prägungen waren von antiken Großkaufleuten vor dem Prägen der ersten Münzen vorgenommen worden. Diese privaten Prägungen waren die Vorlage für den Staat, Metallstücke zu stempeln. Staatliche Münzprägung griff die Idee privater Großkaufleute auf. Doch der Staat hätte den Gebrauch seiner Münzen weder durch Gesetze noch durch Umstellen seiner Steuerforderungen auf Münzgeld erreicht. Die Akzeptanz der Münzen ergab sich aus ihrer Akzeptanz durch die Kaufleute. Die waren den Gebrauch von Barrengeld gewohnt. Sie akzeptierten deshalb Metall als Zahlungsmittel. Sie machten die Regeln auf dem Markt. Ihrem Beispiel folgte die Masse.

Ähnlich verlief die Entwicklung des Kreditgeldes. Kaufleute hatten Wechsel nach ihren eigenen Bedürfnissen, Gesetzen und Regeln zu Kreditgeld umgestaltet. Anders als beim Münzgeld wußte der Staat nichts vom Geldcharakter der Schuldscheine. Doch Kaufleute wollten ihr Kreditgeld rechtlich absichern. Deshalb mussten sie es zu einem juristisch akzeptierten Zahlungsmittel machen. Tatsächlich gelang es ihnen in einem langen zähen Prozess, dem Staat ihre Gesetze und Regeln aufzuzwingen. Wir werden sehen, dass am Ende dieses Prozesses die Kaufleute nicht nur ihr Geld, sondern auch ihre politische Macht durchgesetzt hatten. Wir können daraus lernen, das Geldschöpfungsrecht und politische Macht untrennbar miteinander verbunden sind. Um politische Macht demokratisch zu gestalten, muss deshalb auch die Geldschöpfung demokratisiert werden. Dazu müssen wir uns auf einen langen, zähen und konsequenten Kampf vorbereiten. Mehr dazu im 4. Band dieser Tetralogie (siehe S. 162).

10.1. Golddepotscheine

Mitte des 17. Jahrhunderts
Die Illusion der Golddeckung

> Ein weiterer Fortschritt im Sinne des modernen Bankwesens geschah, als die Goldschmiede begannen, für die Depositen Bescheinigungen, ,goldsmiths notes', auszustellen... Die goldsmiths-notes, welche wie bares Geld zirkulierten, kann man als Vorläufer der Banknoten ansehen.
>
> Mentor Bouniatian[169]

Wir sind auf unserer Reise durch die Geschichte des Geldes im 17. Jh. angekommen. Noch beherrschte der Adel die politische Bühne. Auf dem Kontinent regierte er mehr oder weniger absolutistisch. Doch das Patriziat zog im Hintergrund bereits die Fäden. In England hatten sich die Machtverhältnisse schon merklich verschoben. Dort war der König, der unter dem Namen Johann ohne Land in die Geschichte einging, bereits 1215 gezwungen gewesen, die Magna Charta zu unterzeichnen. Darin hatte er dem Landadel, aber auch dem Patriziat in Staats- und vor allem in Finanzfragen Mitspracherechte einräumen müssen. Vor diesem Hintergrund entstanden Mitte des 17. Jhs. infolge wirtschaftlicher Unfähigkeit und politischer Ohnmacht der herrschenden Stuarts die Golddepotscheine.

Sie traten wie ein Schleier zwischen das schwindende Münzgeld und das sich ausbreitende Kreditgeld. Hinter diesem Schleier starb das feudale Münzgeld gut zwei Jahrhunderte lang einen schleichenden Tod. Parallel dazu wurde das Kreditgeld der Kaufleute zum Bankgeld und damit zum allgemeinen Zahlungsmittel. Für diesen Prozess gab es keinen Masterplan. Es war eine eher evolutionäre Entwicklung. Ausgelöst wurde sie durch das Profitinteresse der Goldschmiede. Geschaffen wurde eine große Illusion. Erreicht wurde die Gründung eines ersten Kreditinstitutes. Doch greifen wir nicht vor.

Die Geburt der Golddepotscheine fiel in die Regierungszeit Charles I. (1625-1649). London war damals mit fast 500.000 Einwohnern die größte Metropole Europas. Straßenbeleuchtung gab es im 17. Jh. noch nicht. Doch Londons Straßen waren nicht nur nachts unsicher. Allerdings waren es nicht die kleinen Diebe, sondern der König selbst, der die Kaufleute mit einem Handstreich um ihr Kapital brachte. Charles I. beschlagnahmte um 1640 das im Tower verwahrte Geld der Kaufleute. Er wollte damit einen Krieg gegen die Schotten finanzieren. Was ein Befreiungsschlag werden sollte, war wohl eher eine Verzweiflungstat des Königs. Verständlich wird das durch die Vorgeschichte.

Für die Kriegsfinanzierung hatte König Charles I. zunächst das englische Parlament um Kredit ersucht. Ein absolutistischer Herrscher auf dem Kontinent hätte seine Münzstätte einfach beauftragt Münzen zu prägen. Der englische König verfügte jedoch über keine absolutistische Macht mehr. Die Macht des Parlaments war real und das Unterhaus nutzte sie. Es lehnte die Kreditanfrage des Königs ab. Nachdem der König auch im Ausland keinen Kredit erhalten hatte, beschloss er nun doch Münzen prägen zu lassen. Anders als auf dem Kontinent rief

die Ankündigung dieser Absicht ... einen Sturm erzürnten Widerspruchs hervor.[170]

Seine Majestät beauftragte die Münzstätten dennoch 300.000 £ zu prägen.[171] Doch infolge der Proteste zog er seine Anordnung bald erschrocken zurück. Das Bürgertum saß in England bereits fest im Sattel und wusste seine Macht zu nutzen. Es bewilligte dem König nach zähen Verhandlungen gegen Verpfändung von Zolleinnahmen einen Kredit, der weit hinter dessen Erwartungen zurück blieb.[172] Geführt wurden diese Verhandlungen vom Unterhaus. Diese parlamentarische Vertretung des Bürgertums hatte sich beharrlich gegen eine Kriegsfinanzierung durch Münzprägung gewehrt, aus Angst vor Inflation oder aus Eigeninteresse.

Letztlich hätte an königlicher Münzprägung nur die Münzstätte verdient. Der schließlich vom Unterhaus bewilligte Kredit brachte dem Großbürgertum Zinsen.

Dass der bewilligte Kredit so niedrig war, kann viele Ursachen haben. Zum einen werden die Londoner Kaufleute genug andere profitable Anlagemöglichkeiten für ihr Geld gehabt haben. Vielleicht schätzten sie die Zahlungsmoral des Hofes auch gering ein oder sie wollten einfach keinen Krieg gegen die Schotten finanzieren. Jedenfalls wird den König Wut über die Krämerseelen gepackt haben, denn er ließ nach all dem Gezerre um einen Kriegskredit das im Tower verwahrte Geld der Kaufleute beschlagnahmen. Natürlich gab das neue allgemeine Proteste der Kaufleute. Erneut musste der König sich der Macht der Kaufleute beugen und deren Geld wieder freigegeben. Die Kaufleute reagierten auf diese königlichen Eskapaden, indem sie ihre Gelder eiligst aus dem Tower abzogen. Auf der Suche nach sicherer Verwahrung fragten die Kaufleute die Goldschmiede. Die Goldschmiede waren bereit das Geld bei sich einzulagern und stellten Quittungen über das erhaltene Geld aus. Diese Quittungen gingen als Golddepotscheine bzw. *goldsmiths notes* in die Geschichte ein und sollten die Entwicklung des Kreditgeldes weiter voran treiben. Ob das Münzgeld der Kaufleute tatsächlich überwiegend aus Gold bestand oder ob die Golddepotscheine nur so hießen, weil Goldschmiede sie ausgestellt hatten, konnte ich der Literatur nicht entnehmen. Ich vermute jedoch eher letzteres.

Die Golddepotscheine waren nur zufällig, aus Angst vor königlicher Willkür, in die Welt getreten. Die Kaufleute nutzten sie bald statt der Münzen als Zahlungsmittel. Die Scheine waren leichter und auch sicherer als Münzen, denn gewöhnliche Straßenräuber*innen forderten nur die Geldbörse. Niemand hatte sie gelehrt, in den Brieftaschen ihrer Opfer nach Vermögenswerten zu suchen. Zudem konnten sie oft ohnehin nicht lesen. So verdarb der große Gauner den kleinen Gaunern das Geschäft.

Indem Golddepotscheine statt Münzen als Zahlungsmittel verwendet wurden, hatte sich zunächst nur die Geldform verändert. Aus Münzen waren Depotscheine geworden. Die fungierten als Zahlungsmittel, um zwischen Kauf und Verkauf zu vermitteln. Solange das Ziel des Handels nicht Goldhortung, sondern Bedürfnisbefriedigung war, wurde kein Gold nachgefragt. Die Waren auf dem Markt sicherten den Wert des Geldes, nicht das Gold im Tresor. Im schlimmsten Fall, wenn eine Katastrophe alle Waren vernichtet hätte, hätten die Kaufleuten erkennen müssen, dass sie Gold nicht essen können. Doch in ihrem Bewusstsein bestand der Wert der Golddepotscheine in dem Gold, das irgendwo in Tresoren lag, nicht in den Waren auf dem Markt.

Jedenfalls blieb das Gold in den Tresoren verwahrt. Selbst wer Golddepotscheine nicht als Tauschmittel verwendete, sondern sie als Goldhort betrachtete, verwahrte wohl eher Scheine als Münzen im Haus. Nach Jahren, in denen niemand das Gold nachgefragt oder nachgezählt hatte, wagten die Goldschmiede, das Gold heimlich zu verleihen. Der König, dem sie das Geld liehen, hieß inzwischen Charles II. Es ist eine Ironie der Geschichte, dass die Goldschmiede ausgerechnet dem Sohn jenes Königs Kredit gaben, durch dessen vergebliches Kreditersuchen, das Geld der Kaufleute in ihre Tresore gelangt war.

Diese Kreditgeschäfte brachten doppelten Gewinn. Die Kaufleute zahlten Gebühren für das Verwahren des Geldes, die Krone 8% Kreditzinsen[173] für das Entleihen. Infolgedessen verzichteten die Goldschmiede bald auf Depotgebühren. Schließlich boten sie sogar Zinsen für das Verwahren von Gold bzw. Münzgeld an. Bis dahin hatte es immer Geld gekostet, bei einer Bank ein Gelddepot zu unterhalten. Jetzt entstand der Sparzins.

Ein Teil des Goldes, das die Kaufleute verwahrt glaubten, gelangte durch die Kreditaufnahme des Königs unbemerkt wieder in Umlauf. Dadurch kam es zu einer Vermehrung der Geldmenge. Das scheint keine erkennbare Inflation ausgelöst zu haben. Dafür kann es zwei Gründe geben: Entweder erfolgte die kreditfinanzierte zusätzliche Nachfrage des Königs nicht auf den heimischen Märkten, sondern im Ausland und/oder diese Nachfrage hat zusätzliche Produktion ausgelöst, so dass dadurch mit der Geldmenge auch das Warenangebot stieg.

Jedenfalls blieb der heimliche Geldverleih unbemerkt bis 1667 ein niederländisches Schiff die Themse herauf fuhr. Da gerade Krieg zwischen England und den Niederlanden herrschte, brach in London eine Panik aus. Im Angesicht der drohenden Invasion wollten plötzlich alle ihre Golddepotscheine in bare Münze zurück tauschen. Die Goldschmiedebankiers werden ins Schwitzen gekommen sein. Sie zahlten aus, was sie an Geld im Tresor hatten. Aber ihre Bardepots reichten nicht aus, alle vorgelegten Scheine einzulösen.

Als alles vorhandene Bargeld ausgezahlt war, boten die Goldschmiedebankiers an, die Golddepotscheine in Staatsschuldscheine zu tauschen. Das war zwar keine Barzahlung, versprach aber einen Zinsgewinn. Offensichtlich haben die Kaufleute den Tausch akzeptiert. Spätestens als der englische König öffentlich erklären ließ, die Staatskasse werde alle Zinszahlungen auf Staatsschuldscheine aufrechterhalten, legte sich die Panik. Das Wort des Königs hatte das Vertrauen in die Zukunft wieder hergestellt. Damit kehrte auch das Vertrauen in die Golddepotscheine und die staatlichen Schuldscheine (Schatzwechsel) zurück.

Das niederländische Schiff war inzwischen wieder verschwunden. Es hatte keinen Schuss abgegeben. Aber es hatte ganz unerwartet zur Geburt einer neuen Idee beigetragen. Als die Idee in die Tat umgesetzt wurde, wurde nicht einfach eine neue Bank, sondern ein neuer Banktyp gegründet.

Der erste Bankenrun der Geschichte war überstanden, bevor die erste moderne

Bank gegründet worden war. Die Golddepotscheine waren durch diesen Run als nicht zu 100% durch Gold gedecktes Zahlungsmittel enttarnt worden. Wundersamerweise schadete das ihrem Ruf nicht. Indem sie als Golddepotscheine in die Literatur eingingen, umweht sie bis heute die Vorstellung ein vollständig durch Gold gedecktes Zahlungsmittel gewesen zu sein. Der Run von 1667 belegt indessen, dass die Golddeckung schon vor Erschaffen der Banknote eine gut gepflegte Legende war. Der Run offenbarte auch die erstaunliche Kompromissbereitschaft der Kaufleute. Sie hatten verzinste Schatzwechsel als Ersatz für ihr Gold/Geld akzeptiert. Die Geldgeschichte hat bereits mehrfach gezeigt, dass Veränderungen im System akzeptiert werden, sofern sie profitable Geschäfte versprechen. Der Umtausch unverzinslicher Golddepotscheine in verzinste Schatzwechsel war ein Geschäft. Die fehlende Golddeckung nahmen die Kaufleute hin. Mehr noch, der Betrug brachte sie auf neue Ideen. Der Run 1667 hatte die Kaufleute gelehrt, dass sich eine Golddeckung durch Schatzwechsel ersetzen ließ. Ein fantastisches Geschäftsmodell begann in den Köpfen einiger Engagierter zu reifen.

10.2. Banknoten

Seit 1695
Deckung durch Staatsschulden

> Dieser Plan sah vor, eine Summe von £ 1 200 000 aufzubringen und sie der Krone zur Verfügung zu stellen. Als Gegenleistung für dieses Darlehen sollten die Geldgeber jährlich an Zinsen £ 100 000 sowie das Recht erhalten, eine Gesellschaft zu bilden mit dem Privileg, Banknoten auszugeben bis zum Betrage des gesamten Kapitals.[A]
>
> William Dodgson Bowman[174]

Für die Urahnen des Geldes konnten wir nur grob geschätzte Geburtsdaten angeben. Für die Banknoten gibt es gewissermaßen eine Geburtsurkunde. Sie erblickten am 1.1.1695 das Licht der Welt. An diesem Tag öffnete die 1694 gegründete Bank von England ihre Schalter. Die Geburt der Banknoten ließe sich auch früher datieren und komplizierter erzählen. In der Europäischen Bankengeschichte gilt die Stockholms Banco als 1. Notenbank der Welt. Doch die 1656 gegründete Bank wurde bereits 1663 wieder geschlossen.[175] Sie verstarb quasi im Kindbett.

[A] Geplant war die Gründung der Bank von England, deren Kapital aus Staatsschulden bestand.

Die Stockholms Banco – Die schwedische Notenbank

Die 1656 gegründete schwedische Notenbank war eine Depositenbank, die ähnlich wie die Londoner Goldschmiede agierte. Sie gab Kupferdepotscheine aus. Ab 1661 erteilte sie auch Kredite. Diese Kreditvergabe erfolgte nicht durch Verleihen hinterlegter Kupfermünzen, sondern durch Emittieren zusätzlicher Kupferdepotscheine. Die Akzeptanz dieses schwedischen Papiergeldes ergab sich aus einer Besonderheit im damaligen schwedischen Münzwesen.

Silber war in Schweden Mitte des 17. Jhs. aus dem Umlauf verschwunden. Auch Gold gab es nicht. So blieb nur Kupfer als Münzmetall. Eine schwedische 10-Taler Kupfermünze wog 19,7 kg. Solche Münzen können im Berliner Bodemuseum oder im British Museum in London bewundert werden. Verständlich, dass Kupferdepotscheine schnell allgemein akzeptierte Zahlungsmittel wurden. Verständlich auch, dass Kreditsuchende keine Münzen, sondern Scheine wollten. Für Kredite geschaffene Noten waren natürlich nicht durch Kupfer gedeckt.

So wie der Erfolg in London auf Glauben gründete, so der Bankrott in Stockholm auf Unglauben. Denn bei Licht betrachtet waren die nicht durch Kupfer gedeckten schwedischen Banknoten als Geld so geeignet, wie die durch Staatsschuldscheine „gedeckten" Banknoten der Briten. Hier zeigte sich jedoch erstmals die Bedeutung der Autorität des Staates für die Akzeptanz des Geldes.

In beiden Ländern erhöhte sich durch Kreditaufnahme die Geldmenge. Solange die dadurch zusätzlich in Umlauf gebrachten Banknoten als Geld auf den Märkten verwendet wurden, interessierte niemand die von den Banken zugesicherte Metalldeckung. Als es aber 1663 zu einem Run auf die schwedische Bank kam, wurden natürlich sowohl die echten (gedeckten) als auch die zur Kreditvergabe geschaffenen (ungedeckten) Kupferdepotscheine (Banknoten) zur Einlösung vorgelegt. Verständlicherweise konnte die Bank nicht alle ihre Banknoten einlösen. Deshalb musste sie wegen Zahlungsunfähigkeit schließen.

Die Londoner Goldschmiede konnten beim Run 1667 als Goldersatz *staatliche* Schatzwechsel zur Einlösung anbieten. Die Stockholmer Bankiers verfügten als Kupferersatz nur über *private* Schuldscheine. Die Solidität dieser Schuldscheine konnte nicht durch eine einzige öffentliche Proklamation seitens der Krone bestätigt werden. In der Krise interessierte nicht, dass die Mehrheit der privaten schwedischen Schuldner*innen wahrscheinlich solventer (zahlungsfähiger) waren, als der englische König. In der Krise war ein Machtwort nötig, um die brodelnde Masse vor den Bankschaltern zu beruhigen. Dieses Rezept wird bis heute in jeder Krise angewandt. Der Erfolg hängt vom Glauben an die Autorität und die Inszenierung des Machtwortes ab.

Blicken wir also nach London. Der Run 1667 hatte Goldschmiede und Kaufleute gelehrt, dass ein akzeptiertes Zahlungsmittel gar nicht durch Gold gedeckt sein muss. Es reicht auch eine Gelddeckung durch Schatzwechsel, d.h. Staatsschuldscheine. Allerdings musste der König im Krisenfall jederzeit für die volle Gültigkeit der Schatzwechsel bürgen. Für die geplante Bank war die Autorität der Krone also ein wichtiger Aktivposten. Die „unantastbare Autorität" des Königs musste geschützt werden, damit diese Autorität im Krisenfall für die Solidität der Bank bürgen konnte. Im Kapitel 10.1. *Golddepotscheine* (S. 94ff.) wurde gezeigt, dass in England die Macht des Bürgertums bereits groß genug war, für ein solches Projekt.

> Die Gründung der Bank beschränkte die Macht des Herrschers noch mehr zugunsten des Unterhauses. Anstatt Hilfsgelder zu bewilligen, die nach Gutdünken des Königs verwendet werden konnten, unterstanden die Einkünfte des Landes nunmehr, unter der Aufsicht des Unterhauses, der Kontrolle des Schatzamtes. Dieses Anwachsen der wirtschaftlichen Macht des Unterhauses verminderte weiterhin die Bedeutung des Oberhauses und verlieh dem Unterhause in allen Staatsgeschäften eine beherrschende Rolle.[176]

Trotzdem war die Gründung der Bank ein heikles Projekt. In den absolutistischen Monarchien auf dem Kontinent wäre derartiges völlig undenkbar gewesen. Doch in England bestand seit dem 13. Jh. eine konstitutionelle Monarchie. Durch die Glorreiche Revolution 1688-1689 war die Macht des Bürgertums weiter gestärkt worden. Als 1689 dann ein Ausländer, der Niederländer William III., den englischen Thron bestieg, schien die Zeit reif.

Als Fremder war William III. besonders auf die Unterstützung durch das Parlament angewiesen. Trotzdem erforderte es viel diplomatisches Geschick, das Bankprojekt vom König genehmigt zu bekommen. Der Augenblick schien geeignet, als William III. einen Kredit über 1.200.000 £ (Pfund) forderte. Man versprach ihm das Geld, wenn er einer neuen Bank ein Patent (eine Zulassung) erteilen würde.

Der Plan war, das Geld als Stammkapital der neuen Bank zusammen zu bringen. Nach Erteilung des königlichen Freibriefs am 27.7.1694 starteten die künftigen Banker ihren Aufruf. Sie versprachen eine Verzinsung des Stammkapitals. So dauerte es nicht lange bis die benötigten 1.200.000 £ eingezahlt waren.

Das Einsammeln dieses Stammkapitals erfolgte öffentlichkeitswirksam. Die künftigen Banker erwarteten ihre Aktionäre in gut besuchten Lokalen. Sie trugen alle Einzahlungen in ihre Bankbücher ein und quittierten die Einzahlungen durch Ausgabe von Stammaktien. Doch als die Bank von England am 1. Januar 1695 ihre Schalter öffnete, hatte sie ihr gesamtes eingesammeltes Stammkapital an den König verliehen. Marcus Niebuhr ist noch anderthalb Jahrhunderte später erstaunt.

...in England, ward eine Bank errichtet. Daß hier das Gefürchtete wirklich eintrat, daß die Bank ihr gesammtes Stammkapital der Regierung darlieh, übersah man, oder wusste es nicht...[177]

In den Banktresoren lagen statt des Goldes der Kaufleute Schatzwechsel des Königs. Schatzwechsel klingt wesentlich besser als Staatsschuldscheine. Die Bank von England hatte zum Geschäftsmodell erhoben, was die Goldschmiedebankiers heimlich getan hatten. Sie hatte das Recht erworben, im Umfang der englischen Staatsschuld, Banknoten auszugeben. Es war ein Geniestreich das Gesetz für diese Bank durchs Parlament zu bringen. Siegfried Wendt bemerkt:

> Dem Titel der Gründungsakte würde niemand ansehen, daß durch dieses Gesetz das bedeutendste Kreditinstitut Englands ins Leben gerufen worden ist.[178]

Denn die Gründungsakte, der wohl berühmtesten Bank der Welt, wurde in ein Gesetz über Schiffsladungen verpackt. Der Titel dieses Gesetzes hat es bei Wendt nur in eine Fußnote geschafft und auch uns ist er nicht mehr wert.[B] Scheinbar lasen bereits damals die Abgeordneten nicht alles, worüber sie abstimmten, sondern verließen sich auf Empfehlungen einiger Auserwählter. Es genügte also, jene ins Vertrauen zu ziehen, wobei es sicher half, sie am Gewinn zu beteiligen.

Offensichtlich waren sich die Initiatoren der Ungeheuerlichkeit ihres Bankprojektes bewusst. Jedenfalls weiß Bowman zu berichten:

> Zweifellos wußte Montague, Williams großer Schatzmeister, daß die neue Bank die Geldquellen des Landes verdoppeln würde.[179]

Tatsächlich wurde das Stammkapital, das die Bank eingesammelt hatte, zweifach ausgegeben. Zum einen wurden die Goldmünzen an den König verliehen. Zum anderen wurden im selben Umfang Banknoten gedruckt und an Kreditsuchende ausgegeben. Die Kreditvergabe an den König erfolgte in Form von Münzen hinter geschlossenen Türen. Die Kreditvergabe an das Publikum (vor allem an Kaufleute) erfolgte an den Bankschaltern in Form von Banknoten. Dabei wurde die Illusion gepflegt, alle Banknoten seien durch Gold gedeckt. Doch die Golddeckung der Banknoten glich der Golddeckung der Golddepotscheine beim Run 1667. Sie waren bestenfalls anteilig durch Gold gedeckt. Wie eine anteilige Deckung gelang, obwohl das *gesamte* Stammkapital an den König verliehen worden war, wird im nachfolgenden Kapitel erklärt.

Um die Illusion perfekt zu machen, wurde auf alle Banknoten das Versprechen

---

[B]   Wendt (1948) S. 3, Fußnote 4: „Die Überschrift der Gründungsakte [der Bank von England, d.A.] lautete: An Act for granting to their Majesties several Rates and Duties upon Tonnages of Ships and Vessels, and upon Beer, Ale and other Liquors for securing certain Recompences and Advantages in the said Act mentioned to such Persons as shall voluntarily advance the sum of fifteen hundred thousand Pounds towards the carrying on the War against France." Das Wort Bank kommt in diesem Titel nicht vor. Hier geht es scheinbar nur um Steuern auf Bier, Ale und andere Spirituosen zur Finanzierung eines Krieges gegen Frankreich.

gedruckt, sie jederzeit in Gold einzulösen, wenn sie vorgelegt würden. Damit gaben sich die Banknoten den Anschein, staatlich zugelassene Golddepotscheine zu sein. Doch die Banknoten waren weder durch Gold gedeckt, noch überhaupt mit den Golddepotscheinen vergleichbar, denn sie waren keine Quittungen für eingezahltes Gold. Die Einzahler*innen des Stammkapitals hatten als Quittungen für ihr eingezahltes Münzgeld Stammaktien erhalten. Auf diese war ihnen Zins oder Dividende versprochen worden. Die Banknoten wurden nicht an Goldeigentümer*innen (im Tausch gegen Gold) ausgegeben, sondern an Kreditsuchende verliehen. Banknoten waren eine neue Form von Kreditgeld. Sie wurden erst zu Geld, indem die Bank sie an Kreditsuchende verlieh. Erst durch Kreditaufnahme bei der Bank gelangten die Banknoten in Umlauf. Erst dadurch verwandelten sich die bedruckten Scheine in Geld. Nicht das Drucken von Banknoten, sondern erst das Verwenden dieser Zettel als Geld, macht(e) aus Geldscheinen Geld.

Die Bank von England war das erste Kreditinstitut der Welt.[180] Ihre Banknoten machten das Kreditgeld der Kaufleute zum Kreditgeld der Banken. Diese Bankgründung ist typisch für die Geschichte des Geldes. Aus einer Krise (dem Run 1667) entstanden, veränderte diese Bank das Wesen des Geldes. Die Privilegien der Bank wurden ständig erneuert und erweitert. Ab 1697 wurde ihr das alleinige Notenprivileg für den Londoner Großraum erteilt. Es ist kein Zufall, dass sie

> einer der hauptsächlichsten Pfeiler des Welthandels und ein unschätzbares Aktivum des britischen Weltreichs[181]

wurde. Indem Kreditgeld zum Geld der Banken wurde, war Kreditgeld auf dem Weg allgemeines Zahlungsmittel zu werden. Es dauerte allerdings seine Zeit, bis sich die Bevölkerung an den Gebrauch von Banknoten als Zahlungsmittel gewöhnte. Die Banknoten nahmen dabei die gleiche Entwicklung wie das antike Münzgeld. Sie waren zunächst Geld der Kaufleute und wurden erst durch deren Gebrauch und Akzeptanz zu allgemeinen Zahlungsmitteln. Diese Entwicklung wird dadurch bestätigt, dass – genau wie bei der Entwicklung des Metallgeldes hin zur Münze – zunächst große Werteinheiten gedruckt wurden und erst später kleinere. So stellte ein Regierungsausschuss zur Prüfung des Vermögensstatus der Bank von England ein Jahrhundert nach Gründung der Bank fest,

> daß die Stückelung der Banknoten den Bedürfnissen des Verkehrs – vor allem auf dem Lande – nicht entsprach. Dieser Anregung folgend, ermächtigte die Regierung die Bank von England am 3. März 1797 kleinere Noten mit einem Nennwert von weniger als 5 £ auszugeben, die sich bald großer Beliebtheit erfreuten.[182]

Die Beliebtheit der Banknoten hatte wohl kaum etwas mit dem finanztechnischen Wesen der Banknoten zu tun. Von Bedeutung war nur die allgemeine Akzeptanz dieser Zahlungsmittel auf dem Markt. Die hing allein davon ab, ob Kaufleute diese Banknoten jederzeit in Zahlung nahmen. Weder Käufer*innen noch

Kaufleute werden sich beim Gebrauch der Banknoten dafür interessiert haben, ob Banknoten Golddepotscheine oder Inhabersichtwechsel waren. Für sie war egal, worauf das Versprechen der Bank gründete, ihre Noten jederzeit in bare Münze einzulösen. Auch wir werden sehen, dass der Unterschied ohne Belang ist.

Ein Golddepotschein musste jederzeit eingelöst werden, weil er eine Quittung für hinterlegtes Münzgeld war. Ein Inhabersichtwechsel musste eingelöst werden, weil er als Sichtwechsel ein jederzeit fälliger Schuldschein war. D.h., die Bank musste Sichtwechsel sofort (bei Sicht) in bar einlösen. Als Inhaberwechsel konnte ein Inhabersichtwechsel von jeder beliebigen Person, die ihn in Händen hält, jederzeit bei der zuständigen Bank vorgelegt werden. Auf einem klassischen Wechsel war schriftlich festgelegt, an *wen wann* ausgezahlt werden muss. Einen Inhabersichtwechsel konnte *jede*r jederzeit* einlösen.

Für den Alltag waren diese juristischen Unterschiede ohne Bedeutung. Egal ob Golddepotschein oder Inhabersichtwechsel, das auf die Banknoten aufgedruckte Einlöseversprechen galt jederzeit für jede*n. Eine Unterscheidung zwischen Golddepotscheinen und Inhabersichtwechseln war und ist deshalb uninteressant. Banknoten können genauso gut als Bankakzepte (siehe gleichnamiges Kapitel 8.6., S. 83ff.) betrachtet werden. Beenden wir deshalb diesen Ausflug in die akademische Geldtheorie.

Solange auf der Note etwas stand wie: „Die Bank verspricht gegen Vorlage dieser Note ihren Nennwert in bar auszuzahlen", waren Banknoten für Kaufleute akzeptierte Zahlungsmittel. Dass es sich bei den Banknoten um Kreditgeld handelte, interessierte dabei nicht. Doch mit dem allgemeinen Gebrauch von Kreditgeld entstand eine neue ökonomische Dynamik, die Dynamik des Kapitalismus. Infolge dieser Dynamik begann der Kapitalismus schon bald von England aus die Welt zu erobern. Dass der Kapitalismus in England seinen Ausgang nahm, hat ursächlich mit der Verdrängung des feudalen Münzgeldes durch das kapitalistische Kreditgeld zu tun. Es waren die Banknoten der Bank von England, die diesen Prozess einleiteten. Ihr Siegeszug wird alle bestehenden Verhältnisse umstürzen und das gesamte bisherige Wertesystem in Frage stellen.

Zum Zusammenbruch des althergebrachten Wertesystems trug bei, dass die Bank von England einen Weg gefunden hatte, aus Stroh Gold, genauer gesagt aus Papier Geld zu machen. Kehren wir damit zu der Frage zurück, wie die Bank von England eine zumindest anteilige Golddeckung ihrer Banknoten realisieren konnte. Sie hatte doch alles Gold an den König verliehen. In ihren Tresoren lagen nur Staatsschuldscheine. Werfen wir einen Blick in die Bankbilanz.

10.3. Bankbilanz

Seit 1695

Das Geheimnis des neuen Midas

> Der Notenausgabe, die außer dem Eigenkapital und den noch wenig bekannten Bankeinlagen das Bilanzbild der Banken des 18. Jahrhunderts auf der Passivseite bestimmte, standen auf der Aktivseite sehr verschiedene Geschäfte gegenüber...
>
> Heinrich Rittershausen[183]

Banken gab es schon in der Antike. Diese antiken Banken verliehen tatsächlich gespartes Geld oder andere Guthaben (z.B. Getreidequittungen) an Kreditsuchende. In Europa wurden nach dem Zerfall des Römischen Reiches Mitte des 12. Jhs. wieder Banken errichtet.[184] Mit der Bank von England entstand nun ein neuer Typ von Bank: die Kreditanstalt. Zwar besteht zum Teil noch heute der Glaube, Banken verleihen Spargeld, doch ob wir es glauben oder nicht:

> Eine Bank ist keine Institution, um Geld zu empfangen und auszuleihen, sondern eine Anstalt, um Kredit zu schöpfen.[185]

Wie sich dieser Prozess in der Bankbilanz niederschlug, soll nachfolgend skizziert werden. Zunächst aber verfolgen wir den Weg des Goldes aus der Bank in die Truhen des Königs und auf Umwegen zurück in die Bank. Obwohl im letzten Kapitel betont wurde, dass die Bank von England ihr gesamtes (goldenes) Stammkapital an die Krone verlieh, verfügte sie am 1. Januar 1695, als sie ihre Schalter öffnete, wieder über ein Golddepot. Möglich war das, weil sie ihre Schatzwechsel an der Börse wieder in Gold verwandeln konnte. Um das zu verstehen, müssen wir uns bewusst machen, dass für eine Bank jeder Schuldschein ein Wertpapier ist. Ein Schuldschein ist immer eine Bestätigung dafür, etwas verliehen zu haben. Im Schuldschein ist stets die Erwartung enthalten, das Verliehene mit Aufpreis (Zins) zurück zu bekommen. Aus dieser Erwartung ergibt sich der Wert eines Schuldscheins. Solange diese Erwartung besteht, lässt sich ein Schuldschein auch verkaufen. Der Handel mit Schuldscheinen war ein wesentlicher Bestandteil des Konzepts der Bank.

Sie verlieh ihr gesamtes Stammkapital mit dem Wissen, einen Teil der erhaltenen Schuldscheine an der Börse verkaufen zu können. Weil Staatsschuldscheine – wie andere Schuldscheine auch – als Wertpapiere gehandelt werden, werden sie lieber Schatzwechsel bzw. *treasures* genannt. Das klingt nach echtem Wert. Andere Bezeichnungen sind u.a. Anleihen, Obligationen, Rentenpapiere, Bundesschatzbriefe. Wenn diese Begriffsvielfalt Unkundige verwirrt, ist das sicher ein gewollter Nebeneffekt. Auch das ist ein Element aus der Trickkiste des neuen König Midas'. Dank der Entwicklung von Börsen an denen jeder Schuldschein als Wertpapier gehandelt werden kann, waren und sind Banken in der Lage faktisch alles zu Gold zu machen. Anders als Ovids König Midas[186] wird den modernen Banker*innen ihre Gabe nie zum Fluch. Ihnen ist die Gabe Schulden in Gold zu verwandeln gegeben, aber sie sind ihm nicht ausgeliefert. Sie können das Gold auch jederzeit in Waren verwandeln. Denn Geld hat seit seiner Entstehung den fatalen Doppelcharakter sowohl Geld (Kaufmittel für Waren) als auch Kapital (Profit suchendes Anlagemittel) zu sein.[c] Die Banker der frisch gegründeten Bank von England verkauften also einen Teil ihrer Schatzwechsel an der Börse und deponierten das dafür erhaltene Gold in ihrem Tresor. Gleichzeitig ließen sie Banknoten drucken und legten auch die in den Tresor. Nun konnten sie ihre Schalter öffnen. Verfolgen wir diese Veränderungen in der Bankbilanz. Vorweg einige grundlegende Bilanzprinzipien. Luca Pacioli hat die Grundregeln der doppelten Buchführung nicht erfunden. Er hat sie Ende des 15. Jhs. nur aufgeschrieben (Kapitel 8.7. *Buchhalten*, S. 85ff.). Er unterteilte sein Hauptbuch in zwei Spalten. Über einer Spalte stand: „Soll haben" über der anderen „Soll geben". Aus „Soll haben" ist *Haben* geworden, aus „Soll geben" wurde *Soll*.[187] In den Bankbilanzen steht heute über der linken Spalte *Aktiva*, was dem *Haben* entspricht. Die *Passiva* der rechten Seite entsprechen dem *Soll*. Zum Haben gehört, was eine Bank aktuell hat. Auf der Aktivseite (links) steht aber auch, was sie erst „*soll* haben", was sie an Rückzahlung erwartet. Das sind alle in Schuldscheinen verzeichneten Beträge. Deshalb stehen auch Schatzwechsel und alle sonstigen Schuldscheine, die durch Kreditvergaben entstehen, links. Auf der Passivseite (rechts) steht, was die Bank anderen „*soll* geben". Hier steht ihr Stammkapital, das sie ihren Aktionär*innen auf Verlangen zurück zahlen muss. Hier werden bald auch alle Guthaben stehen, die sie ihren Kund*innen auf Wunsch in Banknoten auszahlen muss.

Werfen wir nun einen Blick in die Bilanz der Bank von England. Nach dem Einsammeln des Stammkapitals finden wir auf der Habenseite (links) zunächst das Gold bzw. die Münzen, die die Aktionär*innen eingezahlt haben. Auf der Sollseite (rechts) stehen die dafür ausgegebenen Stammaktien.

Tabelle 1: Einsammeln des Stammkapitals gegen Ausgabe von Aktien

Aktiva / Haben	Passiva / Soll
1,2 Mio. £ in Gold oder Münzen	1,2 Mio. Stammaktien/Anteilsscheine
Summe: 1,2 Mio. =	Summe: 1,2 Mio.

---

[c] Mehr zu diesem Problem und einer möglichen Lösung im 3. und 4. Teil dieser Tetralogie, siehe Übersicht S. 162.

Die Bank hatte Münzgeld bekommen und Stammaktien bzw. Anteilsscheine dafür ausgeben. Das Münzgeld verwahrte sie zunächst, bis die volle Summe beisammen war. Die auf den Aktien bzw. Anteilsscheinen notierten Beträge war sie ihren Einleger*innen schuldig. Die Passiva waren also ihre Verbindlichkeiten.

Das eingesammelte Münzgeld übergab sie schließlich dem königlichen Schatzmeister und erhielt dafür Schatzwechsel. Ihre Bilanz veränderte sich dadurch. Sie hatte ihr Portfolio umgeschichtet indem sie ihr Gold gegen Schatzwechsel getauscht hatte. In der Fachsprache heißt das Aktivtausch oder Aktivgeschäft.

Tabelle 2: Kreditvergabe an den Staat durch Aktivtausch

Aktiva	Passiva
1,2 Mio. Treasures/Schatzwechsel	1,2 Mio. Stammaktien/Anteilsscheine
Summe: 1,2 Mio. =	Summe: 1,2 Mio.

Die Bank von England hatte ihr gesamtes Gold weggegeben und doch keinerlei Vermögen verloren. Sie tauschte goldenes bzw. gemünztes Stammkapital in Schatzwechsel, d.h. Münzgeld in Staatsschuldscheine. Die eingetauschten Schatzwechsel konnte sie im Anschluss an der Börse wieder in Gold verwandeln. Solch ein Wunder (eine Kreditvergabe die weder zu Bilanzverlängerung noch zu Vermögensverlust führt) ist heute nicht mehr möglich. Ein Grund dafür ist der Untergang der freien Münzprägung. Wir müssen die Entschlüsselung dieses komplexen Geheimnisses jedoch auf später verschieben.

Natürlich geschah der Tausch Gold gegen Schuldscheine nicht selbstlos. Während das Gold einfach nur im Tresor gelegen hätte, brachten die Schuldscheine Zinsen. Um aber wieder etwas Gold im Tresor zu haben, verkaufte die Bank einen Teil ihrer Schatzwechsel an der Börse. Die Verwandlung von Schatzwechseln in Gold war kein Zaubertrick, den die Bank erfunden hatte. Der Handel mit Schatzwechseln reichte wahrscheinlich bis ins 12. Jh. zurück. Damals entdeckte das italienische Patriziat den Staat als „ewigen" Schuldner. Die erhofften ewigen Zinszahlungen schufen den „ewigen Rentner"[D]. Staatsschuldscheine werden deshalb noch heute auch Rentenpapiere genannt. Nach wie vor basieren private Rentenversicherungen auf Staatsschulden. Bis heute werden Zinsen des Staates als Renten ausgezahlt. D.h. es werden Steuergelder verwendet, um Renten an jene zu zahlen, deren Einkommen meist ihren Konsumbedarf übersteigen, denn vor allem

---

[D] Ursprünglich waren Rentner*innen nicht jene, die aus Altersgründen nicht mehr arbeiten gingen, sondern jene, die nicht arbeiten gehen mussten, weil sie von Kapitaleinkommen (Zinsen auf verliehenes Geld) leben konnten. Sie waren verständlicherweise nicht an einer Rückzahlung ihres verliehenen Geldes, sondern an „ewigen", d.h. lebenslangen Zinszahlungen interessiert.

Menschen mit hohen Einkommen können sich eine private Rentenversicherung leisten. Werden private Rentenbeiträge außerdem durch Steuererleichterungen oder Zuschüsse staatlich subventioniert, wird die ärmere Bevölkerung durch dieses Rentensystem doppelt geprellt. Denn sowohl anteilige Rentenansprüche (subventionierte Rentenkassenbeiträge) als auch ausgezahlte Renten (Zinsen auf Staatsschulden) werden aus Steuern bezahlt. Dieses kapitalgestützte Rentensystem droht heute an den sinkenden Zinsen auf Staatsschulden zu scheitern. So bedauerlich das für all jene ist, die ihre Rentenbeiträge nur durch Konsumverzicht aufbringen konnten,[E] so wäre der Untergang dieses Rentensystems gesamtwirtschaftlich doch kein Verlust.

Früher haben Staatsbankrotte die „ewigen Rentner" von Zeit zu Zeit „sterben" lassen. Solange ein Staat jedoch Zinsen zahlte, waren solche Rentenpapiere an der Börse, an den sogenannten Geldmärkten, handelbar. Schatzwechsel – also Staatsschulden – konnten so wieder in Geld und Gold verwandelt werden. Die Bank von England nutzte die seit Jahrhunderten bestehenden Geldmärkte für diese Verwandlung. Sie verkaufte einen Teil ihrer Schatzwechsel und konnte so wieder Gold in ihre Tresore legen.

Tabelle 3: Rückkehr des Goldes

Aktiva	Passiva
0,8 Mio. Treasures/Schatzwechsel	1,2 Mio. Stammaktien/Anteilsscheine
0,4 Mio. £ in Gold oder Münzen	
Summe: 1,2 Mio. =	Summe: 1,2 Mio.

Danach erst öffnete sie ihre Schalter. In der Zwischenzeit hatte sie Banknoten im Volumen ihres Kredites an den Staat drucken lassen. Genau wie es in der Gründungsakte der Bank festgelegt war. Die Banknoten waren kunstvoll gestaltet. Auf jeder Banknote stand in etwa: Dem Inhaber zahlt die Bank den Nennbetrag der Banknote in Gold aus. Denn die Banknoten waren Inhabersichtwechsel, siehe S. 103. Obwohl die Bank insgesamt Banknoten im Wert von 1,2 Millionen £ hatte drucken lassen, tauchten diese Banknoten nicht in ihrer Bilanz auf. Der Zentralbanker Heinrich Rittershausen begründet, warum diese frisch gedruckten Banknoten außerhalb der Bankbilanz verwaltet werden.

> Solche gedruckten, noch nicht emittierten Formulare sind keine Wertpapiere und sind kein Geld, denn sowohl Wertpapiere als auch Geld erlangen ihre rechtliche Bedeutung erst mit der Emission. Sie werden daher auch nicht in die Bilanz der Notenbank aufgenommen.[188]

Die Bank hatte mit dem Drucken der Banknoten zunächst nur Geldscheine

---

[E] Diese Rentenansprüche sollten in jedem Fall vor einem Konkurs gesichert werden.

hergestellt. Die frisch gedruckten Noten, die sie im Tresor verwahrte, waren noch kein Geld. Die Geldschöpfung erfolgte erst durch Ausgabe dieser Noten an Kreditsuchende. Erst durch deren Kreditaufnahme wurde aus den Formularen (wie Rittershausen die Geldscheine bzw. Banknoten nennt) Zahlungsmittel, d.h. Geld. Durch das Vergeben von Krediten, veränderte sich die Bilanz der Bank erneut und zwar in folgender Weise:

Tabelle 4: Kreditvergaben erzeugen Bilanzverlängerung

Aktiva	Passiva
0,9 Mio. Treasures/Schatzwechsel	1,2 Mio. Stammaktien/Anteilsscheine
0,3 Mio. £ in Gold oder Münzen	0,5 Mio. Notenumlauf
0,5 Mio. Wechsel/private Kredite	(bzw. Verbindlichkeiten)
Summe: 1,7 Mio. =	Summe: 1,7 Mio.

Hier erfolgte erstmals Geldschöpfung durch Bilanzverlängerung in einer Bankbilanz. Diese Geldschöpfung hatte nichts am Bestand des Stammkapitals verändert. Für die Geldschöpfung wäre das Stammkapital nicht nötig gewesen. Es hatte die gleiche Funktion wie die Münzen in Fuggers Truhe für das Ausstellen seiner Eigenwechsel gehabt hatten. Es diente dazu, den Eindruck von Zahlungsfähigkeit zu vermitteln und den Akt der Geldschöpfung zu verschleiern.

Was für die Bank von England das Stammkapital war, ist heute das Eigenkapital, das von Banken und Unternehmen gefordert wird. Die vom Eigenwechsel (S. 77ff.) herrührende Idee, Geld müsse durch Geld gedeckt sein, herrscht noch heute. Diese Überzeugung kommt uns teuer zu stehen, siehe Kapitel 10.7. *Goldstandard* (S. 120ff.). Die verliehenen Banknoten erlangten ihre Kaufkraft jedoch nicht durch in Tresoren verwahrtes Gold, sondern durch die wirtschaftlichen Aktivitäten der Kreditnehmer*innen. Das Geld schuf sich seinen Gegenwert auf dem Markt, durch die Waren, die mit dem Geld gekauft wurden.

Solange die Warenproduktion steigt, führt eine Geldvermehrung durch Kredithebel (Kreditgeldschöpfung) nicht zu Inflation, sondern fördert den wirtschaftlichen Aufschwung. Geld, das zusammen mit den Waren entsteht, braucht kein Gold zum Erhalt der Wertstabilität. Solche Überlegungen waren der Bank von England völlig fremd. Ihr Geschäftskonzept war geprägt vom Run 1667. Da bei diesem Run Schatzwechsel als Deckung der Depotscheine akzeptiert worden waren, „deckte" die später gegründete Bank ihre Noten durch Schuldscheine.

Keine fundierte Geldtheorie, sondern zufällige praktische Erfahrungen haben unser Geldsystem tiefgreifend verändert. Spontanes Krisenmanagement hat wesentlich zur Gestaltung der Systemregeln beigetragen. Ein Jahrhundert später war das auslösende Erlebnis für die Gründung der Bank von England (der Run 1667) jedoch wahrscheinlich in Vergessenheit geraten. Jedenfalls kamen Zweifel auf, ob es sinnvoll sei, die Notenemission der Bank an die Staatsverschuldung zu koppeln. Dazu mehr im Kapitel 10.6. *Notenbank* (S.116ff.).

Vorerst waren die Banker mit ihrem System der Kreditvergabe zufrieden. Je mehr Akzeptanz die Noten der Bank von England im Handel erfuhren, desto größer wurde die Kreditnachfrage. Solange es sich um Kreditnachfrage durch private Unternehmen handelte, löste die Geldschöpfung keine Inflation aus. Im Gegenteil, die Bank von England eröffnete die Möglichkeit, die Geldmenge an den Geldbedarf der Wirtschaft anzupassen. Das ermöglichte eine Ausweitung der wirtschaftlichen Aktivitäten.

Damals wie heute gilt: In einem Kreditgeldsystem fördert Kreditaufnahme durch den Staat Inflation,[F] weil dadurch die Geldmenge und somit die Kaufkraft wächst ohne dass zugleich die Warenmenge zunimmt. Denn weder staatliche Dienstleistungen noch staatliche Investitionen erhöhen das Warenangebot.

Infolgedessen bildeten Bank und Staat schon bald eine unheilige Allianz. Die Bank brauchte den Staat als Bürgen im Falle eines Runs. Deshalb fiel es der Bank schwer, sich dem Staat als Geldquelle zu verweigern. Der Staat sah sich als Schirmherr der Bank berechtigt, auch die Dienste der Bank als Geldschöpferin zu nutzen. Deren Fähigkeit, Papier in Geld zu verwandeln, war zu verlockend. Doch wo sollte das hinführen? Laut Gesetz war die Notenemission (also die Geldschöpfung) der Bank an die Höhe der Staatsschuld gekoppelt. Durch Kreditaufnahme des Staates stieg die Staatsschuld und damit das Geldschöpfungspotential der Bank. Jeder Kredit an den Staat ermöglichte der Bank folglich neue Kredite zu vergeben. Dem System fehlte jede Logik. Einzig das Ansteigen der Zinslast auf die Staatsschuld konnte der staatlichen Kreditaufnahme Grenzen setzen.

Ein aus der Krise eines Bankenruns geborenes Institut steuerte auf eine neue Krise zu, eine Staatsschuldkrise. Der Staat war der wichtigste Geschäftspartner der Bank, als Bürge genauso wie als Kreditkunde. Die Bank war deshalb mehr als bereit, ihm aus der Krise zu helfen. Die Sicherung der Staatsfinanzen wurde zu einer inneren Angelegenheit der Bank, zu einer Existenzfrage. Die Bank hatte die staatlichen Schuldscheine in Gold verwandelt. Bald würde sie ein gegenteiliges Wunder vollbringen. Sie würde Schuldscheine verschwinden lassen. Dabei war die Bank von England clever genug auf einen fahrenden Zug aufzuspringen. Der Zug war in Paris gestartet. Wir schreiben das Jahr 1720.

[F] Es muss nicht zum Anstieg der Warenpreise kommen. Durch staatliche Kreditaufnahme geschaffenes Geld kann in Hände fließen, die keine Nachfrage auf den Warenmärkten, sondern nur auf den Wertpapiermärkten auslösen. Dann steigen nicht die Waren-, sondern die Wertpapierpreise, was nicht als Inflation angeprangert, sondern als Börsenboom gefeiert wird.

10.4. Wertpapiere

Spätestens seit dem 14. Jahrhundert
Staatsentschuldung durch Schuldscheinhandel

> Zu ihrer großen Bedeutung ist die Bank von England vor
> allem dadurch gekommen, daß sie von vornherein in
> engster Verbindung zum Staate gestanden hat. Viel wich-
> tiger als das Recht der Notenausgabe war für ihre Ent-
> wicklung die Tatsache, daß sie in immer stärkerem Maße
> zur Trägerin der staatlichen Geldwirtschaft wurde.
>
> Siegfried Wendt[189]

Kreditinstitute und Staat bildeten seit Gründung der Bank von England eine fast symbiotische Einheit. Beide brauchten einander. Das hätte die Grundlage einer konstruktiven Beziehung sein können. Doch beide waren unfähig einander Grenzen zu setzen und zu kontrollieren. Ursache dieser destruktiven Beziehung war und ist ein Leck im Geldkreislauf. Verursacht wird dieses Leck durch einen permanenten Geldabfluss aus der Realwirtschaft. Dieser Geldabfluss folgt u.a. aus dem Profitstreben, siehe Teil 1, Kapitel 4.1. sowie Teil 3, Kapitel 6.

Aufgrund der destruktiven Abhängigkeit konnte sich die Bank von England den Kreditwünschen des Staates nur schlecht entziehen. Selbst Geld, das der Staat eigenmächtig ohne die Bank geschaffen hatte, musste die Bank um ihrer selbst willen nachträglich legitimieren. So hatte der Staat seit 1697 Exchequer Bills ausgegeben. Die Bank stellte diese Bills (faktisch staatliches Papiergeld) 1708 ihren Noten gleich.[190] Durch diese Gleichstellung wurden die Exchequer Bills zu Noten der Bank von England und staatliches Papiergeld zu einem Bankkredit. Infolge der Zins- und Tilgungsspirale, in die der Staat durch seine Kreditaufnahme geriet, drohte kaum ein Vierteljahrhundert nach der Bankgründung der erste Staatsbankrott. Nun zeigte die Bank ihre Fähigkeit, den Staat zu entschulden, ohne durch Schuldenstreichung als Gläubiger mit unterzugehen. Alles, was man dazu brauchte, waren zwei Arten Wertpapiere und eine Börse. Beides war 1720 vorhanden und so konnte der Coup steigen.

Begonnen hatte der große Schwindel unter John Law in Frankreich. Diese Börsenspekulation ging als „Mississippiblase" in die Geschichte ein. Nachdem sie 1720 platzte, wurde Law als Betrüger gebrandmarkt. Doch auch die Engländer beherrschten diese Methode zur Staatsentschuldung. Sie reagierten rasch auf den Boom in Paris, um den Abfluss englischen Geldes nach Frankreich zu verhindern.

> Die Vorsteher der South Sea Company nahmen sich an Laws Modell ein Beispiel
> und planten ein eigenes Projekt zur Sanierung der englischen Staatsfinanzen.[191]

Ausgangspunkt der Spekulationswelle in London waren Aktien der *South Sea Company*. Diese Südseegesellschaft war eine englische Handelsorganisation. Durch Berichte über exorbitante Gewinnerwartungen wurden die Kurse dieser Aktien gezielt nach oben getrieben. In Erwartung weiterer Kurssteigerungen kaufte das Publikum diese Aktien bald zu einem Mehrfachen des Nennwertes. Es ahnte nicht, dass es mit den Südseeaktien eigentlich Schatzwechsel erwarb. Wie war das möglich?

In England betrug die Staatsschuld Anfang des 18. Jhs. etwa 50 Millionen £. Diese Staatsschuld existierte zugleich in Form von Schatzwechseln. Schatzwechsel besaßen wie alle Wertpapiere wunderbare Eigenschaften. Im vorigen Kapitel wurde gezeigt, wie sie sich in Gold verwandeln können. Jetzt vollführten diese Schuldscheine ein neues Wunder.

Partnerin in diesem Zauberkunststück war die Südseegesellschaft. Sie war bereits 1711 gegründet worden.[192] In die Gesellschaft wurden von der Bank von England 31 Millionen £ in Form von Schatzwechseln eingebracht. Die staatlichen Schuldscheine waren für die Gesellschaft Handelskapital. Ähnlich wie die Bank von England Banknoten im Umfang ihrer Schatzwechsel drucken ließ, schuf die Südseegesellschaft jetzt auf Basis der Schatzwechsel Südseeaktien im Nennwert von 31 Millionen £. Die Schatzwechsel wurden faktisch in Südseeaktien umetikettiert. Jetzt konnte die Werbetrommel gerührt werden. Je schneller die Aktienkurse stiegen, desto leichter verkauften sich die Aktien. Bis September 1720 nahm die Gesellschaft insgesamt schätzungsweise 80 Millionen £ durch Aktienverkäufe ein. Unter dem Namen Südseeaktien wurden tatsächlich Schatzwechsel im Wert von 31 Millionen £ für etwa 80 Millionen £ verkauft. Nun überließ die Gesellschaft die Aktienkurse sich selbst. Es kam zu einem rasanten Kurssturz. Aktien die Ende August 1.000 £ gekostet hatten, fielen bis Anfang Oktober auf 290 £, also um mehr als 70%. Mit dem Kurs der Südseeaktien sank auch der Kurs der entsprechenden Staatsschulden um 70%, denn die Südseeaktien waren nur an die Stelle der Schatzwechsel getreten. Mit den Guthaben der Aktionär*innen verschwanden so zugleich große Teile der Staatsschulden.[193]

Die Geschichte lässt sich auch so erzählen: Die Bank verkaufte Schatzwechsel im Wert von 31 Millionen £ an die Südseegesellschaft und verwendete dieses Geld zur Tilgung dieser Staatsschuld.[G] Die Südseegesellschaft betrachtete diese Schatzwechsel als ihr Kapital und gab Südseeaktien in gleichem Umfang aus. Das ahnungslose Publikum kauft diese Aktien teilweise zu Kursen weit über dem Nennwert. Dadurch nahm die Südseegesellschaft für investierte 31 Millionen £

[G]   In der Europäischen Bankengeschichte (1993) lesen wir etwas geheimnisvoll: Die spekulative Atmosphäre um die Kurssteigerungen der Aktien war der Vorgang, hinter dem die Umwandlung der Rententitel in Aktien vor sich ging. (S. 168) [Rententitel sind Staatsschuldscheine, d.A.]

etwa 80 Millionen £ ein. Mit dem Profit von 49 Millionen £ konnte die Gesellschaft die Südseeaktien nach dem Kurssturz bequem von den betrogenen Aktionär*innen zurück kaufen und vernichten. Danach blieb noch genug Profit für die Finanzjongleure übrig.

60% der englischen Staatsschuld waren durch diesen Deal getilgt worden. Denn die Staatsschuld von 50 Millionen war um 31 Millionen gesunken. Diese 31 Millionen hatten all jene bezahlt, die Südseeaktien zu einem überhöhten Kurs von der Company gekauft hatten. Zu dieser Staatsentschuldung hat auch Sir Isaac Newton beigetragen. Er verlor durch spekulative Aktienkäufe während der Südseeblase 20.000 £.

Interessant an dieser Geschichte ist, wie Schuldscheine hier als Kapital fungierten. Die Bank von England hat kein Geld, sondern ihre Staatsschuldscheine (Schatzwechsel) als Kapital in die Südseegesellschaft eingebracht. Sie hat Geld, das sie dem Staat geliehen hatte, wundersamerweise zugleich in die Südseegesellschaft investiert. Diese Möglichkeiten der neuen Kreditinstitute hätten König Midas wahrscheinlich irre werden lassen.

Dass diese Spekulationsblase ein verschleierter Staatsbankrott war, ließ sich bestenfalls durch einen Blick hinter die Kulissen feststellen. Denn nicht die Kurse der Schatzwechsel, sondern die der Südseeaktien stürzten in den Keller. Bank und Staat erschienen auch nach dem Platzen der Blase solide. Lediglich die Südseegesellschaft hatte ihren Ruf ruiniert. Da ihre Verbindung zur Bank und zum Staat nicht erkennbar waren, konnte ihr Ruin deren Ansehen nicht schädigen. Die Bank von England hatte sich damit im Sinne Heinrich Rittershausens als stark erwiesen.

> Stark war sie [die Bank, d.A.], wenn sie eventuell sogar Teile der Geldvermögen der Bürger vernichtete – wovon freilich nicht gesprochen wurde – und das entstehende Vakuum an Geld für den Staat nutzbar machte.[194]

Die gleiche Methode wurde fast zeitgleich in Frankreich angewendet.[195] Den Franzosen gelang es jedoch nur gut 30% ihrer Schulden los zu werden. Allerdings hatte ihre Staatsschuld infolge der Regentschaft des Sonnenkönigs umgerechnet 2,2 Milliarden £ betragen, von denen nach dem Coup „nur" 1,5 Milliarden £ verblieben. Dieses Ganovenstück war die Leistung des Schotten John Law. Er inszenierte die Mississippikrise in Frankreich und gilt deshalb als Erfinder dieser eleganten Bankrottverschleierung. Fakt ist jedoch, dass die Engländer die beiden Instrumente für dieses Illusionstheater bereits vor John Law besaßen. Law hatte die notwendige Bank und die gleichfalls notwendige Handelsgesellschaft erst 1716 in Frankreich gegründet. In England gab es die Bank seit 1694 und die Handelsgesellschaft seit 1711. Fakt ist allerdings auch, dass die Engländer ihre eigene Südseespekulation erst richtig anheizten, als Laws System bereits zu kriseln begann, wohl wissend, dass Laws Aktienspekulation zu einer umfangreichen Vernichtung nicht nur von Staatsschuldscheinen, sondern im Gegenzug auch von privatem Vermögen führen musste.

Bereits damals war die Welt so klein, dass die Mär von den gigantischen Gewinnmöglichkeiten durch Handel mit französischen Mississippiaktien auf die Insel gelangt war. Das hatte zur Folge, dass englisches Geld nach Frankreich zu strömen begann. Um der Vernichtung englischer Vermögen im Zuge der Verringerung der französischen Staatsschuld entgegenzuwirken, weiteten die Engländer im April 1720 ihren Handel mit Südseeaktien spekulativ aus. Sie wollten das Geld ihrer Landsleute lieber der Tilgung der eigenen Staatsschuld zuführen, als es den Franzosen zu überlassen.

Dass sie vor dem Zusammenbruch des französischen Aktienschwindels entschlossen auf den fahrenden Zug aufsprangen, macht deutlich, dass ihnen das Ziel der Lawschen Spekulation vollkommen klar war. Lord Oxford, der mit seiner Südseegesellschaft seit 1711 an einer schleichenden Staatsentschuldung arbeitete, konnte nicht zulassen, dass ein Hasardeur ihm die Show, genauer gesagt das Kapital, stahl. Nur bevorzugten die Engländer eher feinere Methoden.

Dass sie die eigentlichen Erfinder des Staatsbankrottsystems per Aktienschwindel sind, beweist, dass sie die dazu notwendigen Instrumente bereits vor den Franzosen besaßen und in der Lage waren, rechtzeitig vor dem Bankrott des französischen Systems ihre Schäfchen ins Trockene zu bringen. Mehr noch, es gelang ihnen, den größten Teil ihrer Staatsschuld durch diesen Deal zu tilgen und trotzdem – was das Wesentliche ist – die Bank von England vor einem Vertrauensverlust und damit vor dem Ruin zu bewahren. Die von Law 1716 gegründete

Banque Generale als erste Notenbank Frankreichs[196]

überstand den Zusammenbruch hingegen nicht.

England gebührt das Verdienst das System des Aktienschwindels nicht nur erfunden, sondern auch sehr erfolgreich angewandt zu haben. Der in Frankreich mehr schlecht als recht brillierende Schotte Law, war in England gewissermaßen zur Schule gegangen. Die Engländer werden Law gern den Ruhm überlassen haben, Papiergeld und verschleierten Staatsbankrott erfunden zu haben.[197] So sicherten sie ihrer Bank und ihrem Geldsystem ein seriöses Ansehen. Das war wohl ihre größte Leistung in diesem Manöver.

Das Doppelwesen der Schuldscheine als Schuldscheine zugleich Vermögenswerte zu sein, hat das Bankwesen seitdem von Grund auf verändert. Dieses Doppelwesen hat auch die Ökonomie von Grund auf verändert, denn daraus erwuchsen völlig neue Möglichkeiten zur Selbstvermehrung von Geld. Eine Voraussetzung für diese enthemmte Geldvermehrung war die Befreiung der Banker von den Folgen ihres Tuns. Doch bevor wir uns den die Welt verändernden Notenbanken zuwenden, ein kurzer Blick in eine Sackgasse der Geldgeschichte.

10.5. Zettelgeld

Seit dem 10. Jh. in China, seit dem 13. Jh. in Europa
Staatliche Bankzettel – ein chinesisches Modell

> Schon in der Mitte des 16ten Jahrhunderts kommen Institute vor, welche offenbar den Umlauf von Papiergelde zur Bestimmung hatten. In diese Zeit fällt die Errichtung der öffentlichen Banken, deren Zweck kein anderer ist, als Geld in Papier zu repräsentieren.
>
> Carl Einert[198]

Die ersten Banken, die Geldscheine ausgaben, entstanden in China während der Mongolenherrschaft in der Yüan- bzw. Yuan-Dynastie (etwa 1279-1368), siehe Kapitel 14. *China* (S. 152ff.). Obwohl Marco Polos Berichte von chinesischem Papiergeld (Zettelgeld) Anfang des 14. Jhs. in Europa auf Unglauben stießen, setzten hier bald ähnliche Entwicklungen ein. Soweit erkennbar, basierten alle frühen Papiergeldemissionen auf dem Depot von Münzgeld bzw. Münzmetall. Die emittierten Bankzettel waren kein Kreditgeld wie das spätere Papiergeld. Sie entstanden als Depotscheine bzw. Quittungen. In Abgrenzung zum durch Kreditaufnahme entstehenden Papiergeld (siehe gleichnamiges Kapitel 10.9., S. 131ff.) nenne ich diese Geldscheine Zettelgeld. Wann dieser Begriff zum ersten mal auftaucht, ist mir nicht bekannt. Doch Banken, die diese frühen Bankzettel emittierten, wurden mindestens ab dem 18. Jh. zuweilen Zettelbanken genannt. Entstanden sind die ersten europäischen Zettelbanken jedoch schon im 14. Jh. in Italien.

> Die Fortentwicklung der montes in der Richtung des Depositengeschäftes brachte noch eine interessante Erscheinung, die sogenannten Bankzettel (cedulae bancariae). Insbesondere die öffentlichen Banken gaben zweierlei Arten von Papieren aus, nämlich
>
> 1. die *promissio de solvendo*, welche ein Zahlungsversprechen enthielten, und
>
> 2. eine Gutschriftsbescheinigung über die Eintragung im Bankbuch (Schuldbekenntnis), die sogenannten *promissiones in banco*.[199]

Die 1. Art der hier beschriebener Bankzettel (*promissio de solvendo*) waren eine Form des Bankakzepts. Hingegen lassen sich die „Gutschriftsbescheinigungen" mit den Golddepotscheinen in ihrer ursprünglichen Form vergleichen. Aber anders als die Londoner Golddepotscheine blieben die italienischen Bankzettel immer Depotscheine und wurden nie zu Kreditgeld.

Auch wenn die europäische Entwicklung nicht aus der chinesischen hervorgegangen sein sollte, so weist die Entwicklung von Zettelbanken in Europa doch Parallelen zur Entwicklung in China auf. In beiden Fällen entwickelten sich die

Zettelbanken aus dem Depot- und Wechselgeschäft. In beiden Fällen versuchte die Staatsmacht sich das Geldschöpfungsmonopol anzueignen, nachdem die Depotscheine zunehmend als Zahlungsmittel verwendet wurden. Die kaiserliche Zentralmacht erlag in China immer wieder der Versuchung das Geldschöpfungsmonopol durch Drucken ungedeckter Scheine zur Kriegsfinanzierung zu missbrauchen. Infolgedessen kam es nachfolgend immer wieder zu Inflationen. Wegen der wiederholten Geldentwertungen konnten schließlich auch die strengsten Gesetze dem chinesischen Zettelgeld keine Akzeptanz mehr auf dem Markt verschaffen. Deshalb wurde das Papiergeld Mitte des 17. Jhs. schließlich aufgegeben.

In Europa verlief die Entwicklung wegen des Fehlens einer Zentralmacht etwas anders. In den italienischen Stadtstaaten hatte das Patriziat seit langem politische Mitsprache, wenn es nicht sogar direkt regierte. Deshalb konnte sich das Zettelgeld der italienischen Banken oft neben anderen Zahlungsmitteln behaupten. Doch auch hier wurden Zettelbanken immer wieder zur Kriegsfinanzierung missbraucht. Dann gab der Staat Zettelgeld aus, dass nicht durch Münzgeld gedeckt war. Dieses Zettelgeld war aber auch nicht durch Waren gedeckt, denn es wurde für kriegsnotwendige Ausrüstung und Sold ausgegeben. Durch die Soldzahlungen stiegen die Nahrungsmittelpreise, denn es traf mehr Geld auf ein konstantes oder gar sinkendes Nahrungsangebot.

Das Geld für die Kriegsausrüstung wanderte in die Truhen der Kaufleute, die die Armeen belieferten. Sie brauchten den größten Teil dieser Einnahmen nicht als Kaufmittel für Waren, hatten also keinen Bedarf das Zettelgeld als Tauschmittel zu nutzen. Für sie war dieses Geld Kapital. Deshalb wollten sie es in Münzmetall einlösen. Das brachte die Zettelbanken irgendwann in Zahlungsschwierigkeiten. So folgten auf Kriege meist Bankrotte.

Im 18. Jh. war auch der europäische Adel nördlich der Alpen bestrebt, Zettelbanken zu errichten. Unklar ist, ob noch die italienischen Zettelbanken oder schon die Londoner Notenbank das Vorbild dafür lieferten, denn der Adel förderte Bankprojekte ohne tiefere ökonomische Einsichten. Deshalb scheiterten diese Projekte meist über kurz oder lang. Leverkus berichtet:

> Die ersten deutschen Banknoten stammen aus einer erstaunlich frühen Zeit. Bereits 1705 gründete der dicke „Jan Wellem", Kurfürst Johann Wilhelm (1690-1716), Herzog von Jülich und Berg zu Düsseldorf und Schwiegersohn Kaiser Ferdinand III., die „Banco di gyro d'affrancatione". Johann Wilhelms familiäre Beziehungen zum Wiener Hof legen die Vermutung nahe, dass seine Bankgründung durch die der österreichischen „Banco del Giro" von 1703, die ebenfalls als Notenbank geplant war, aus Mangel an Vertrauen jedoch von der Notenausgabe Abstand nehmen musste, angeregt worden war.[200]

Zettelgeld teilte mit Banknoten den Nimbus durch Metallgeld gedeckt zu sein.

Beide Geldscheinarten lösten sich jedoch bald von der Münzdeckung. Darin lagen die Gemeinsamkeiten. Die Unterschiede zwischen Zettelgeld und Banknoten folgten aus den Prinzipen der Geldvermehrung. Zettelgeld wurde infolge des Geldbedarfs eines Konsumenten (dem staatlichen Geldschöpfer) meist zur Kriegsfinanzierung gedruckt. Es war eine Art Vollgeld, das ohne Vermehrung des Warenangebotes geschöpft wurde. Banknoten (im Gegensatz zum Zettelgeld echtes Kreditgeld) wurden infolge des Geldbedarfs von Kaufleuten oder Unternehmen verliehen. Durch die wirtschaftlichen Aktivitäten der Kreditnehmenden folgte der Geldvermehrung bald eine Vermehrung des Warenangebotes. Das machte Banknoten erfolgreich und ließ Zettelgeld in China und Europa scheitern. Das Verleihen der Banknoten belebte die Wirtschaft und förderte Produktion und Wohlstand. Die rein konsumtive Vermehrung des Zettelgeldes zur Kriegsfinanzierung führte hingegen immer wieder zu Inflation.

Im Laufe der Geschichte wird der Staat wiederholt versuchen, sich das Recht Banknoten zu schöpfen, anzueignen. Gelingt ihm das, werden Banknoten faktisch zu Zettelgeld, denn auf die Inflation folgt oft der Staatsbankrott. Durch den Schuldenschnitt wird aus Kreditgeld nachträglich Vollgeld (S. 128). Doch greifen wir nicht vor. Der Siegeszug der Banknoten gelang, weil sie *kein staatliches* Geld, sondern Geld der Kaufleute waren. *Private* Notenbanken machten Banknoten zu allgemeinen Zahlungsmitteln. Wieder zeigt sich, dass Kaufleute neue Zahlungsmittel entwickelt, auf dem Markt als Geld eingeführt und durchgesetzt haben.

10.6. Notenbank

Seit 1695
Entlassung aus der persönlichen Haftung

> Trennung von Haushalt und Erwerbsbetrieb... ist ein Charakteristikum der modernen Wirtschaftsverfassung und wird sogar vom Gesetz erzwungen.
>
> Max Weber[201]

Der Begriff Notenbank wird – wie viele Begriffe der Ökonomie – verschieden verwendet. Ich verstehe darunter eine Privatnotenbank, also ein privates Kreditinstitut, das das Recht hat, Banknoten zu drucken und auszugeben. Oft werden auch Zentralbanken als Notenbanken bezeichnet. Zwar haben auch die das Recht Banknoten zu drucken und auszugeben, doch unterscheiden sie sich in vielen Punkten von privaten Notenbanken. Ich trenne deshalb beide Banktypen und widme den

Zentralnotenbanken ein eigenes Kapitel: *Zentralbank* (S.127ff.).

Da die Bank von England die ersten Banknoten emittierte, war sie folgerichtig die erste Notenbank. Das neue an den Banknoten war, dass nun bedruckte Zettel zu Zahlungsmitteln wurden. In den vergangenen Jahrhunderten waren neben dem Münzgeld nach und nach verschiedene handschriftliche Urkunden als Zahlungsmittel in Gebrauch gekommen. Kaufleute konnten mit Eigenwechseln und später mit Bankakzepten bezahlen. Auch Verrechnungen und Giroüberweisungen waren unter Kaufleuten bereits möglich geworden. Doch diese Zahlungsmittel waren auf bestimmte Personenkreise beschränkt geblieben. Die Banknote war für das Kreditgeld was die Münze für das bronze- und eisenzeitliche Metallgeld gewesen war. Sie ermöglichte den allgemeinen Gebrauch dieses Zahlungsmittels.

Wir beobachten hier eine analoge Entwicklung wie beim Entstehen des Münzgeldes. Auf dem Markt entwickelte sich ein Tauschmittel. Kaufleute schufen ein Regelwerk für dessen Herstellung und Gebrauch. Kaufleute schufen auch die ersten Banken nach ihren Bedürfnissen. Diese erleichterten die Kontrolle, den Gebrauch und die Verwaltung des Geldes. Mit dem Entstehen der Notenbanken bürgten die Notenbanken nun für den Wert ihrer Banknoten. Diese Bürgschaft bestand in der Zusicherung, eine Banknote bei Bedarf in Gold einzulösen. Da die Bankinstitute Privatbanken waren, war auch die Bürgschaft eine private. Was diese Bürgschaft wert war, wird im nächsten Kapitel untersucht.

In den vorangegangenen Unterkapiteln zu Kapitel 10 wurde schlaglichtartig beleuchtet, welche neuen Möglichkeiten eine Notenbank gegenüber früheren Banken hatte. Insbesondere die Allianz mit dem Staat schuf jedoch auch völlig neue Risiken. Unbegrenzte Kreditvergaben an einen zahlungsunwilligen oder -unfähigen Schuldner erzeugten gigantische Schulden. Bisher mussten Kaufleute und Banker mit ihrem gesamten Privatvermögen für ihre Geschäfte haften. Dabei galt, je mächtiger ein Schuldner, desto geringer die Chance der Gläubiger*innen ihr Recht auf Rückzahlung ihrer Kredite durchzusetzen. Es war also immer auch persönliches Risiko einem Staat Kredit zu geben.

Das musste ein Onkel Jakob Fuggers erfahren. Lukas Fugger vom Reh hatte dem noch ungekrönten Habsburger Maximilian (ab 1493 deutscher Kaiser) 10.000 Gulden geliehen. Maximilian hatte ihm dafür die Steuern der fernen Stadt Leuven verpfändet. Doch die stolze Stadt in Brabant war unwillig, die Schulden des inzwischen zum Kaiser gekrönten Maximilian I. zu bezahlen. Lukas Fugger vom Reh hingegen war unfähig sein Recht durchzusetzen. Als sein Bankrott in Augsburg bekannt wurde, verlangten alle seine Gläubiger*innen umgehend ihr Geld zurück, sogar seine Frau und seine Kinder. Am Ende blieben dem einst als „Midas von Augsburg" bewunderten Mann von seinen gesamten Besitztümern vier silberne Becher und vier „beschlagene Löffel".[202]

Solch strenge Inhaftungnahme war auch später noch üblich. So ließ z.B. Preußens König einen Bankdirektor verhaften. Friedrich II. hatte 1772 unter dem Namen „Preußische Seehandlung" eine Zettelbank gegründet, um den Fernhandel zu fördern. Für den aufgeklärten König stand der Adel nicht mehr außerhalb des Gesetzes wie im absolutistisch regierten Frankreich. Doch gerade die Autorität des Königs, aber auch die Abwicklung der Kreditgeschäfte bewirkten, dass die Preußische Seehandlung keine Notenbank nach englischen Vorbild wurde. Sie war nur ein Zettelbank, die im wesentlichen den chinesischen Vorläufern glich, siehe Kapitel 14. *China*. Als der König den zweiten Direktor seiner Bank 1782 wegen unsauberer Geschäfte verurteilen ließ, wollte er den Ruf seiner Bank retten. Tatsächlich erregte es Aufsehen als Friedrich Christoph von Goerne trotz seines Adelsstandes in Festungshaft genommen und 1 Million aus seinem Privatvermögen beschlagnahmt wurden.[203] Dennoch gewann die königliche Bank kaum wirtschaftliche Bedeutung.

Was Friedrich Christoph von Goerne widerfuhr konnte den Direktoren einer Notenbank schwerlich widerfahren. Nicht Adelsprivilegien, sondern ganz neue Privilegien schützten sie vor dem Arm des Gesetzes. Einer Zettelbank diktierte der Staat die Regeln, eine Notenbank hingegen diktierte dem Staat die Gesetze.

Die Preußische Seehandlung (eine Zettelbank) war eine Gründung des Königs, die Bank von England (eine Notenbank) eine Gründung der Kaufleute. Beide Banktypen sollten auch dem Staat dienen. Beide sollten Geld aus dem Nichts schaffen. Wer aber sollte haften? Den Londoner Bankern war klar, dass sie privat für die Kredite der Bank nicht haften konnten, selbst wenn sie gewollt hätten.

Lukas Fugger vom Reh hatte sein eigenes Geld verliehen. Als er es nicht zurück bekam, blieben seine Taschen und Truhen leer. Die Londoner Banker verliehen Geld, das es vorher nicht gegeben hatte. Folglich konnte das Eigenkapital der Banken mit wachsender Kreditausweitung nicht reichen, faule Kredite[H] zu tilgen. Die Notenbanker wußten, dass ihr haftendes Stammkapital und ihre Privatvermögen größere Kreditausfälle nicht abfangen konnten. Das Ausfallrisiko wuchs parallel zur Höhe der Staatsschuld.

So wie die Bank durch den Staat erpresst werden konnte, gab es auch eine umgekehrte Abhängigkeit. Konnte der Staat sich die Bank in seiner Funktion als Bürge verpflichten, konnte die Bank den Staat als Geldgeberin unter Druck setzen. So gelang es den Bankern 1798 aus der persönlichen Haftung entlassen zu werden.[204] Ein Jahr nachdem die Goldeinlösung ihrer Noten aufgehoben worden war.[205] Haftungsbegrenzung bedeutet, dass die Banker seitdem nicht mehr mit ihrem gesamten Privatvermögen hafteten, sondern nur noch mit dem in das Unternehmen eingebrachte Kapital.

[H]   Kredite, die nicht zurück gezahlt wurden.

Luca Pacioli hat 1494 von den Kaufleuten noch verlangt, ein Inventar ihres gesamten Vermögens anzulegen, einschließlich Kleidern, Tassen, Löffeln, Bett- und Tischtüchern, Federbetten und Kopfkissen etc. (die Liste umfasst mehrere Seiten)[206]. Dieses Inventar war Teil des Vermögenskontos, aus dem ggf. auch Verluste der Firma bezahlt werden mussten. Deshalb blieben Lukas Fugger vom Reh am Ende nur besagte 4 Becher und Löffel. Spätestens seit der Haftungsbegrenzung ist das private Vermögen der Banker*innen vom Vermögen der Bank getrennt.

Die Haftungsbegrenzung gilt nicht nur für Banken. Die Entlassung aus der persönlichen Haftung markiert das Ende der eigenverantwortlichen Unternehmer*innen. Nun wurde es möglich, Gewinne zu privatisieren und Verluste zu verstaatlichen. Mit den Notenbanken begann der Siegeszug des Kreditgeldsystems. Dieser Siegeszug ging einher mit dem Untergang der ehrbaren Kaufleute. Konnte Profit bis zur Durchsetzung der Haftungsbegrenzung zumindest moralisch damit begründet werden, dass Unternehmer*innen ein persönliches Risiko trugen, ist diese moralische Legitimation des Profits durch die Haftungsbegrenzung hinfällig geworden. Obwohl sich Unternehmer*innen seitdem einer persönlichen Haftung entziehen können, wird dieses Argument jedoch ungebrochen weiter benutzt.

1798 wurde die Bankgesetzgebung auch in anderer Beziehung realitätsnäher. Die Notenemission (die Ausgabe von Banknoten) wurde von der wachsenden Staatsverschuldung abgekoppelt.[207] Es war zumindest teilweise erkannt worden, dass es keinen sinnvollen Zusammenhang zwischen der umlaufenden Menge an Banknoten und den vorhandenen Schatzwechseln gab. Statt dessen wurde die Notenemission an den Umfang eingereichter spezieller Wechsel gekoppelt.

Notenemission erfolgte hinfort durch Diskontieren von Wechseln. Das bedeutet nichts anderes als das Wechsel (individuelle Schuldscheine) in Banknoten (standardisierte Schuldscheine) umgetauscht wurden. Große Wechselschulden wurden in kleine Banknoten zerlegt, eben diskontiert. Dabei wurden befristete verzinste Wechsel in unbefristete unverzinste Inhabersichtwechsel (Banknoten) umgetauscht. Die Banknoten entsprachen damit eher dem Wesen unvergänglichen Münzgeldes als vergänglichen Kreditgeldes. Hier bahnte sich eine neue Mutation des Geldwesens an. Mehr dazu im Kapitel 10.8. *Zentralbank* (S. 127ff.).

Während in England die erste Notenbank 1694 gegründet wurde[1] und sich in Frankreich nach dem Scheitern von John Laws Mississippischwindel nach der französischen Revolution Notenbanken durchsetzten, scheiterte in Deutschland noch 1848 die Revolution auch am Versuch Notenbanken allgemein zu etablieren. Allerdings entstanden im damals noch immer kleinstaatlich zersplitterten Deutschland erste private Notenbanken schon vor dem 1870 erlassenen Aktien-

---

[1] 1694 gegründet, öffnete die Bank von England 1695 ihre Schalter.

bankengesetz.[J] Dieses Gesetz schuf endlich die Grundlage für die deutschen Kreditinstitute. Der Staat hatte durch das Gesetz die Notenbanken aber nicht erschaffen, sondern dem drängenden Bedürfnis der Wirtschaft nur ein verbindliches Regelwerk geliefert. Ein Staat kann Geld nicht per Gesetz definieren (siehe Textkasten S. 50). Geld braucht die Akzeptanz der Kaufleute. Deshalb blieben staatliche Zettelbanken mehr oder weniger erfolglos und nicht ihrem Vollgeld (S. 128), sondern dem Kreditgeld der Kaufleute gehört die Zukunft. Josef von Sonnenfels weiß warum:

> Je unbeschränkter also eine Monarchie ist, desto begränzter ist ihr Kredit: der Despotismus hat gar keinen.[208]

Doch zurück zu den Regeln der Emission von Banknoten. Indem Wechsel der Kaufleute diskontiert wurden, konnte die Geldmenge an den Bedarf des Handels angepasst werden. Der Bankdirektor Friedrich Bendixen sieht in dieser Kopplung eine sinnvolle Steuerung der Geldmenge. Er schreibt 1907 an Professor Knapp:

> Die Aufgabe der Geldschöpfung ist es, den Parallelismus zwischen Geld und Verbrauchsgütern durchzuführen! Diese Aufgabe erfüllt – freilich ohne tiefere Einsicht des Prinzips – die Warenwechsel diskontierende Notenbank.[209]

Alles spricht für eine Kopplung der Geldmenge an Warenwechsel. Doch die Notenbanken machten daraus kein Prinzip. So erhielt sich der Glaube an eine notwendige Golddeckung bis in unsere heutigen Tage – mit verheerenden Folgen.

10.7. Goldstandard

Seit 1695, offiziell erst seit dem 19. Jahrhundert
Von der Götzenanbetung zum Ende der Bareinlösung

> Du sollst diese Dornenkrone nicht auf das Haupt der Arbeit drücken; du sollst die Menschheit nicht an ein goldenes Kreuz schlagen.
>
> William Jennings Bryan[210]

Juristische Festlegungen eines Goldstandards gab es wohl erst im 19. Jh. Bis dahin herrschte in vielen Ländern der sogenannte Bimetallismus, d.h. sowohl

---

[J] Leverkus (1990), S.133: „Für den Norddeutschen Bund wurde im März 1870 ein Banknotensperrgesetz erlassen. Bevor dessen Geltung auch auf Süddeutschland ausgedehnt werden konnte, entstanden schnell noch die Badische Bank in Mannheim, die Württembergische Bank in Stuttgart und die Bank für Süddeutschland in Darmstadt. Einschließlich der schon 1835 gegründeten Bayrischen Notenbank sowie der Notenbanken anderer Teilstaaten gab es danach 33 deutsche Banken mit dem Recht zur Notenausgabe."

Gold als auch Silber waren Währungsmetalle. Zwischen beiden Metallen bestanden mehr oder weniger feste Wechselkurse, die jedoch regional unterschiedlich waren. Schwankende Erzförderung und andere Faktoren boten in diesem Währungschaos viel Raum für Währungsspekulationen. Die Mehrheit der umlaufenden Münzen bestand jedenfalls aus Silber. Wenn bisher von Bareinlösung von Wechseln oder Banknoten gesprochen wurde, war damit auch nicht zwangsweise eine Einlösung in Gold gemeint. Es ist nicht mal klar, ob die Golddepotscheine alle auf Gold lauteten oder nicht auch auf Silber. Wechsel (und wahrscheinlich auch Banknoten) konnten jedenfalls sowohl in Gold als auch in Silber eingelöst werden. In Schweden gab es zeitweise sogar nur Kupfergeld; siehe Textkasten zur *Stockholms Banco* S. 99.

In den folgenden Betrachtungen geht es daher nicht um den Goldstandard im engeren Sinn. Vielmehr geht es um den Zusammenhang zwischen dem papiernen Kreditgeld und dem Münzmetall. Ich verstehe unter Goldstandard im Folgenden also jede Pflicht zur Bareinlösung von Wechseln oder Banknoten; egal in welchem Metall und egal auf welcher juristischen Grundlage die Einlösung erfolgen sollte. Bereits im Kapitel 8.4. *Eigenwechsel* (S. 77ff.) wurde gezeigt, dass die Einlösepflicht immer mehr zur Floskel wurde. Denn durch Verrechnen von Wechselforderungen und Wechselschulden löste sich der größte Teil dieses selbst geschaffenen Kreditgeldes einfach auf, weil Plus und Minus sich aufheben. Durch die Möglichkeit zum Indossament (der Weitergabe fremder Wechsel) wurde es nun auch möglich eigene Wechsel mit fremden zu bezahlen. Auch dadurch wurde eine Bareinlösung überflüssig.

Mit den in London entstandenen Golddepotscheinen kehrte noch einmal eine Pflicht zur vollkommenen Bareinlösung zurück, nur um wenige Jahrzehnte später durch eine Einlösung mittels Schatzwechseln (Staatsschuldscheinen) ersetzt zu werden. Schatzwechsel waren auch die juristisch festgelegte Deckung der ersten englischen Banknoten. Hier zeigt sich ein Wesensmerkmal von Geld. Seine Akzeptanz basiert auf Vertrauen. Dieses Vertrauen gründet nicht auf Fakten, sondern auf Glauben. Eine real vorhandene Golddeckung der Banknoten war nicht nötig. Es genügte die Inszenierung der öffentlichen Entgegennahme der Goldeinlagen vor Gründung der Bank und der Aufdruck auf den Banknoten, dass sie bei Vorlage eingelöst würden. Gerade deshalb war es für die Akzeptanz der Banknoten existenziell, die Illusion einer Golddeckung aufrecht zu erhalten.

Es müsste nun klar geworden sein, dass es eine 100%-ige Gold- oder Metalldeckung bestenfalls in den Anfangsjahren der Golddepotscheine gegeben hat. Banknoten waren zu keinem Zeitpunkt zu 100% durch Gold oder Silber gedeckt. Wegen der stets nur anteilig vorhandenen Deckung wurde die Einlösepflicht in Krisenzeiten regelmäßig aufgehoben. In London geschah das erstmals 1745. Bemerkenswert war die Reaktion der Gewerbetreibenden, die anonym überliefert ist.

> Verschiedene ansehnliche Kaufleute, Handwerker und Besitzer der öffentlichen Fonds in London...

erklärten am Donnerstag den 26. September 1745

> „Wir Endes unterschriebenen Kaufleute u.s.f., die wir überzeugt sind, wie nothwendig es in diesen Zeiten ist den öffentlichen Credit aufrecht zu erhalten, erklären hiermit, daß wir uns nicht weigern wollen Bankzetteln statt der Bezahlung irgend einer Geldsumme, die wir zu fordern haben, anzunehmen, und wir wollen alles anwenden, alle unsre Zahlungen auf dieselbe Art zu verrichten."

Um 4 Uhr Nachmittag hatten schon 1140 Personen unterzeichnet.[211]

Offensichtlich war den Gewerbetreibenden das umlaufende Geld wichtiger als irgendwo deponiertes Metall. Augenscheinlich bedurfte es keiner langen Aufklärung zum Sammeln der Unterschriften. Die Geschäftsleute wussten, dass Geld als Tauschmittel auf dem Markt benötigt wird. Die Metalldeckung war ihnen nicht wesentlich. Trotz dieses bemerkenswerten Entschlusses, der

> den brittischen Kaufleuten ... ewig Ehre machen[212]

wird, wurde die Goldeinlösung wenig später wieder eingeführt,[213] um noch im gleichen Jahr erneut aufgehoben zu werden. Die 1797 verkündete Aufhebung der Goldeinlösung[214] dauerte dann mehr als 20 Jahre. Dass die Pflicht zur Bareinlösung nach so langer Zeit wieder eingeführt wurde, hatte nichts mehr damit zu tun, den Banknoten Akzeptanz auf dem Markt zu verschaffen. Nach 23 Jahren ohne Einlösepflicht waren Banknoten nicht aus dem Verkehr verschwunden, sondern allgemein akzeptierte Zahlungsmittel geworden. Die Einlösepflicht wurde jedoch als Instrument der Geldmengensteuerung wieder eingeführt.

Jetzt erst – durch diese Funktionsänderung – wurde aus der Einlösepflicht das Goldstandardsystem. Nach langen Diskussionen wurde schließlich eine $1/3$ Deckung für gut befunden. D.h. die Bank von England und andere Notenbanken sollten so viel Gold in ihren Kellern verwahren, dass sie $1/3$ ihrer eigenen in Umlauf gebrachten Banknoten jederzeit in Gold einlösen können. Es blieb jeder Notenbank überlassen, ihre Golddeckung an ihren Banknotenumlauf anzupassen bzw. den Umlauf eigener Banknoten an die vorhandene eigene Golddeckung. Das Goldstandardsystem bot so einen relativ verlässlichen Schutz vor Inflation. Gerade deshalb konnte es missbraucht werden, eine weit schlimmere Geißel über die Menschen zu bringen: die Deflation.

Die Destruktionskraft des Goldstandardsystems soll an der amerikanischen Deflationskrise von 1907 veranschaulicht werden. Eine von John Pierpont Morgan und John Davison Rockefeller gezielt geplante Geldverknappung löste eine schwere Wirtschaftskrise aus. Das Nettoinlandsprodukt sank in den USA dramatisch. Millionen Menschen verloren kurzfristig Arbeit und Einkommen. Beide

Wirtschaftsriesen hatten jeweils eigene Gründe für ihre Machtdemonstration. Morgan wollte zwei Konkurrenten im Montangeschäft ausschalten. Rockefeller protestierte gegen das Antitrustgesetz. Gemeinsam planten sie ihren Wirtschaftskrieg. Anhand der zum Teil widersprüchlichen Angaben von Fritz Schwarz,[215] wage ich eine eigene Rekonstruktion der Strategie und deren Auswirkung auf Größe und Zusammensetzung der Geldmenge. Die Maßnahmen wurden teilweise gleichzeitig durchgeführt. Zum Verständnis sei angemerkt, dass das Zentralbankgeld damals als goldgedeckt galt, weshalb private Banknoten statt in Gold in Zentralbankgeld eingelöst werden konnten. Goldeinzug verminderte in diesem System also direkt die Zentralbankgeldmenge und indirekt die Menge privater Noten.

Tabelle 5: Auslösen der Deflationskrise vom 22.8. bis 24.10.1907

Maßnahme	Auswirkung auf Umfang und Zusammensetzung der Geldmenge
Gründen von Scheinfirmen, die ca. 40 Mio. $ Kredite aufnehmen	Die Geldmenge wächst, aber nur in den Händen von Morgan und Rockefeller
Anlocken von ca. 200 Mio. $ Barreserven fremder Banken durch hohe Zinsen, Rückzahlung erst nach dem 22.8.	Die im Bankensystem verfügbare Zentralbankgeldmenge schrumpft und damit die Möglichkeit der Bareinlösung
Großzügige Kreditvergabe durch niedrige Kreditzinsen, Rückzahlungen vor dem 22.8. fällig	Die Geldmenge wächst: die Kaufkraft für Aktienkäufe nimmt zu, vor Ausbruch der Krise schrumpft die Geldmenge dann deutlich
Verkauf der gesamten eigenen Aktien	Die umlaufende Geldmenge schrumpft
Kauf von Staatsanleihen von anderen Notenbanken für ca. 260 Mio. $	Die umlaufende Geldmenge steigt, aber die Möglichkeit zum Umtausch in Zentralbankgeld sinkt
Verkauf der Staatsanleihen an die Zentralbank	Zentralbankgeldmenge wird in der Bilanz der Zentralbank ausgeweitet
Umtausch von amerikanischem Zentralbankgeld in englische Pfund	Rückfluss des Zentralbankgeldes in die Zentralbank, gleichzeitig Devisenabfluss, im Inland sinkt die Geldmenge
Einlösen von umgerechnet 125 Mio. $ in der Bank von England und Verschiffen dieses Goldes in die USA	In England und Teilen Europas sinkt die Geldmenge durch Kreditrückforderungen ohne Neuvergabe von Krediten

Das Maßnahmenpaket bewirkte insgesamt kein erkennbares Schrumpfen der Gesamtgeldmenge. Morgan und Rockefeller sollen die Geldmenge durch Kreditaufnahmen sogar um 600 Mio. $ aufgebläht haben.[216] Möglicherweise haben sie damit ihre Kriegskasse gefüllt. Die in der Tabelle aufgeführten Maßnahmen erhöhten jedoch ihre Kontrolle über die Zentralbankgeldmenge. Die Zentralbankgeldmenge ist der vermeintlich goldgedeckte Teil der Gesamtgeldmenge. Indem sie 200 Mio. $ Zentralbankgeld durch Termingeschäfte in ihre Banken gelockt hatten, konnten sie das Dreifache an umlaufendem Geld indirekt kontrollieren.

So gerüstet meldeten ihre Scheinfirmen am 22.8.1907 Konkurs an. Da der Goldabzug aus England in Teilen Europas Geldmangel ausgelöst hatte, erzeugten die Konkurse Panik. Es kam zum Bankenrun. Jetzt brauchten alle Banken viel Bargeld um ihre Kundengelder auszahlen zu können. Doch das hatten sie den Morganbanken geliehen. Diesmal gab es keine Erklärung von Gewerbetreibenden wie 1745, in der alle geschlossen auf eine Bareinlösung verzichteten. Das Kreditgeld war inzwischen vom Geld der Kaufleute zum allgemeinen Zahlungsmittel geworden. Dieser Allgemeinheit fehlte jedes Wissen über das Geld, um durch eine gemeinsame Aktion die Krise abzuwenden.

Die Versuche der Notenbanken, ihre als Termingelder bei den Morganbanken angelegten Barreserven vorfristig zurück zu bekommen, wurden mit Verweis auf die Krise abgelehnt. Auch auf den Geldmärkten konnten die Notenbanken kaum Zentralbankgeld beschaffen. Zum einen fehlten ihnen Staatsanleihen. Die hatten Morgan und Rockefeller vor der Krise umfangreich aufgekauft. Zum anderen hatte die Zentralbank vor Ausbruch der Krise durch Ankäufe von Staatsanleihen von Morgan und Rockefeller durchschnittlich täglich 1,3 Mio. $ in Umlauf gebracht. Wegen des Devisenabflusses und der Geldklemme in Europa wollte die Zentralbank ausgerechnet in der Krise die Zentralbankgeldmenge knapp halten. Deshalb nahm die Krise ihren Lauf.

Morgan und Rockefeller hatten das Geldsystem sehr gut verstanden. Da Gold nach den USA verschifft worden war, musste in England die Geldmenge dramatisch reduziert werden. Dadurch wurde das als Tauschmittel für Waren benötigte Geld knapp. Mangelndes Verständnis für die eigentliche Gelddeckung durch Waren stürzten England und Teile des Kontinents in eine schwere Deflationskrise. Als die Krise schließlich die USA traf, suchte niemand hier nach Schuldigen.

Während Zentralbanken heute den Geldüberfluss an den Börsen durch anhaltende Kreditausweitung „bekämpfen", haben sie damals den Geldmangel durch Kreditverweigerung „bekämpft". Das Festhalten an überlieferten monetären Regeln hatte damals für Millionen Menschen dramatische Folgen. Es kam, wie von Morgan und Rockefeller geplant, zu einer riesigen Konkurswelle. Erst schlossen die Banken, dann die Unternehmen, weil die Preise in den Keller stürzten und

Geld nicht zu beschaffen war. Morgan und Rockefeller nutzten die Gelegenheit an den Börsen alles aufzukaufen was sie begehrten.

Zwei Männer hatten Europa und die USA aus privatem Kalkül in eine Krise gestürzt. Sie bedienten sich dabei des Goldstandardsystems. Das sah bei Abzug von Goldreserven eine Einschränkung der umlaufenden Banknotenmenge vor. Weil Gold aus den Tresoren verschwand, wurde die Menge an zirkulierenden Tauschmitteln reduziert. Den Mangel an Gold hätte niemand bemerkt, der Mangel an Banknoten verhinderte Lohnzahlungen. Die Folge war Massenarbeitslosigkeit, Hunger und Elend.

Trotz der dramatischen Auswirkungen des Goldstandardsystems kehrte Großbritannien nach dem 1. Weltkrieg noch einmal zum Goldstandard zurück.[217]

> Großbritannien verwirklichte 1925 sein gestecktes Ziel, die alte Goldparität des Pfundes von vor dem Kriege wiederherzustellen. Finanzielle Interessen wogen in London schwerer als industrielle. Durch diesen Entschluß verurteilte sich das damals führende Industrieland Europas zu einer langen, harten Deflationspolitik, welche die englische Wirtschaft fortan in einem Zustand der Dauerkrise halten sollte.[218]

Finanzielle Interessen wogen schwerer als industrielle! Anders ausgedrückt, die Geldpolitik wurde nicht den Interessen der Bevölkerung untergeordnet, sondern diente primär der Vermögenssicherung. Den Wertverfall bestehender Vermögen durch Inflation zu verhindern, war wichtiger als wirtschaftlicher und sozialer Wohlstand. Deshalb wurde, mit dem Ziel der Wiederherstellung des Goldstandards, langanhaltender Geldmangel akzeptiert, der die Löhne drückte.

All diese Konflikte konnten den Siegeszug der Banknoten, basierend auf der Idee der Bareinlösung in Gold, nicht aufhalten. Angetrieben vom Kreditgeld veränderte die Industrialisierung das Antlitz der Erde. Angetrieben von der Industrialisierung stieg die Warenproduktion. Angetrieben von steigender Warenproduktion stieg der Geldbedarf. Mit dieser Entwicklung konnte die Goldproduktion nicht mithalten. Zwar löste jede neu entdeckte Goldader ein neues Goldfieber aus, doch für eine ausreichende Golddeckung – der überall entstehenden Notenbanken – reichte die Goldproduktion nicht aus. Warum sollte der Umfang der Warenproduktion sich auch daran orientieren, wie viel Gold irgendwo gefunden oder in Tresoren gebunkert wurde? Warum sollte sich also die Geldmenge an der Goldmenge orientieren?

Offensichtlich wurde das Auseinanderklaffen von Warenproduktion und Geldmenge regelmäßig in Kriegszeiten. In solchen Zeiten setzten Länder, in denen es bereits Banknoten gab, die Bareinlösepflicht aus. Da Banknoten dann nicht in Gold eingelöst werden konnten, konnten die Goldreserven der Banken nicht (weiter) sinken. Die mit den Kriegen regelmäßig einsetzende Inflation war jedoch nicht einer mangelnden Golddeckung des Geldes geschuldet, sondern einer mangelnden Warendeckung. Die Kriegsproduktion musste bezahlt werden. Die ausgezahlten Lohngelder fanden jedoch zu wenig Ware auf dem Markt vor. Denn die Löhne waren gezahlt worden um Waffen und Munition zu produzieren, nicht für die Produktion von Schuhen oder Schränken etc. Regierungen bezahlten die Rüstungsproduktion mit aus dem Nichts geschöpftem Geld. Den Löhnen standen auf dem Markt deshalb wenig Gebrauchsgüter gegenüber. Die unvermeidliche Inflation wurde allerdings gemildert oder verschleiert, weil ein Teil der staatlichen Geldschöpfung als Profit in den Taschen der Rüstungskonzerne verschwand und ein Teil der Warenproduktion durch unbezahlte Zwangsarbeit geleistet wurde.

Gerade die durch Rüstungsproduktion gewachsenen Vermögen wollten jedoch geschützt werden. Deshalb waren Regierungen bemüht, nach einem Krieg die Bareinlösepflicht für die Notenbanken erneut einzuführen. Diese Geldpolitik drückte die Löhne, denn Kreditaufnahmen wurden erschwert. Die erzwungene Geldknappheit diente allein der Werterhaltung der vorhandenen großen Geldvermögen. Da im Goldstandardsystem Vermögenssicherung nur durch sinkende Löhne gesichert werden konnte, wurde der Konflikt zwischen Lohn- und Kapitalinteressen immer größer.

Eine der letzten großen Deflationskrisen hatte dramatische politische Folgen. Sie begann in Deutschland nach der Bankenkrise im Sommer 1931. Die durch die Deflation erzeugte Massenarbeitslosigkeit hat mit zum Aufstieg des Nationalsozialismus beigetragen. Die Begeisterung für das faschistische Projekt basierte in den 1930er Jahren nicht unwesentlich auf dem wirtschaftlichen Aufschwung, den die Nationalsozialisten dank ihrer keynesianischen Wirtschaftspolitik in Gang setzten. Das Ausgeliefertsein der Menschen an eine blinde Ökonomie hat die Menschen blind für die Verbrechen gemacht, die mitten im Aufschwung stattfanden. Dafür ist nicht Keynes der Vorwurf zu machen.[219] Es gilt den ökonomischen Fokus zu verschieben. Statt primär auf Vermögenssicherung bedacht zu sein, muss Finanzpolitik auf allgemeinen Wohlstand zielen. Dazu braucht es eine wirklichkeitsnahe Geldtheorie. Doch auch jetzt, ein Jahrhundert später, wird noch immer blind agiert, wie nicht nur Frédéric Lordon feststellt.

> Das hilflose Hantieren mit den klassischen Instrumenten der Wirtschaftspolitik ist das klarste Anzeichen für die tiefe Ratlosigkeit im globalen Finanzsektor, für eine Verunsicherung, der mit den bisherigen Prinzipien der Geldpolitik nicht mehr beizukommen ist.[220]

Den Goldstandard durch ein zweistufiges Bankensystem zu ersetzen – bestehend aus Geschäftsbanken und Zentralbank –, hat die Wirtschaft nicht krisenfester gemacht. Die Probleme haben sich nur verändert.

10.8. Zentralbank

Faktisch seit dem 18., offiziell erst seit dem 20. Jahrhundert
Von der Notenbank zum zweistufigen Bankensystem

> Entscheidend ist jedoch stets, daß zeitlich und logisch vor der Schaffung von Zentralbankgeld ein privater Kreditvertrag bestehen muß.
>
> Markus Vogtmann[221]

Banknoten waren seit ihrer Erstemission 1695 mit der Vorstellung einer Golddeckung verbunden. In den vorangegangenen Kapiteln wurde gezeigt, dass es in keinem Augenblick eine vollständige Golddeckung[K] von Banknoten gegeben hat. Das aufgedruckte Versprechen zur Bareinlösung diente allein der Akzeptanz dieser neuen Geldform. Denn...

> Nicht einmal über die metallische Deckung der umlaufenden Noten trafen die ersten Gesetze irgend eine Bestimmung. Die Bank wurde lediglich verpflichtet, ihre Noten auf Verlangen jederzeit in bares Geld umzuwechseln. Welche Vorbereitungen sie traf, um dieser Verpflichtung nachkommen zu können, war allein ihre Sache. In den Gesetzen wurde auch nicht festgelegt, in welchem Metall die Bank von England ihre Noten einzulösen hatte.[222]

Später, als das Goldstandardsystem eingeführt war, haben zahlreiche Ökonomen über die Bedeutung der Golddeckung für den Wert einer Währung geschrieben. Doch den Gründern der Bank von England war bereits klar, dass eine Golddeckung für die Werthaltigkeit der Banknoten nicht entscheidend ist. Das wusste auch schon Fugger, der durch Eigenwechsel seine Geldmenge weit über seinen Münzbestand hinaus ausgedehnt hatte. Das wussten augenscheinlich auch die Geschäftstreibenden, die 1745 gemeinsam erklärten, sie verzichten auf Bareinlösung, siehe S. 122.

Eine Nachfrage nach Bareinlösung entstand immer nur in Krisenzeiten. Nur wenn das Vertrauen in die Werthaltigkeit der Banknoten sank, wollten Menschen plötzlich wieder „echtes" Geld in Form von Gold- und Silbermünzen. Was aber ist echtes Geld? Kommt es heute zu einem Bankenrun, verlangen die Menschen kein Gold, sondern Bargeld. Sie fordern keine Gold- oder Silbermünzen, sondern Papiergeld, genauer gesagt Zentralbankgeld. Die Vorstellung, was „echtes" Geld ist, hat sich seit dem 19. Jh. also gewandelt. Natürlich gibt es nach wie vor Menschen, die auch dem Papiergeld nicht trauen und sich deshalb Gold in den Safe legen. Der Glaube, Gold sei das einzig wahre Geld, existiert ungebrochen. Vielleicht wird dieser Glaube eines glücklichen Tages verschwunden sein. Doch wie

---

[K] Es gab auch keine alternative Bargelddeckung in Silbergeld.

hatte aus dem Bedürfnis, Banknoten in Gold eintauschen zu wollen das Bedürfnis werden können, Buchgeld in Papiergeld zu tauschen? Dazu müssen wir uns bewusst machen, dass beim Entstehen des Kreditgeldes zwei unterschiedliche Geldsysteme nebeneinander existierten. Neben das feudale Münzgeld traten der Eigenwechsel und später das Bankakzept als bereits kapitalistische Zahlungsmittel. Eigenwechsel und Bankakzept sind bereits Kreditgeld. Das feudale Münzgeld entstand demgegenüber durch freie Münzprägung. Es war kein Kreditgeld, sondern Vollgeld.

Das Kreditgeld der Kaufleute war zunächst nur ein Anspruch auf Auszahlung von Münzgeld, also „echtem" Geld. Dieser Anspruch verlor sich jedoch mehr und mehr, weil Wechsel verrechnet oder durch fremde Wechsel bezahlt werden konnten. Das Kreditgeld der Kaufleute begann sich vom Münzgeld zu emanzipieren, auch wenn das „echte" feudale Geld noch existierte. Die Banknote schob sich zwischen das feudale und das kapitalistische Geldsystem. Sie vermittelte in gewisser Weise und verwischte dabei die Grenzen. Wechsel konnten nun in Banknoten diskontiert, d.h. ausgezahlt werden (statt in barer Münze). Banknoten enthielten ihrerseits das Versprechen, in barer Münze ausgezahlt zu werden. Ein Wechsel konnte nun also in Banknoten eingelöst, ein Wechselkredit in Banknoten erteilt (diskontiert) werden. Die Banknoten ihrerseits konnten in Münzgeld eingelöst werden. Erst diese Bareinlösung erfolgte in sogenanntem echten Geld, in feudalem Münzgeld, dem einzigen voll gültigen Geld; Geld das nicht aus einem Kreditvertrag hervorgegangen, sondern ewiges Geld war – eben Vollgeld.

Die Banknote war also doppelgesichtig. Für den Wechsel war sie Geld. Für das Bargeld war sie Schuldschein oder Quittung. Mit anderen Worten, Wechsel konnten in Banknoten eingelöst werden, Banknoten aber in Münzgeld. Langfristig verdrängte die Banknote beides. Wechsel verloren ihre Bedeutung als Zahlungsmittel. Allerdings verschwanden Wechsel nicht vollständig. Aus Wechseln wurden Kreditverträge, aus Kreditverträgen Wertpapiere.

Wirklich verschwunden ist hingegen das feudale Münzgeld.[L] Es verschwand ohne Trommelwirbel und Böllerschüsse, schleichend und heimlich. Die durch Kreditvergabe zu Geld werdenden Banknoten nahmen den Platz des einst frei geprägten Münzgeldes ein. Der Siegeszug der Banknoten ging einher mit der beginnenden Industrialisierung. Der Auf- und rasche Ausbau völlig neuer Transport- und Informationsnetze erforderte gewaltige Investitionsmittel. Den Geldbedarf für den Bau von Eisenbahn- und Telegrafennetzen konnte das feudale Geldsystem nicht befriedigen. In Großbritannien hatte das Kreditgeldsystem die Industrialisie-

---

[L]   In England war Münzgeld bei Entstehen der Banknoten nicht mehr „feudal", denn der englische König konnte keine freie Münzprägung mehr betreiben, siehe Kapitel 10.1. *Golddepotscheine*, S. 94ff.

rung gefördert. Andernorts förderte die Industrialisierung die Entwicklung des Kreditgeldsystems. Im 18. Jh. gab es erste Versuche in Europa Notenbanken zu gründen. Diese scheiterten meist an den absolutistischen Machtverhältnissen auf dem Kontinent, siehe Kapitel 10.2. *Banknoten* (S. 98ff.). Erst nach den napoleonischen Kriegen entstanden im 19. Jh. in Europa immer mehr Notenbanken. Die gaben jeweils eigene Banknoten aus und verfügten über eigene Goldreserven. Ging eine Notenbank pleite, wurden nur ihre eigenen Banknoten wertlos. Banknoten anderer Kreditinstitute blieben vollgültig im Gebrauch. Zwischen den privaten Notenbanken bestand Konkurrenz, weil Banknoten noch nicht zum Nennwert angenommen werden mussten. Noten unterschiedlicher Notenbanken mit gleichem Nennwert, konnten unterschiedliche Kaufkraft besitzen, wenn Noten einer Bank gegenüber Noten anderer Banken abgewertet wurden. Diese Konkurrenz verhinderte eine unkontrollierte Geldschöpfung der Notenbanken.[M]

Vor diesem Hintergrund fiel es Regierungen schwer, in Kriegs- und anderen Krisenzeiten von privaten Notenbanken Kredit zu erlangen. Jede befürchtete eine Abwertung ihrer Noten durch eine Kreditausweitung, die nicht durch eigene Goldreserven gedeckt war. Regierungen konnten dieser Furcht durch allgemeine Aufhebung der Bareinlösepflicht begegnen oder eine Notenbank privilegieren. In Deutschland geschah das 1909.

> Mit Gesetz vom 1.6.1909 wurden die Reichsbanknoten zum gesetzlichen Zahlungsmittel erklärt. Damit war erstmals Papiergeld mit unbeschränktem Annahmezwang ausgestattet.[223]

Reichsbanknoten mussten nun überall zum Nennwert angenommen werden. Der 1. Weltkrieg warf seine Schatten voraus. Als erster moderner Krieg war er durch die kapitalistische Warenproduktion provoziert worden. Die erforderte eine ständige Ausweitung der Produktion.[224] Der Zwang zu immer neuen Investitionen begünstigte eine Rüstungsproduktion, die wachsende Staatsschulden verursachte. Der Rüstungswettlauf führte 1914 zum Krieg, der ungezählte Menschenleben und Unmengen kreditfinanzierter Waffen und Munition verschlang. Die Staaten Europas begegneten der Unmöglichkeit, das kriegsbedingte weitere Wachsen der Geldmenge durch Gold zu decken nun nicht mehr nur durch Aufheben der Bareinlösepflicht, sondern durch eine stillschweigende Systemänderung. In Deutschland

> ... wurde am 4.8.1914 ein von langer Hand vorbereitetes *Gesetz betr. Änderung des Münzgesetzes* verkündet, das es den Reichs- und Landeskassen bei Einlieferung von Banknoten und Scheidemünzen erlaubte, Reichskassenscheine und Reichsbanknoten „zu verabfolgen". [H.i.O.][225]

[M] Freie Konkurrenz zwischen privaten Notenbanken wurde deshalb noch lange nach deren Abschaffung als Instrument der Geldmengensteuerung verteidigt.

Mit diesem Gesetz wurde die Bareinlösung privater Banknoten durch eine Einlösung (Verabfolgung) in Reichsbanknoten ersetzt, für die bereits seit 1909 Annahmezwang zum Nennwert bestand. Für die privaten Notenbanken wurden die Reichsbanknoten durch dieses Gesetz quasi zu Gold. Aus der Goldeinlösepflicht war in aller Stille eine Einlösepflicht in Banknoten einer privilegierten Notenbank geworden. Diese Notenbank wurde zur Zentralnotenbank – kurz zur Zentralbank.

> Per Unfall ist die Zentralbank da, ohne daß zunächst außerhalb Englands Erfahrungen, Werkzeuge und wissenschaftliche Forschungsergebnisse (Theorien) zur zentralen planmäßigen Regulierung des Notenumlaufs verfügbar sind.[226]

In ganz Europa wurde 1914 die Goldeinlösepflicht auf diese Weise abgeschafft. Trotzdem stand auch weiterhin auf den Banknoten privater Notenbanken etwas wie: *Dem Inhaber zahlt die Bank den Nennwert aus.* Die Auszahlung erfolgte aber nicht mehr in Gold, sondern in Zentralbanknoten. Allerdings waren im Laufe des 19. Jhs. Banknoten so selbstverständlich geworden, wie Münzen für die Menschen der Antike und des Mittelalters.

Es scheint als hätte der Staat diesmal die Macht gehabt, dem Markt vorzuschreiben was Geld ist. Hatte er durch Verordnen von Zwangskurs und Annahmezwang seine Zentralbanknoten nicht zum einzig wahren, „echten" Geld erklärt? Auf den ersten Blick scheint es so. Doch nur, weil die anderen Notenbanken die Zentralnotenbanken als Goldersatz akzeptierten, erhielt die staatliche Anordnung Gewicht. Wieder war es am Ende der Markt, der entschied, was Geld ist.

Aus dem System privater, konkurrierender Notenbanken war spätestens 1914 ein zweistufiges Bankensystem geworden. Das geschah indem die Bareinlösung in Gold durch eine Bareinlösung in Zentralbanknoten ersetzt wurde. Die Zentralbank wurde zur Herstellerin und Verwalterin des staatlichen Papiergeldes, der Zentralbanknoten. Spätestens als die Einlösung der privaten Banknoten in Münzgeld durch eine Einlösung in Zentralbankgeld ersetzt wurde, wurde das feudale Geldsystem zu Grabe getragen. Feudales Münzgeld war dem Kreditgeld endgültig gewichen. Die Zentralbanknoten waren dadurch zu einem Münzgeldersatz geworden. Ansonsten wurden die Regeln des alten Goldstandardsystems beibehalten. Gold wurde lediglich durch Zentralbanknoten ersetzt. Es gab bald nur noch eine Sorte Geldscheine: zu gesetzlichen Zahlungsmitteln erhobene Zentralbanknoten. Dieses Zentralbankgeld war nun das einzig „echte" Geld.

Durch Wegfall der Bareinlösepflicht in Münzgeld war aus den Banknoten Papiergeld geworden, zumindest für Privatleute. Für Privatleute gab es seit Beginn des 1. Weltkrieges nie wieder einen Anspruch auf Bareinlösung ihrer Banknoten. Damit hatte sich das Geldsystem erneut gewandelt. Wieder waren aus einer Krise heraus schleichende Veränderungen am Ende zum Gesetz erhoben worden. Damit entstanden neue Möglichkeiten, die niemand vorher gesehen hatte.

10.9. Papiergeld

Endgültig seit dem 20. Jahrhundert
Schuldscheine, Devisenstandard und Petrodollar

> ...man sollte nicht vergessen, daß der natürliche
> Mensch als Metallist geboren wird und stirbt,
> also über unser Geldsystem kein Urteil gewinnt.
>
> Georg Friedrich Knapp[227]

Als am 15.8.1971 das Goldstandardsystem von Richard Nixon zu Grabe getragen wurde, gab es einen Aufschrei in der Welt des Kommerzes. Für die kleinen Leute war dieses System, wie im vorherigen Kapitel erläutert, bereits 1914 in aller Stille begraben worden. Dank des stillen Begräbnisses zu Kriegsbeginn, konnte der Glaube an eine Golddeckung des Geldes zwei Weltkriege überstehen. So galt auch die D-Mark in den Augen vieler noch als goldgedeckt. Doch für Privatpersonen war die D-Mark zu keinem Zeitpunkt ihrer Existenz in Gold einlösbar gewesen. Es ließ sich zweifelsfrei Gold damit kaufen. Aber ein Goldkauf zu schwankenden Marktpreisen hatte nichts mit einer Bareinlösepflicht der Banken zu einem Festpreis zu tun. Die war für Privatpersonen spätestens 1914 abgeschafft und nie wieder eingeführt worden. Zwar kehrte Deutschland 1924 offiziell zum Goldstandard zurück,[228] doch galt das Recht auf Bareinlösung nur für Staaten und Großunternehmen. Es diente allein dem Außenhandel. Im Inland waren die Banknoten zu Papiergeld geworden. Das Papiergeld übernahm in dem neuen, zweistufigen Bankensystem die Rolle des Goldes. Da allein die Zentralbank das Recht hatte, Papiergeld (Zentralbankgeld) drucken zu lassen, konnte sie den Umfang begrenzen. Sie legte fest, wie viel Bargeld die zu Geschäftsbanken gewordenen Notenbanken bei ihr abrufen konnten. So konnte sie deren Geldschöpfung kontrollieren. Analog zum Goldstandardsystem hatten die Geschäftsbanken nun die Pflicht, ihr selbst geschaffenes Buchgeld in Papiergeld (Zentralbankgeld) auszuzahlen.

Solange die Notenbanken ihre Banknoten in Gold einlösen mussten, begrenzten ihre Goldreserven ihre Geldschöpfung. Nun begrenzte das von der Zentralbank zugebilligte Bargeldkontingent das Geldschöpfungspotential der Geschäftsbanken. Viel schien sich nicht verändert zu haben. Das neue System versprach eher eine Wende zum Besseren. Eine Deflationskrise wie 1907 (siehe S. 122ff.) schien nun nicht mehr möglich. Ein Goldabfluss ins Ausland zwang nicht mehr dazu, die Geldmenge im Inland zu verringern.

Die Veränderung im Geldsystem wurde nicht zum Anlass genommen, ein neues Regelwerk für die Geldmengensteuerung zu schaffen. Die alten Regeln wurden lediglich analog angewandt. Als Goldersatz dienten jetzt Vermögenswerte, denn insgeheim wurde Gold weiterhin als wichtiger Anker des Geldsystems angesehen. Noch heute lagern Zentralbanken Goldbarren. Der Bankdirektor Friedrich Bendixen sah als einer der wenigen in Warenwerten das Fundament der Geldschöpfung.

> Das Prinzip ist: kein neues Geld ohne neue Waren. ... Diesem Prinzip entspricht die Notenemission gegen den akzeptierten Warenwechsel. Hier befindet sich die Geldschöpfung im Einklang mit der Warenproduktion; das neue Geld schafft neue Käufer, aber im gleichen Verhältnis hat sich auch das Angebot von Waren vermehrt.[229]

Seine Ideen fanden allerdings kein Gehör. Die Zentralbanken entwickelten ihre eigenen Regelwerke, um die Bargeldmenge zu bestimmen. Diese Regelwerke galten meist nur bis zur nächsten Krise. Denn

> ... was gelten in Krisenzeiten Gesetze? Bislang wurde noch jede rote Linie überschritten.[230]

Als *lender of last resort* [N] sehen Zentralbanken ihre Aufgabe seit den Deflationskrisen der ersten Hälfte des 20. Jhs. vor allem darin, das Geldsystem am Laufen zu halten. Während die Goldmenge nicht beliebig vermehrt werden konnte, ließ sich Papiergeld in unbegrenzter Menge herstellen. So wurden die Zentralbanken mit verantwortlich für die Währungswirren des Papiergeldzeitalters. Es lag trotzdem nie allein in ihrer Macht, Inflationen auszulösen. Das beweist die heutige Politik der Zentralbanken. Obwohl sie jede Bargeldkontingierung aufgegeben haben und fortwährend Milliarden in die Märkte pumpen, kommt es nicht zu einer entsprechenden Inflation an den Warenmärkten, da das Zentralbankgeld größtenteils innerhalb der Finanzmärkte zirkuliert.

Die Hyperinflation in Deutschland 1923 hat allerdings 1924 noch einmal zur Rückkehr zum Goldstandard geführt, mit erneut verheerenden Konsequenzen. Auf die Bankenkrise 1931 reagierte die deutsche Zentralbank nicht (wie heute) mit lockerer Geldpolitik, sondern wegen des Goldstandards und der gerade überstandenen Inflation mit strenger Bargeldkontingierung. Geldmangel war die Folge. Nachdem die Hyperinflation 1923 den deutschen Mittelstand weitestgehend enteignet und dadurch auch politisch entwurzelt hatte, trieb die nun folgende Deflationskrise die Lohnabhängigen in Elend und Verzweiflung. Das Gefühl, einem schwachen Staat hilflos ausgeliefert zu sein, war Teil des Nährbodens, aus dem ab 1933 Furchtbares hervor kroch.

Noch bevor das 1 000-jährige deutsche Reich vernichtet war, berieten die Alli-

---

[N]   Als „Verleiherin letzter Reserven" konnte die Zentralbank den Geschäftsbanken im Krisenfall beliebig viel Zentralbankgeld zur Verfügung stellen, um den Zahlungsverkehr aufrecht zu erhalten. Sie tut es heute hemmungslos. Mehr hat sie aus den Krisen der Vergangenheit nicht gelernt. Nach anderen Wegen den Zahlungsverkehr stabil zu halten, wurde bisher nicht gesucht.

ierten 1944 in Bretton Woods über die Nachkriegsordnung. Die räumte den USA einen hervorragenden Platz ein. Sie allein sollten ihre Währung außenwirtschaftlich weiter an Gold binden, also ein amputiertes Goldstandardsystem betreiben. Zugleich wurde der US-Dollar zur internationalen Handelswährung erklärt. Alle anderen Länder waren bereit, ihre Währungen durch feste Wechselkurse an den US-Dollar zu koppeln. Aus dem Goldstandard war ein Devisenstandard geworden.

John Maynard Keynes machte damals den Vorschlag, für den internationalen Handel eine eigene Verrechnungswährung zu schaffen, den Bancor. Wäre Keynes Vorschlag umgesetzt worden, gäbe es heute keine gravierenden Handelsüberschüsse und -defizite, denn im Verrechnungssystem Bancor sollten die Guthaben genauso belastet werden wie die Schulden. Dadurch wären Gläubigerstaaten gezwungen, ihre Guthaben auszugeben. Das hätte Schuldnerstaaten ermöglicht ihre Schulden zurück zu zahlen. Wir werden im 4. Teil dieser Tetralogie (siehe S. 162) auf diese Idee zurück kommen. Als sich die kommenden Siegermächte in Bretton Woods trafen, war die Welt offensichtlich noch nicht reif für ein Geldsystem, das auf Ausgleich von Guthaben und Schulden aus war. So setzte sich ein an den US-Dollar gekoppelter Devisenstandard durch. Dieses System brach zusammen als Nixon 1971 bekannt gab, keine US-Dollar mehr in Gold einzulösen. Das kam einem Erdrutsch gleich, denn viele Länder hielten große Währungsreserven in US-Dollar. Diese Währungsreserven waren plötzlich kein Gold mehr wert. Deshalb wäre es sinnvoll gewesen sie ausgeben, bevor ihr Wert durch Inflation sank. Inflation drohte sowohl durch ein weiteres Wachstum der US-Geldmenge,[o] als auch durch die vorhandenen internationalen Währungsreserven, die letztlich aufgesparte Kaufkraft darstellten.

Hätten alle Länder zeitgleich versucht ihre US-Dollar auszugeben, wäre der $-Kurs zusammen gebrochen. Das hätte zweifellos eine Inflation in den USA ausgelöst. Dieser Gefahr begegneten die USA mit einem erstaunlichen Manöver. Sie schufen den Petrodollar. Da der US-Dollar seit Bretton Woods internationales Zahlungsmittel war, sollte Öl auf dem Weltmarkt nur mit US-Dollar gehandelt werden. In diesem Zusammenhang entstand die unheilige Allianz zwischen den USA und Saudi-Arabien. Indem der US-Dollar an einen international begehrten Rohstoff gekoppelt wurde, erhielten die $-Währungsreserven neuen Wert. Solange Erdöl international nur mit US-Dollar gekauft werden kann, braucht jedes Land diese Währung. Erdöl wurde zum schwarzen Gold. Der Schachzug, Gold durch Erdöl zu ersetzen beweist, dass den USA klar war, was den Wert einer Währung ausmacht. Der Wert einer Währung ergibt sich nicht aus ihrer Gold-

---

[o] Zur Finanzierung des Vietnamkrieges! Wegen dieser Kriegsfinanzierung wollte Frankreich seine Dollarreserven in den USA in Gold einlösen. Auf diesen drohenden Goldabfluss reagierte Nixon mit Abschaffung des Goldstandardsystems.

deckung, sondern aus ihrer Warendeckung. Ein Beispiel dafür liefert der deutsch-deutsche Wechselkurs.

Die große Nachfrage von DDR-Bürger*innen nach D-Mark war Ursache dafür, dass sie bis zu 10 DDR-Mark für eine D-Mark hergeben mussten. Der Kurs von 10:1 vor dem Mauerfall widerspiegelte die Nachfrage nach Waren, die DDR-Bürger*innen nur mit D-Mark kaufen konnten. Die Änderung der Wechselkurse im Vorfeld der deutsch-deutschen Währungsreform 1990 ist ein interessantes Beispiel für die Bewertung von Währungen. Zwischen Herbst 1989 und Sommer 1990 stieg der Kurs der DDR-Mark rasch auf 2:1. Die Umstellung der Währungen erfolgte anteilig sogar 1:1. Die Binnenkaufkraft der DDR-Mark war in Wahrheit sogar deutlich höher als die der D-Mark. Deshalb (nicht wegen eines plötzlichen Anstiegs der Arbeitsproduktivität) stiegen nach der Währungsreform die Löhne, aber auch die Preise im Osten. Bei einem Wechselkurs auf Basis des durchschnittlichen Lohnniveaus wäre die DDR-Mark sogar mehr als die D-Mark wert gewesen. Eine DDR-Mark hätte dann etwa 4 D-Mark ergeben müssen. Doch Wechselkurse bilden sich nicht auf Basis eines Vergleichs der Binnenkaufkraft oder des Lohnniveaus. Sie folgen allein aus dem Verhältnis von Angebot und Nachfrage nach einer Währung. Nachfrage nach einer Währung folgt wiederum wesentlich aus Nachfrage nach Waren, die mit dieser Währung gekauft werden können.

Auf diesem Zusammenhang basiert auch das Petrodollarsystem der USA. Die Nachfrage nach US-Dollar wird analog hoch gehalten. So wie die hohe Nachfrage nach Westwaren eine hohe Nachfrage nach Westmark (D-Mark) zur Folge hatte, soll im Petrodollarsystem durch Nachfrage nach Erdöl die Nachfrage nach US-Dollar hoch gehalten werden.[P] Nachfrage nach US-Dollar hält den Wechselkurs hoch und verhindert das Überschwemmen des US-Binnenmarktes mit $-Währungsreserven aus dem Ausland. Solange US-Dollar internationale Handelswährung und alleiniges Zahlungsmittel für Erdöl bleiben, existiert Nachfrage nach $.

Kann mit einer Währung jedoch nur in einem Land eingekauft werden, das zudem keine Produkte erzeugt, die einzigartig und international begehrt sind, wird diese Währung wenig nachgefragt. Diese Schlaglichter auf die Währungs- und Wechselkursproblematik sollen verdeutlichen, auf welchen Werten Papiergeld beruht. Trotz allem sind wir mit dem Papiergeld einem demokratischen Geldsystem näher gekommen. Ablösung des Geldes vom Gold und Kopplung an Warenwerte (vorerst nur Erdöl) sind Schritte hin zu einem wirklichen Warengeld. Doch noch hält sich die Idee: nur Bares ist Wahres. Was ist dran am Wert des Bargeldes? Brauchen wir wirklich ein zweistufiges Bankensystem, in dem eine Geldsorte in eine andere umgetauscht werden kann? Reicht Buchgeld nicht aus, um den modernen Zahlungsverkehr zu regeln?

[P]   Deshalb gibt es wenig Interesse, Technologien zur Senkung des Ölverbrauchs zu fördern.

10.10. Buchgeld

Seit dem 20. Jahrhundert

Doppelte Befreiung des Geldes von der Arbeit

> Geld hat sich von Muscheln über bedrucktes Papier zu einem kunstvollen Arrangement des Binärsystems entwickelt.
>
> Dee Hock[231]

Die Bank für Internationalen Zahlungsausgleich stellte bereits vor der Jahrtausendwende fest, dass Bargeld im Zahlungsverkehr zumindest volumenmäßig kaum noch eine Rolle spielt. Ihren Angaben zufolge wurde 1989 bereits 95% des Zahlungsvolumens mittels Buchgeld abgewickelt.[232] Inzwischen hat sich der Anteil des Buchgeldes am Zahlungsvolumen weiter erhöht. Wieder scheint es so, dass ein neues Zahlungsmittel zuerst von Großkaufleuten verwendet wird, ehe es zu einem allgemein akzeptierten Zahlungsmittel wird.

Allerdings scheinen diesmal nicht alle dem Beispiel der Großen folgen zu wollen, denn das Bargeld wird zumindest in Deutschland hartnäckig verteidigt. Während das Volumen der Barzahlungen schon Ende des letzten Jahrtausends nur noch 5% ausmachte, sollen in Deutschland vor Corona immer noch 80% aller Zahlungen mittel Bargeld geleistet worden sein.[233] Es handelt sich dabei vor allem um die vielen kleinen Zahlungen im Einzelhandel. Eine Million zahlen höchstens Kriminelle in bar, 1 bis 10 Euro hingegen zahlen noch immer viele nicht virtuell. Bevor wir über Für und Wider von Buchgeld und Bargeld nachdenken, soll kurz deren Stellung im heutigen Geldsystem beleuchtet werden.

Aus den letzten Kapiteln sollte hervor gegangen sein, dass Buchgeld Geld ist, das Geschäftsbanken durch Kreditvergabe erzeugen. Inzwischen wird auch ein großer Teil des Zentralbankgeldes nur noch virtuell erzeugt. Bargeld ist hingegen in jedem Fall Zentralbankgeld, also staatliches Zahlungsmittel.

Das Herstellen der Münzen ist Aufgabe des Staates. Der Staat verkauft die Münzen dann zu ihrem Nennwert an die Zentralbank. Wer glaubt, dass der Staat hierdurch Geldschöpfungsgewinne einstreicht, irrt. Ein Grund dafür ist, dass das Herstellen der kleinen Kupfermünzen mehr kostet, als sie wert sind. Daraus folgen Bemühungen, zumindest die Kupfermünzen abzuschaffen. Durch das Herstellen der großen Münzen können die Mehrkosten für die Kupfermünzproduktion kaum ausgeglichen werden. Deshalb werden Sondermünzen geprägt. Deren Verkauf verhindert, dass das Prägen der Münzen für den Staat insgesamt zu einem Defizitgeschäft wird.

Geldscheine werden im Auftrag der Zentralbank gedruckt. Die Zentralbank bezahlt das Drucken der Scheine genauso den Ankauf des Bargeldes vom Staat aus ihren Zinseinnahmen. Bargeld verschafft der Zentralbank keinen Geldschöpfungsgewinn, sondern verursacht Herstellungskosten. Rittershausen hat auf S. 108 festgestellt, dass eigene Banknoten für eine Notenbank nur bedruckte Formulare sind. Zu Geld werden sie erst, wenn die Bank sie verleiht. Die Zentralbankzinsen dienen also nicht nur zum Bezahlen der Angestellten der Zentralbanken, sondern auch zur Finanzierung der Bargeldherstellung.

Zu den Kosten der Bargeldherstellung kommt der Materialverbrauch. Die als Papiergeld bezeichneten Geldscheine werden nicht wie das Schreibpapier aus der Zellulose von Bäumen hergestellt, sondern aus Baumwolle. Das Erzeugen von Baumwolle ist inzwischen ökologisch hoch problematisch, doch das ist schon wieder ein neues Problem. Das Herstellen der Münzen erfordert natürlich Metall. Allein aus der Metallmenge der produzierten nichtkupfernen Euromünzen ließen sich 37-40 Eifeltürme bauen.[Q] Die Produktion von Bargeld erfordert also Geld und große Mengen an Rohstoffen sowie Energie und Zeit. All das liefert Argumente für eine Abschaffung des Bargeldes. Im vorigen Kapitel wurde jedoch dargelegt, dass das Bargeld (als monopolisiertes Zentralbankgeld) die Rolle des Goldes übernommen hat. Bargeldkontingierung soll der Zentralbank ermöglichen die Geldschöpfung der Geschäftsbanken zu steuern. Dieses Kontrollinstrument ist im Laufe der letzten Jahrzehnte jedoch zunehmend wirkungsloser geworden. Seit der Finanzkrise 2007/08 wird es von den Zentralbanken der Welt regelrecht verheizt.

Abgestumpft ist die Bargeldkontingierung als Instrument zur Kontrolle der Geldschöpfung, weil die Geschäftsbanken sich seit den 1970er Jahren immer unabhängiger vom Bargeld machen. Durch schrittweise Ausdehnung des bargeldlosen Zahlungsverkehrs wird immer weniger Geld bar abgehoben. Infolgedessen konnten die Geschäftsbanken ihre Barreserven seitdem reduzieren. Trotzdem benötigen sie neben ihren Barreserven noch immer Mindestreserven bei der Zentralbank. Die werden gebraucht, um Überweisungen an eine andere Bank zu tätigen.

Doch auch davon emanzipieren sich die Geschäftsbanken zunehmend. Sie schaffen Verrechnungssysteme, um untereinander Überweisungen an der Zentralbank vorbei tätigen zu können. Wenn Bank A an Bank B am Tagesende insgesamt 3 Mrd. überweisen muss, Bank B an Bank A aber (nur) 2,8 Mrd. werden 2,8 Mrd. Euro intern mit Buchgeld verrechnet. Folglich muss nur die Differenz von 0,2 Mrd. über das Zentralbankkonto von Bank A an Bank B überwiesen werden. Geschäftsbanken mussten ihren Bestand an Zentralbankgeld dank solcher Ver-

---

[Q]   Für das Herstellen der kleinen Kupfermünzen (1, 2 und 5 Cent) wird insgesamt fast die gleiche Metallmenge benötigt, wie für das Herstellen aller größeren Münzen (0,10 bis 2 Euro). Die Münzproduktion für den gesamten Euroraum erfordert knapp 240.000 bis 260.000 t Kupfer sowie knapp 280.000 bis 295.000 t sonstiger Metalle. Im Eifelturm wurden insgesamt fast 7.342 t Metall verbaut.

rechnungssysteme trotz steigender Umsätze und Bilanzsummen kaum ausweiten. Wie so oft in der Geldgeschichte folgt die Gesetzgebung den Regeländerungen im Geschäftsleben. So wurden die Anforderungen an die Höhe der Barreserven und Mindestreserven im Verhältnis zur Buchgeldmenge schrittweise gesenkt.

Durch Emanzipation der Geschäftsbanken von der Zentralbank löst sich das Buchgeld immer mehr vom Bargeld. Die Zentralbank verlor dadurch zunehmend die Kontrolle über die Buchgeldschöpfung der Geschäftsbanken. Diese Entwicklung wird seit langem kritisiert, aber es wird kein funktionstüchtiges Regelwerk zur Geldmengensteuerung geschaffen. Schon 1972 war im Spiegel[234] zu lesen:

> Die Kreditpolitik der Bundesbank wird von Geschäftsbanken mit Tricks immer wieder unterlaufen.

Im gleichen Artikel klagt der damalige Bundesbank-Vize Otmar Emminger:

> „...wir können die Geldinflation mit den alten Instrumenten nicht mehr stoppen."

> Denn die Frankfurter Währungshüter haben herausgefunden, daß nicht nur die internationalen Spekulanten ihre Stabilitätspolitik dauernd durchlöchern. Seriöse westdeutsche Banker haben sich in den vergangenen Jahren immer mehr Tricks ausgedacht, um die Frankfurter Kreditbremse auch ohne Auslandshilfe zu lockern.

> „Es ist bedrückend", so Emminger, „wie stolz manche Banken, auch öffentliche Institute, verkünden, sie hätten ihre Bilanzsumme um 24 Prozent ausgeweitet. Da wird die Inflation geschürt."

Die Kontrollinstrumente der Zentralbank sind also schon lange abgestumpft, doch die Wirtschaftswissenschaft kommt nicht aus ihrem Elfenbeinturm. Spätestens die Finanzkrise 2007/08 offenbarte die Konzeptlosigkeit der Finanzpolitik. Thomas Mayer, ehemaliger Chefvolkswirt der Deutschen Bank, erklärt im Film Oeconomia[R] sinngemäß: In der Finanzkrise geschahen Dinge „die man sich nicht mehr erklären konnte." Eine dieser erstaunlichen Entwicklungen war, dass die Zentralbanken – einst von Regierungen geschaffen, um die Staaten mit Geld zu versorgen – nun die Geschäftsbanken mit Hilfe des Staates retteten. Tatsächlich entlarvt diese Rettungsaktion die Absurdität des entstandenen Systems. Die Staaten sahen sich aufgefordert die Banken zu retten. Diese Bankenrettung verschlang dreistellige Milliardenbeträge. Wo kam das Geld her? Natürlich von den Banken, die gerettet werden wollten. Denn sie waren und sind die Geldschöpferinnen. Wofür brauchten die Banken das Geld? Oder anders gefragt, warum brauchten die Banken den Staat zur Geldschöpfung?

Im Kreditgeldsystem ist Geldschöpfung kein autonomer Akt eines Königs, der Münzen prägen lässt. Geldschöpfung erfordert Kreditaufnahme. Kreditaufnahme erfordert einen Vertrag zwischen einer kreditgebenden Bank und einem kredit-

---

[R]   Deutscher Dokumentarfilm aus dem Jahr 2020 von Carmen Losmann.

nehmenden Gegenüber. Während die Banken sich vor der Krise gegenseitig Milliardenkredite gegeben hatten, wollte plötzlich niemand mehr Kredit aufnehmen. Da die Kredite von gestern nur zurück gezahlt werden können, wenn heute größere Kredite aufgenommen werden, führte die nun fehlende Kreditnachfrage zum Zusammenbruch des Kettenbriefsystems. Dadurch entstanden billionenschwere Löcher in den Bankbilanzen. Um das Finanzsystem vor dem totalen Zusammenbruch zu bewahren, gab es scheinbar nur eine Möglichkeit: Die Staaten mussten als Kreditnehmer das Kettenbriefsystem neu ankurbeln. Die Krise machte deutlich, dass die Zentralbanken die Kontrolle über die Geldschöpfung der Geschäftsbanken verloren haben. Das weitere Agieren der Zentralbanken lässt nicht erkennen, dass sie die Kontrolle zurück erobern werden.

Die Geschäftsbanken haben den gesamtwirtschaftlichen Zahlungsverkehr so abhängig vom Buchgeld gemacht, dass eine Rückkehr zur reinen Barzahlung nicht mehr möglich ist. Da Insolvenzen großer Banken den Zahlungsverkehr wie ein Kartenhaus zusammen brechen lassen würden, mussten die Geschäftsbanken gerettet werden. Ihr Buchgeld ist heute unverzichtbar für die Geldversorgung der Wirtschaft. Doch die Rettungsaktionen sowie die Politik der Zentralbanken seit der Finanzkrise sind eine Bankrotterklärung des zweistufigen Bankensystems.

Es ist – wie immer in der Geschichte des Geldes – nur eine Frage der Zeit, bis sich die Realität in Gesetzen niederschlägt. Auf die funktionale Entmachtung der Zentralbanken wird ihre reale Abschaffung unausweichlich folgen. Da die Zentralbanken ihre Aufgabe: die Kontrolle der Buchgeldschöpfung, nicht mehr erfüllen, machen sie sich überflüssig. Die einzige Chance den eigenen Fortbestand zu sicher, besteht darin, ein neues Regelwerk aktiv mitzugestalten, in dem den Zentralbanken wieder eine elementare Kontrollfunktion zur Sicherung des Zahlungsverkehrs zukommt. Überleben können die Zentralbanken nur, wenn sie sich zu Vorkämpferinnen eines reformierten Geldsystems machen. Ihre gegenwärtige Strategie, das Geldsystem durch Inganghalten des Kettenbriefsystems am Laufen zu halten, muss langfristig scheitern. Sie entspricht zwar der Systemlogik, funktioniert aber nur auf kurze Sicht.

Der Zusammenbruch des heutigen Geldsystems ist genauso vorprogrammiert wie das Verschwinden des Bargeldes. Mit dem Bargeld werden auch die Zentralbanken in ihrer heutigen Funktion untergehen. Doch ein reines Buchgeldsystem wird langfristig ebenfalls keinen Bestand haben. Es ist auf Selbstzerstörung programmiert, da es nur als Kettenbriefsystem funktioniert. Warum das so ist, wird im 3. Teil dieser Tetralogie ausführlich erklärt. Was dagegen getan werden kann, ist Thema des 4. Teils.

11. Geldstoff

Entmaterialisierung des Zahlungsmittels

> Der Ausgangspunkt für alle diese Erörterungen war die Erkenntnis, daß das Wesen des Geldes unabhängig von dem Stoff ist, aus welchem die Geldzeichen hergestellt werden.
>
> Friedrich Bendixen[235]

Mit dem entmaterialisierten Buchgeld sind wir in der Gegenwart des Geldes angekommen. Die Gegenwart ist keineswegs das Ende der Geschichte des Geldes. Zwar wird wahrscheinlich auch das Geld der nahen Zukunft entmaterialisiertes Buchgeld sein, doch kann eine schwere Krise des Geldsystems uns in neue Formen der Tauschwirtschaft zurück werfen. Auch kann Gold noch einmal zur Grundlage neuer Münzgeldsysteme werden. Sicher ist nur, dass nichts bleibt wie es ist. Sicher ist auch, dass unser heutiges Kreditgeldsystem auf Selbstzerstörung programmiert ist. Aktuell arbeitet wohl nicht nur die Europäische Zentralbank (EZB) an der Einführung digitalen Zentralbankgeldes. Sollte es kommen, wäre damit keines der akuten Probleme gelöst. Insbesondere am Problem sinkender Arbeitseinkommen und steigender Kapitaleinkommen wird digitales Zentralbankgeld nichts ändern. Ich sehe darin einen letzten verzweifelten Versuch das bestehende Geldsystem am Laufen zu halten. Ein Systemkollaps wird mit digitalem Zentralbankgeld nicht verhindert.

So krisenhaft das gegenwärtige Geldsystem ist, birgt seine evolutionäre Entwicklung doch große Potentiale. Durch die Entwicklung vom antiken und feudalen Vollgeld hin zum kapitalistischen Kreditgeld bietet es die Möglichkeit vom Tauschmittel zum echten Verrechnungsmittel zu werden. Tauschmittel war das Geld solange es als Nutzgeld, Metallgeld oder Münzgeld einen inneren Wert hatte. Dadurch erschienen sowohl Kauf als auch Verkauf als vollständige Tauschakte, denn es wurden scheinbar Wertäquivalente getauscht. Die Idee, Geld müsse einen inneren Wert haben, haftet dem Geld bis heute an. Sie ist in den Forderungen der Banken, Kredite durch Vermögenswerte abzusichern, lebendig geblieben.

Kerbhölzer waren immer nur Verrechnungsmittel. Sie stellten nie Wertäquivalente dar, sondern bildeten lediglich die durch einen halben Tausch (der ein ganzer Kaufakt ist) entstehenden Guthaben und Schulden der beiden Tauschparteien ab. Das virtuelle Buchgeld kann zu einem soliden Verrechnungsmittel werden, wenn die Kreditregeln entsprechend modernisiert werden, mehr dazu im 4. Teil.

Mit dem Edelmetallgeld entstand die Möglichkeit Geld unbegrenzt zu lagern. Das aus dem Verkehr ziehen von Tauschmitteln, führt(e) immer wieder zu schweren Krisen. Geldhortung droht(e) den Geldfluss auszutrocknen. Deshalb muss(te) der Geldkreislauf ständig mit neuem Geld versorgt werden. In der Vergangenheit erforderte das unentwegt neue Münzprägung. Dafür notwendiges Erz mussten einst Sklaven aus den Bergen brechen. Zum Verhütten wurden Wälder abgeholzt. Heute wird Goldabbau mit Maschinen und schwersten Giften betrieben. Zur Energiegewinnung werden noch immer auch fossile Brennstoffe verheizt. Dabei ist das Goldstandardsystem offiziell abgeschafft. Zwar macht Bargeld nur noch einen geringen Teil der Geldmenge aus, doch nur weil die gesamte Geldmenge stetig wächst. Die damit zugleich wachsenden Schulden zerstören das Gemeinwesen.

Wenn wir unsere Kultur und unsere Gesellschaft erhalten wollen, müssen wir das aus dem Münzzeitalter übernommene Problem der unbegrenzten Geldhortung lösen. Ein entmaterialisiertes Verrechnungsmittel, was das Buchgeld zumindest formal bereits ist, bietet dazu die Möglichkeit. Da Kreditgeld – anders als das einstige Münzgeld – kein ewiges Geld mehr ist, könnten Guthaben und Schulden gemeinsam mit den Waren entstehen und vergehen. Auf diese Weise würde Geld dem Kreislauf alles Irdischen folgen. In diesem Kreislauf aus Werden und Vergehen könnte Geld als Verrechnungsmittel den Waren- und Dienstleistungsaustausch störungsfrei abwickeln. Das heute entmaterialisierte Geld hat das Potential für diesen Wandel. Als Kreditgeld ist es potentiell vergänglich. Allerdings werden Guthaben heute durch Verewigen (fauler) Kredite scheinbar unvergänglich. Kreditgeld ermöglicht jedoch Guthaben genauso wie Schulden zu befristen, vergleichbar wie Gutscheine. John Maynard Keynes hat ein solches Geld als Verrechnungswährung vorgeschlagen. Seine Idee eines Bancor[236] verdient aufgegriffen und weiter entwickelt zu werden.

Zweifelsfrei bergen Veränderungen immer auch Gefahren. Sie müssen deshalb gut durchdacht werden. Die Geschichte des Geldes hat gezeigt, dass Veränderungen neben den Lösungen bestehender Probleme, oft neue Probleme schaffen. Reformideen dürfen deshalb nicht mehr allein aus einem Krisenmanagement entstehen. Sie brauchen das Fundament einer umfassenden Geldtheorie. Wir kennen die Zukunft nicht. Sicher ist nur, ein „weiter so" wird nicht funktionierten. Wir können Wirtschaftsmodelle heute in Spielmodulationen testen. Das ermöglicht es, gemeinsam über Alternativen zu diskutieren.

Die 5 000jährige Evolution des Geldes ist an einem Punkt angelangt, an dem wir in Negation der Negation aus unserem Verschuldungssystem heraus zu einem neuen System von Verpflichtungen kommen können. Doch es gibt nur ein kleines Zeitfenster für die nötigen Reformen. Sollten Strom- und Internetnetze infolge eines Systemkollaps zusammenbrechen, haben wir unsere historische Chance vertan. Nach diesem Resümee noch einmal ein Blick zurück.

12. Zinsen

Älter als das Geld

> Da die Zinszahlung dem Kreislauf nicht etwa Zahlungsmittel entzieht, sondern auch zur Einkommensentstehung beiträgt, kommt es durch diese Annahme nicht zu einer zinsinduzierten permanenten Höherverschuldung der Unternehmen.
>
> Markus Vogtmann[237]

Die These, Zinsen[238] seien älter als das Geld, ist gewagt und verlangt eine Erklärung. Ob sie richtig oder falsch ist, hängt davon ab, wie wir Geld definieren. Für mich ist Geld in jedem Fall ein Kaufmittel für Waren. Am Beginn der Geldentwicklung waren Geldwirtschaft und Tauschwirtschaft jedoch noch kaum zu unterscheiden. Im Zeitalter des Nutzgeldes waren auch Geld und Ware nicht immer zu unterscheiden. In dieser frühen Phase sehe ich das Entstehen des Zinses. Geld im engeren Sinn entsteht für mich aber erst nach dem Nutzgeld. Denn ich verstehe unter Geld nicht einfach ein Tauschmittel, sondern ein Tauschmittel, das *nur* Tauschmittel ist. Geld im engeren Sinn ist für mich deshalb Metallgeld, das seinen Gebrauchswert bereits verloren hat und also nicht mehr Ware ist. Geld, das nur noch Tauschmittel ist, entsteht nach meiner Definition deshalb erst im Übergang vom Gerätegeld zu den Kümmerformen. Vor dem Hintergrund dieser Gelddefinition ist der Untertitel dieses Kapitels zu verstehen.

Ich definiere Geld also als Tauschmittel, das ausschließlich *nur* Tauschmittel ist. Geld lässt sich aber auch anders definieren, nämlich als das Zahlungsmittel, das in Verträgen vereinbart wird. Kaufverträge gibt es schon aus der Zeit vor dem Münzgeld. In diesen frühen Kaufverträgen wird nicht immer Metallgeld als Zahlungsmittel vereinbart. Gerade Verträge über Saatgut müssen oft in Getreide zurück gezahlt werden. Aus dieser Zeit (eines Handels mit Nutzgeld) stammen die ältesten uns bekannten Zinsforderungen und auch erste Verschuldungskrisen. Es hängt also von der Gelddefinition ab, ob Zins als Abkömmling des Geldes oder als etwas Älteres angesehen werden muss. Ich halte es für das Verständnis des Zinses für wichtig seinen Ursprung im Nutzgeldhandel zu sehen. Möglicherweise reicht der Zins sogar bis in die Geschenkwirtschaft zurück und leitet sich vom Geschenk ab. Vielleicht haben wir selbst schon mal, ganz unaufgefordert, aus Dankbarkeit eine Art Zins „bezahlt". Wenn wir z.B. unsere Nachbarin um zwei Eier zum Backen bitten und am nächsten Tag zwei Eier und eine Stück Kuchen zurück bringen, dann ist das Stück Kuchen ein Dankeschön für die spontane Hilfe. Wir können das Geschenk aber auch als Zins verstehen. Graeber vermutet den Ursprung des Zinses jedenfalls schon in prähistorischer Zeit. Er schreibt:

Die Ursprünge des Zinses bleiben wohl für immer im Dunklen, denn sie liegen vor der Erfindung der Schrift.[239]

Auch bei Wesel findet sich der Gedanke, dass Geschenke uralte Bestandteile des Handels sind. In Unterlagen aus dem Ende des 3. Jahrtausends v.u.Z. über Landverkäufe an Tempel oder an den König finden sich Angaben, dass die Verkäufer*innen[A]

...zusätzlich zum Kaufpreis noch eine besondere Gabe erhalten.[240]

Beides spricht in meinen Augen für einen Brauch, der in die Geschenkwirtschaft zurück reicht. Sind solche Gewohnheiten tief verwurzelt, können sie beim Übergang von der Geschenkwirtschaft zur Tauschwirtschaft eine neue Dynamik entwickeln. Ein paar Eier hergeben, wenn ich weiß, ich kann im Supermarkt um die Ecke jederzeit neue kaufen, ist etwas anderes als einen Sack Saatgetreide hergeben, den ich auch selber aussähen könnte. Bei einem solchen Handel erscheint die Forderung, nach der Ernte für den gegebenen einen Sack zwei Getreidesäcke zurück zu bekommen, mehr als gerecht. Dumm nur, wenn die Ernte schlecht war oder Wildschweine ausgerechnet mein Feld verwüstet haben. Ich brauche Getreide zum Essen für meine Familie und mich. Wenn dann nur zwei Getreidesäcke übrig bleiben, die ich für das Saatgut zahlen muss, muss ich im kommenden Jahr erneut Saatgut leihen. Aber auch wenn die Ernte gut ist, bleibt mir weniger zum Leben als den anderen Familien. Ich kann deshalb vielleicht meine Kinder nicht so gut ernähren oder so gut verheiraten wie andere. Ich werde vielleicht auch im nächsten Jahr Saatgetreide leihen müssen. Dann ist eine Verschuldungsspirale vorprogrammiert. Aber ist der geforderte Zins auf das Saatgut deshalb ungerecht? Schwer zu entscheiden.

Einig scheinen sich jedoch alle, dass die Verschuldungsspirale und die daraus resultierende Schuldknechtschaft ihren Anfang in der Landwirtschaft nahmen. Graeber stellt fest:

Die Begrifflichkeit für Zins ist in den meisten antiken Sprachen aus dem Wort für „Nachkommen" abgeleitet und verleitet zu der Vermutung, der Zinsbegriff sei aus dem Verleihen von Rindern entstanden,...[241]

Er selbst findet das jedoch

… eine zu schlichte Herleitung.[242]

Graeber berichtet eine Seite weiter von einer Zinsforderung durch den König

---

[A] Bei diesen Landverkäufen handelt es sich noch nicht um Privateigentum, sondern um Clanbesitz von Verwandtschaftsgruppen. Der Clanbesitz geht jetzt in Landbesitz der Tempel oder Könige über. Erst durch spätere Landverkäufe aus Königsbesitz an Privatpersonen entsteht Privateigentum an Boden. Wesel schreibt (S. 81): „Es gibt kein Privateigentum am Land … überall spürt man noch die alte segmentäre Ordnung. In den alten Verwandtschaftsgruppen mit ihrem Landeigentum, das sich nun allmählich auflöste." Vgl. Teil 1 dieser Tetralogie: Manifest... Kapitel 5

Enmetena. Der verlangte 2402 v.u.Z. für einen Jahrzehnte zurück liegenden Raub von Ackerland für entgangene Pacht zuzüglich Zins 4 ½ Milliarden Liter Gerste. Die absurde Summe, die nur als Kriegsgrund diente, soll hier nicht interessieren. Interessant ist, dass Pacht und Zins in Gerste gefordert wurden. Es wurde also entgangener Ertrag in Rechnung gestellt. In einer naturalwirtschaftlichen Welt, ohne Supermarkt um die Ecke, ist das verständlich. Noch zwei Jahrtausende später gab es auf den „wichtigsten Versammlungen" in Athen im Grunde nur zwei Themen:

> Getreide und die Verteidigung des Landes,[243]

weiß Moses Finley zu berichten. Getreide war damals Lebensgrundlage und deshalb von zentraler Bedeutung. Die Verwaltung der Getreidevorräte war so existenziell, dass daraus die Schrift entstanden ist. Getreidequittungen gehörten mit zu den ältesten Zahlungsmittel. Wir dürfen solche Quittungen jedoch nicht mit unserem Kreditgeld vergleichen, da es sich eben um Quittungen und nicht um Zahlungsversprechungen (wie Eigenwechsel) handelte.

Generell war der Zins in Naturalwirtschaften bzw. beim Handel mit Nutzgeld höher als später in der Metallgeldwirtschaft. Wesel stellt für das Ägypten zur Zeit der Ramessiden (ca. 1300 bis 1070 v.u.Z.) fest:

> Der Zinssatz ist, wie immer in archaischen Rechten, sehr hoch. Regelmäßig beträgt er 100 % im Jahr.[244]

Damals wurde vor allem Getreide als Zahlungsmittel genutzt. Die hohen Zinsen konnten nach schlechten Ernten schnell große Teile der ländlichen Bevölkerung in die Schuldknechtschaft treiben. Das führte dazu, dass Felder brach lagen und die Nahrungsproduktion sank. Daher gab es in der Antike wiederholt Schuldenerlasse. Graeber berichtet wiederholt davon. Es ging dabei stets darum, aus der Schuldknechtschaft auf die eigenen Felder (die Felder des Familienclans) zurück zu kehren. Graeber betont zugleich, dass geschäftliche Schulden, womit wahrscheinlich Handelsschulden gemeint waren, nicht unter die Schuldenerlasse fielen.[245] Es waren also ganz bestimmte Schulden, die in die Schuldsklaverei führten und es waren gerade nicht Geldschulden im engeren Sinn, die erlassen wurden.

Während man in Ägypten noch zur Zeit der Ptolemäer (323-30 v.u.Z.) und erneut ab dem 4. Jahrhundert unserer Zeit viele Zahlungen in Korn, statt in Metallgeld leistete,[246] nutzte man in Mesopotamien schon seit Jahrtausenden Edelmetalle. Bereits in der Gesetzgebung des Urnammu (ca. 2100 v.u.Z.) wurde Silber als Zahlungsmittel erwähnt.[247] Der Zinssatz für Silberdarlehen lag bei 20%. Nach Einführung der Münze im Mittelmeerraum sank der Zins in Athen im 6. bis 3. Jh. v.u.Z. auf 12%.[248] Gleiches gilt für Rom. Der Zins ist dort Ende des 3. Jh. v.u.Z.

> sehr hoch, wie immer in den Anfängen der Geldwirtschaft. Er liegt zunächst bei 20%. Am Ende der Republik [d.h. zur Zeitenwende, d.A.] beträgt er ein Prozent pro Monat (centesimae usurae), also wie in Athen 12% jährlich.[249]

Ähnlich verhielt sich der Zins im Ägypten der Römerzeit. Der Höchstzins betrug 12,5%.[250] Mit dem Übergang vom Nutzgeld zum Münzgeld sank der Zins also gravierend von 100% auf nur noch ein Achtel seiner früheren Höhe. Allerdings entstand mit dem Münzzins ein neues Problem. Es war ein wesentlicher Unterschied, ob Metall oder Nahrungsmittel, noch dazu Saatgut (das „Nachkommen" hervor bringt) entliehen wurde. Der Zins wuchs nun nicht mehr auf dem Feld, er musste auf dem Markt erworben werden.

Im Mittelalter stieg der Zins in Europa wieder auf 20% und mehr. In Köln musste man im 14. Jh. teilweise 36%, in Nürnberg sogar 43,3% zahlen.[251] Alle Versuche, den Zins auf 10% zu beschränken, brachten das Kreditgeschäft zum Erliegen. Diese extrem hohen Geldzinsen hatten einen besonderen Hintergrund. Es handelte sich um versteckte Steuern, die der deutsche Kaiser indirekt durch die Juden eintreiben ließ. Denn der Kaiser hatte die Juden mit Sondersteuern belegt. Da den Juden Handwerk und Landwirtschaft verboten waren, blieben ihnen nur Handel und Geldgeschäfte als Erwerbsfelder. Wegen des christlichen Zinsverbotes wurden direkt verzinste Münzkredite sowie das Wechseln von Münzsorten zu ihren Geschäftsfeldern. Max Weber bemerkt zu diesem „Judenkredit":

> Sein Charakteristikum ist, daß er den staatlichen Gewalten die Möglichkeit zu einer Schwammpolitik gab, der Ausbeutung der Bevölkerung durch den Judenzins mit in unregelmäßigen Zeitabständen erfolgter Konfiskation des Gewinns und der Außenstände, unter gleichzeitiger Ausweisung der jüdischen Gläubiger.[252]

Die extrem hohen Zinsen, die die Juden erhoben, machten sie nicht reich, da sie den größten Teil als Steuern an den Kaiser zahlen mussten. Außerdem mussten sie stets mit hohen Kreditausfällen rechnen. Die ergaben sich nicht nur aus der Zahlungsunfähigkeit von Kreditnehmenden, sondern auch aus der rechtlichen Benachteiligung der Juden. Als siebenter/unterster Stand in der gesellschaftlichen Hierarchie konnten sie ihr Recht oft nicht durchsetzen. In den zahlreichen Klageschriften über den jüdischen Zinswucher werden diese Ursachen der hohen Zinsforderungen geflissentlich übersehen. 1781 erscheint erstmals eine Schrift unter dem Titel: „Ueber die bürgerliche Verbesserung der Juden". Der Autor Christian Wilhelm Dohm legt dar, dass das Elend der jüdischen Bevölkerung Folge ihrer Ausgrenzung und Diskriminierung war. Er stellt fest:

> Die hohen Abgaben, welche die Juden entrichten mußten, und die tyrannische Willkühr, mit der man sie des Ihrigen beraubte, machten, daß man dieselben allmählig als eine Quelle der Finanzen ansah.[253]

Erstaunlicherweise wundern sich Zinskritiker*innen nicht, dass während des Mittelalters keine jüdische Familie ein Handelsimperium gründete. Die Großkaufleute des Mittelalters waren sämtlich Christen. Die Medici, Bardi, Peruzzi, Pitti, Strozzi, Fugger, Welser, Höchstetter, etc. durften alle offiziell keinen Zins nehmen. Trotzdem haben diese Familien Vermögen angehäuft, die allein durch Zins und Zinseszins nicht so schnell hätten entstehen können.

Juden blieben von den profitablen Finanzgeschäften zumindest in Deutschland lange ausgeschlossen. Auch die extrem hohen Zinssätze machten sie nicht reich. Was Vogtmann im Zitat am Kapitelanfang sagt, gilt hier in besonderer Weise. Das Zinsnehmen hat bei den Juden keine Vermögensbildung bewirkt, weil die Zinseinnahmen der Juden zum Einkommen des Kaisers wurden. Durch dessen Konsumausgaben flossen diese Zinseinnahmen zurück in den Kreislauf. Ein Zinseszins konnte nicht entstehen. Währenddessen wuchsen die Geldvermögen der christlichen Großkaufleute viel schneller als durch Zinseszins möglich gewesen wäre.

Zinseinnahmen führen also nicht automatisch zu Vermögenswachstum. Sofern Zinseinnahmen wieder ausgegeben werden, erzeugen sie keinerlei Wachstumszwang. Dagegen können Vermögen ohne Zinseinnahmen sehr viel schneller wachsen. Durch 5 oder 10% Zinsen erwirbt niemand Milliarden.

Vor Beginn der Industrialisierung waren auch in England die Zinsen hoch. Auf der Insel wurden im 16. Jh. Zinssätze zwischen 15 und 40% verlangt, obwohl Eduard VI. und Elisabeth I. den Höchstzins auf 10% festsetzten. Nach der Gründung der Bank von England waren plötzlich keine Gesetze mehr nötig, um den Zins zu drücken. Er fiel für das Diskontieren von Wechseln ohne Gesetzesdruck von 15-20% auf 8%, sofern das Diskontieren in Banknoten erfolgte. Gleichzeitig sank auch der Zins für Münzkredite von 34,5% auf 12-14%.

Da ähnliche Zinssenkungen durch Verbreitung von „Papiergeld" (Depositenscheinen) in China im 10. Jh. festgestellt wurden, liegt eine gemeinsame Ursache nahe. Durch Einführung papierner Zahlungsmittel sanken die Herstellungskosten des Geldes deutlich. Hierin scheint mir ein wesentlicher Grund für die nachfolgenden Zinssenkungen zu liegen. In Großbritannien konnte durch das neue Kreditgeld das Geldangebot außerdem besser der Geldnachfrage angepasst werden. Das könnte der Grund sein, warum auch die Zinsen für Münzkredite sanken. Münzgeld konnte jetzt teilweise durch Banknoten ersetzt werden.

Inzwischen liegen die Zentralbankzinsen nahe Null. Auf S. 136f. wurde dargelegt, dass Zentralbanken die Bargeldherstellung aus Zinseinnahmen bezahlen. Durch die gesamte Geldgeschichte hinweg ist somit sehr deutlich ein Zusammenhang zwischen sinkenden Geldherstellungskosten und sinkenden Zinsen erkennbar, auch wenn das nicht die einzige Ursache für sinkende Zinsen ist.

So enthalten Zinsen immer auch eine Risikoprämie. Daraus werden Rücklagen gebildet, aus denen Kredite zahlungsunfähig gewordener Kreditnehmer*innen getilgt werden (können). Aus Zinsen müssen außerdem die Betriebskosten der Banken inklusive der Gehälter der Angestellten bezahlt werden, sofern hierfür nicht extra Provision erhoben wird. Schon der Mönch Pacioli wusste, dass auch die Buchhaltung Kosten verursacht, für die eine Gebühr erhoben werden muss, wenn das Unternehmen überleben will. Er schreibt:

> Für Deine Tinte, Papier, Miete, Mühe und Zeit ziehst Du eine bescheidene Provision ab, die beim Wechsel immer erlaubt ist, wenn auch keine Gefahr der Reise oder anderer Übergabe in die Hand dritter Personen besteht...[254]

Statt Tinte und Papier brauchen Banken heute Geld für Computersysteme, die ständig am Laufen gehalten werden müssen. Kreditzinsen haben also eine ganze Reihen von Aufgaben zu erfüllen. Sie sind bis zu einer gewissen Höhe daher nicht nur sinnvoll, sondern auch notwendig. Sie abschaffen, hieße die Banken abschaffen. Es hat im Mittelalter nicht geklappt, den Kreditzins zu verbieten. Es wird weder jetzt noch in Zukunft gelingen.

Sparzinsen können hingegen unter bestimmten Bedingungen auf Null fallen, ohne das Kreditsystem zum Einsturz zu bringen. Denn gespart wurde und wird auch ohne Zinsgewinn. Erinnert sei an die Bronzehorte, Kapitel 3.4. *Hortfunde* (S. 38ff.).

In Deutschland hätte der Sparzins bereits Anfang der 1970er Jahre auf Null sinken können, weil das Fördern von Sparen (durch positive Sparzinsen) gesamtwirtschaftlich nur sinnvoll ist, solange die Kreditnachfrage das Sparvolumen übersteigt. Bereits 1967 sank die Kreditnachfrage jedoch so stark, dass der Staat sich gezwungen sah, Kredite aufzunehmen, um ein Schrumpfen der Geldmenge zu verhindern. Heute werden große Sparguthaben teilweise bereits negativ verzinst, denn die Banken verfügen über ein Überangebot an Spargeld.[255]

Im Laufe der Jahrtausende ist der Kreditzins auf ein mehr oder weniger sinnvolles Maß gefallen. Eine Ursache ist die fast vollständige Entmaterialisierung des Geldes, denn dadurch sind die Herstellungskosten des Geldes gesunken. Den Kreditzins vollständig abzuschaffen, ist jedoch nicht möglich, weil auch Buchgeld Kosten verursacht. Ein Verbot würde eine Schattenwirtschaft erzeugen. Erinnert sei an die Prohibition in den USA. Die förderte die organisierte Kriminalität.

Aber stellt der Zins nicht doch ein Problem dar? Hat die Zinskritik nicht trotz allem Recht, dass der Zins Wachstum erzwingt? Oder haben die Autor*innen der vielfältigen zinskritischen Literatur etwas übersehen?

Markus Vogtmann stellt im Zitat am Kapitelanfang fest, dass Zinszahlungen dem Kreislauf kein Geld entziehen, sondern nur Einkommen schaffen. Um diese Aussage zu stützen, wird der Frage nach der Wirkung von Zinszahlungen im Geldkreislauf im folgenden Textkasten nachgegangen. Ich beziehe mich dabei auf die Geschichte vom 11. Lederstück, die Bernard A. Lietaer in seinem Buch „Das Geld der Zukunft" erzählt.[256]

Das elfte Lederstück,
oder
Ist Zins unmöglich?

Lietaer erzählt von einem Mann, der den naturalwirtschaftlichen Tauschhandel erleichtert, indem er Geld schafft. Dieses Buch hat versucht zu zeigen, dass Geld keineswegs zur Erleichterung des Tauschhandels erfunden wurde, sondern sich auf komplizierte Weise entwickelt hat. Ich verzichte jedoch auf eine tiefer gehende Kritik an Lietaers Modell. Damit wir uns mit der These, Zins sei unmöglich, auseinander setzen können, müssen wir uns auf die Argumente der Zinskritiker*innen einlassen.

Lietaers Bankier erzeugt 100 gestempelte Ledermarken und leiht zehn Leuten je 10 dieser Ledermarken (10*10=100). Für das Bereitstellen dieses Tauschmittels fordert er 10% Zins. Lietaers Geschichte endet damit, dass am Jahresende nur neun Kreditnehmer ihren Kredit samt 10% Zins zurück zahlen können. Diese neun erfolgreichen Akteure zahlen je 11 Lederstücke zurück, zehn zur Tilgung, eins als Zins (9*11=99). Möglich ist das nur, weil der zehnte Kreditnehmer 9 seiner 10 Lederstücke durch ungeschickten Handel eingebüßt hat. Neun Kreditnehmer können ihre Zinsen nur zahlen, weil der zehnte ruiniert ist.

Lietaer will uns mit dieser Geschichte die Unmöglichkeit der Zinszahlung veranschaulichen. Doch die Geschichte ist weltfremd. Sie erklärt gerade nicht wie Bankiers von Zinsen gut leben können. Lietaers Geldgeber bekäme am Ende des Jahres genau nur die 100 Lederstücke zurück, die er zu Jahresbeginn verliehen hatte. 9 Kreditnehmer würden ihm zwar je 11 Lederstücke geben, also 99. Der zehnte wäre genau deshalb Pleite und könnte nur ein einziges Lederstück zurück geben. Wegen der Zahlungsunfähigkeit des zehnten, bringen dem Bankier die Zinsen der anderen neun keinerlei Gewinn.

Um sich ein schönes Leben zu machen, muss der Bankier anders vorgehen. Er sollte von allen Kreditnehmern eine monatliche Kreditrate von z.B. je 2 Lederstücken fordern. So bekäme er jeden Monat 10 mal 2 also insgesamt 20 Lederstücke. 10 dieser Lederstücke bucht er als Kredittilgung, so dass die Geldmenge monatlich um 10 Lederstücke sinkt. Mit den 10 Lederstücken, die er als Zins einnimmt, kann er jedoch jeden Monat seinen Konsum finanzieren. Dadurch gelangen seine Zinseinnahmen wieder in den Umlauf.

Kauft er mit seinem Zinseinkommen Waren und Dienstleistungen seiner Kreditnehmer, nehmen die das Geld, das sie dem Bankier als Zins gezahlt haben, wieder ein und können am Monatsende erneut je 2 Lederstücke Kreditrate zahlen. Auch im 2. Monat erhält der Bankier so 10% Zinsen auf die anfangs verliehenen 100 Lederstücke. Auch dieses Zinseinkommen kann er für seinen Konsum ausgeben. Ganze 9 Monate kann unser Bankier so in Saus und Braus leben. Jeden Monat erhält er 20 Lederstücke. 10 dienen der Kreditrückzahlung, 10 sind Zinseinnahmen.

Nach der 9. Rate ist die Geldmenge auf 10 Lederstücke gesunken. Von 100 verliehenen Lederstücken sind jetzt nur noch 10 im Umlauf. Denn Monat für Monat wurden 10 Lederstücke zur Kredittilgung gezahlt. Erst jetzt können die Kreditnehmer keine Zinsen mehr zahlen. Doch der Bankier hat in den vergangenen 9 Monaten auf seine 100 verliehenen Lederstücke insgesamt 9 mal 10 Lederstücke als Zinsen eingenommen. Das macht zusammen 90 Lederstücke also 90% Zinsen. Er wird seinen Kreditnehmern deshalb sicher gern einen neuen Kredit anbieten. Vielleicht verlangt er diesmal nur alle zwei Monate eine Rate von 2 Lederstücken für Zins und Tilgung. Dann blieben ihm monatlich künftig „nur" 5 Lederstücke Zinseinnahmen, also 5% Zins jeden Monat! Warum die Kuh schlachten, die sich so gut melken lässt.

Zweifelsfrei profitiert der Bankier durch den Zins von der Arbeit seiner Kreditnehmer, denn er kann mit seinem Zinseinkommen einen Teil ihrer Waren und Dienstleistungen kaufen. Sofern sein Geld zur Erleichterung des Handels und damit zur Steigerung der Produktivität beiträgt, haben aber vielleicht alle einen Vorteil. Dann kann der Zins als Preis für die Geldbereitstellungs- und -verwaltungsarbeit des Bankiers angesehen werden. Schließlich muss er das Leder beschaffen, die Lederstücke zuschneiden und prägen sowie verschlissene Stücke durch neue ersetzen. Solange der Zins zum Finanzieren des Geldsystems dient und als Einkommen der Bankangestellten (hier vertreten durch den Bankier) umläuft, erzwingen Zinszahlungen kein Wachstum. Über die Höhe des Zinses, als Preis für die Leistungen des Bankiers, lässt sich natürlich streiten. In diesem Beispiel wurde er nur zur Vereinfachung der Rechnung so hoch angesetzt.

Probleme entstehen erkennbar durch die Kredittilgung, weil dadurch die Gesamtgeldmenge schrumpft. Der Zins wird indessen nur zum Problem, wenn der Bankier die Zinseinnahmen hortet, statt sie für seinen Konsum auszugeben. Allerdings wäre auch Sparen kein Problem, wenn das Spargeld durch Kreditnachfrage wieder in Umlauf gelangt. Nicht die Zins*forderung* bzw. Zins*zahlung*, sondern erst die Zins*verwendung* kann eine Absatzkrise verursachen.

Die vielen offenen Fragen sollen im 3. Teil dieser Tetralogie „Das kapitalistische Geldsystem" eine Antwort finden. Dort wird den Problemen, die aus der Kredittilgung erwachsen, nachgegangen. Zunächst jedoch ein Blick auf den Zusammenhang zwischen Geldschöpfungsrecht und politischer Macht.

13. Machtwechsel

Politische Folgen verlorener Geldschöpfungshoheit

> Bei Geldfragen hört die Gemütlichkeit auf.
> David Hansemann[257]

Nachdem das Kreditgeld vom Geld der Kaufleute zum Geld der Banken wurde, wurde es mit der Zeit zum allgemeinen Zahlungsmittel. Im Laufe dieses Jahrhunderte dauernden Prozesses büßte der Adel langsam aber stetig seine Geldschöpfungsrechte ein. Im Kapitel 9. *Kreditfalle* (S. 89ff.) wurde gezeigt, wie die feudalen Münzrechte scheibchenweise an das Patriziat, die Bourgeoisie, das Bürgertum übertragen wurden. Infolge Misswirtschaft wurden Erzminen und Münzstätten verpfändet und verkauft. Somit konnte der Adel nach und nach kein eigenes Geld mehr schöpfen, sondern musste es leihen. Solange keine Rückzahlung der Kredite erfolgte, mussten Zinsen gezahlt werden.

Das kapitalistische Geld war – anders als das feudale – kein ewiges Geld mehr. Selbst geliehenes feudales Münzgeld war eben geliehenes Geld, auch wenn die Münzen an sich unvergänglich waren. Für das gesamte durch Kreditaufnahme beschaffte Geld mussten deshalb Zinsen bezahlt werden. Durch den Geldverleih an den Staat, den einstigen Geldschöpfer, unterwanderte das kapitalistische Prinzip die alte feudalistische Ordnung. Feudales Münzgeld konnte – einmal geprägt – ewig umlaufen, ohne Kosten zu verursachen. Kapitalistisches Geld, durch Kreditaufnahme in Umlauf gebracht, fordert fortlaufend Zinsen, bis es durch Tilgung wieder aus dem Kreislauf verschwindet. Dieses Prinzip gilt unabhängig davon, ob es sich um von Kaufleuten geschaffenes Kreditgeld oder um feudales Münzgeld handelte. Sobald Geld durch Kreditaufnahme in Umlauf kommt, ist es kein ewiges Geld mehr, denn es verlangt für die Dauer seines Umlaufes Zinsen. Hieraus erwuchs die unerbittliche Maxime des Kapitalismus: Zeit ist Geld. In den kapitalistischen Uhren verrinnt kein Sand. Der Zeittakt ist zum Zahltakt geworden. Jeden Monat ist eine Kreditrate fällig. Das christliche Zinsverbot blieb jedoch wirkungslos, da die Ursachen des Wucherproblems nicht erkannt und beseitigt wurden.

Der Rückgang der feudalen Geldschöpfung führte zur Ausweitung der kapitalistischen; umgekehrt drängte die kapitalistische Geldschöpfung die feudale zurück. Damit wuchs die Macht des Patriziats.

In England hatten sich die politischen Machtverhältnisse bereits im 13. Jh. zu verschieben begonnen. Deshalb saß die Bourgeoisie bereits fest im Sattel, als im 17. Jh. die Zeit kam, das Ruder herum zu reißen. Auf den englischen Bürgerkrieg 1642-1649 folgte 1688-1689 die Glorreiche Revolution (*Glorious Revolution*).

Wenig später wurde 1694 die Bank von England gegründet. Das Bürgertum hatte seine politischen und ökonomischen Interessen durchgesetzt.

In Frankreich herrschte zu dieser Zeit Ludwig der XIV. absolutistisch. Die Kontrolle der heimischen Goldvorkommen ermöglichte ihm Goldmünzen zu prägen, die berühmten Louis d'Or. Doch Luxus, Kriege und Korruption bewirkten, dass Geldschöpfung und Steuereinnahmen die Staatsausgaben nicht deckten. Ludwig XIV. hinterließ bei seinem Tod 1715 Staatsschulden in Milliardenhöhe. Zwar gelang es 1720 durch John Laws Mississippiaktienschwindel, siehe Kapitel 10.4. *Wertpapiere* (S. 110ff.), einen Teil dieser Schulden zu entsorgen, doch Staatsschuld und Steuerlast blieben hoch. Die Französische Revolution 1789-1799 änderte schließlich die Machtverhältnisse in Frankreich und schuf so die Voraussetzung für ein neues Recht. Der *Code Napoleon* wurde für weite Teile Europas zur Grundlage eines neuen Bürgerlichen Rechts. Die wesentlichen Änderungen betrafen das Bodenrecht und die Geldschöpfung. Mit der Revolution wurden Kreditinstitute geschaffen. Diese neuen Banken emittierten Kreditgeld, was bald zum allgemeinen Zahlungsmittel wurde. Auch das Bodenrecht wurde den Bedürfnissen der Bourgeoisie angepasst. Nach bürgerlichem Recht durften nun auch Bürgerliche Land kaufen, was bisher allein dem Adel vorbehalten war. Vordem musste, wer Land erwerben wollte, erst ein Adelspatent erwerben, wie Jakob Fugger der Reiche, dessen Fürstenwappen die Lilie wurde.

In Deutschland fiel es dem Bürgertum schwerer der ökonomischen eine politische Machtübernahme folgen zu lassen. Ein Grund war die Kleinstaaterei, die in Rudimenten bis heute fortlebt. Teile und herrsche funktioniert in Deutschland noch immer gut. Als es 1848 endlich zur Revolution kam, sollten auch hier Bodenrecht und Geldschöpfung bürgerlich umgestaltet werden. David Hansemann, ein rheinischer Kaufmann und späterer Bankier, wollte das in Angriff nehmen. Er reiste im März 1848 von Aachen nach Berlin. Als er dort am 26.3. eintraf, wurde er am gleichen Tag zum Finanzminister der 1. deutschen Republik berufen. Doch bevor er das Kreditbankensystem durchsetzen konnte, hatte ihn die Reaktion wieder aus dem Amt getrieben. Nach seinem Scheitern als Finanzminister gründete er 1851 die Discontogesellschaft[258] im Bemühen, praktisch umzusetzen, woran er in der Politik gescheitert war. Offiziell durfte diese Bank kein Kreditgeld emittieren. Hansemann fand Umwege, bis 1870 – noch vor der Gründung des Deutschen Kaiserreiches – das Aktienbankengesetz erlassen wurde. Bald schossen Aktienbanken wie Pilze aus dem Boden. Der verspätete deutsche Gründerrausch im Bankgewerbe wurde bald befeuert durch das Gold der Franzosen. Frankreich zahlte seine Reparationen nach dem 1871 verlorenen deutsch-französischen Krieg in Gold. Doch Gold erwies sich einmal mehr als ein unbrauchbarer Anker des Geldsystems. Viele der neuen Kreditinstitute gingen im Gründerkrach 1873 genau so schnell wieder unter, wie sie entstanden waren.

Kurt von Pannwitz[259] erzählt, wie die Gründung des Deutschen Reiches durch im Vorfeld betriebene monetäre Einigung vorbereitet wurde. Dazu gehörten nicht nur die Zollvereine und die Vereinheitlichung des zersplitterten Währungssystems. Dazu gehört auch, dass Preußen die Bedeutung des Wechsels für den Zahlungsverkehr erkannte, nachdem 1839 Carl Einerts Buch über das Wechselrecht nach dem Bedürfnis der Kaufleute erschienen war. Preußen setzte sich an die Spitze eines Gremiums, dessen Ziel es war, das Wechselrecht in den deutschen Ländern zu vereinheitlichen. Preußen hatte erkannt, dass diese rechtliche Einigung eine wichtige Grundlage für eine politische Einigung war. Die führende Rolle im Prozess der Vereinheitlichung des Wechselrechts mündete denn auch in Preußens führender Rolle im politischen Einigungsprozess. Die Vereinheitlichung der Währung, des Zollrechts, des Wechselrechts sowie der Maße und Gewichte hatte eine wirtschaftliche Einheit geschaffen, der bald eine politische Einheit folgte. Auch in Deutschland hatte sich die Politik letztlich den ökonomischen Erfordernissen untergeordnet.

Im Laufe des 19. Jhs. hatte die Bourgeoisie in ganz Europa nach einer schleichenden Enteignung des Adels Schritt für Schritt die politische Macht erobert. Rechte und Gesetze wurden den Interessen des Kommerz angepasst. Boden wurde zur Ware und Banken wurden in Kreditinstitute umgewandelt. Das nun zum allgemeinen Zahlungsmittel werdende Kreditgeld förderte die sich immer stärker Bahn brechende Industrialisierung. Der Wandel im Bankwesen schlug sich auch in den Namen nieder. So wurde z.B. aus dem Bankhaus Michael Kaskel 1865 die „Sächsische Bank zu Dresden"[260] und später die Dresdner Bank. Aus Banken persönlich haftender Gesellschafter wurden Kreditinstitute für eine Stadt, ein Land oder einen Wirtschaftszweig.

Aus den Vorrechten des Adels wurden Vorrechte der Kaufleute und der Industriellen. Der Geburtsadel trat seine Privilegien an den Geldadel ab. Doch kapitalistische Kreditgeldschöpfung ist kein hoheitlicher Akt mehr. Kreditgeldschöpfung erfordert Interaktion zwischen Banken und Kreditsuchenden. Das hat lange das Entstehen einer absolutistischen Machtelite verhindert. Allerdings sind heutige hochkomplexe Gesellschaften existentiell vom Funktionieren des Geldsystems abhängig. Je weniger der Staat in der Lage ist, Banken zu kontrollieren und Regeln und Gesetze durchzusetzen, desto mächtiger werden die Banken. Banken wissen um ihre Bedeutung für den Fortbestand des Gemeinwesens. Sie wissen auch, welche Gesetze nicht durchgesetzt werden können, ohne das gesamte Bankwesen zum Einsturz zu bringen. Deshalb stehen Banken heute ähnlich außerhalb der Gesetze wie einst der Adel. Nicht erst die Finanzkrise 2007/08 hat dafür Beispiele geliefert.

14. China

Beispiel für eine außereuropäische Geldentwicklung

> Die Verwendung von Getreide, Tuch, Seide und
> anderen Sachgütern als Tauschmittel erfolgte
> auch in der späteren chinesischen Geschichte in
> der Regel nur zu Zeiten der Geldverwirrung, der
> übermäßigen Verknappung des bis dahin übli-
> cheren Geldes oder einer sonstigen Schwierigkeit
> im Geldwesen.
>
> Liao Bao-Seing[261]

Im Kapitel 3.7. *Münzgeld* (S. 47ff.) wurde bereits erwähnt, dass die Entwicklung des Geldes keineswegs überall gleich verlief. Die Fokussierung auf die europäische Entwicklung erfolgte, weil das heute weltweit verbreitete Kreditgeld in
Europa entstand. Infolge des Wachstumszwanges des Kreditgeldsystems[A] und des
Zwanges zur Eroberung immer neuer Märkte wurde dieses System inzwischen in
allen Ländern implementiert.

Auch die einst sozialistischen Länder hatten das Kreditgeldsystem im Kern
übernommen. Eine Reform des Geldsystems erfolgte nicht, da Marx die Ursache
der Ausbeutung im Eigentum an Produktionsmitteln, nicht im Geldsystem sah.[262]
Im heutigen China, das offiziell noch immer von einer kommunistischen Partei
regiert wird, wird offenbar, wie das kapitalistische Kreditgeldsystem befreit von
den Fesseln der sozialistischen Planwirtschaft, die sozialistische Ideologie über-
windet.[B]

Doch bleiben wir zunächst bei der Geschichte des Geldes. Ein kurzer Überblick über die Geschichte des chinesischen Geldes eröffnet einen zusätzlichen
Blickwinkel auf die Besonderheit der europäischen Entwicklung hin zum kapitalistischen Kreditgeldsystem. Die Entwicklung verlief in China wie im Rest der
Welt von der Geschenkwirtschaft über die Tauschwirtschaft zur Geldwirtschaft.

Tauschwirtschaft und Geldwirtschaft begannen hier jedoch deutlich früher als
in Europa. Verbreitete Prestigeobjekte – aber auch Gebrauchsgüter der Frühzeit –
waren Kaurimuscheln. Bao-Seing berichtet:

[A] Ich verweise hier u.a. auf den deutschen Dokumentarfilm „Oeconomia" von Carmen Losmann.
[B] Zwar wächst der Mittelstand in China derzeit so rasant, dass er das weltweite Schrumpfen des
Mittelstandes bei globaler Betrachtung verschleiert. Doch diese Entwicklung ist typisch für eine
junge, kapitalistische Volkswirtschaft. Kreditgeldschöpfung erfolgt in dieser Phase noch sehr
umfangreich durch private Kreditaufnahme für realwirtschaftliche Investitionen. Ausführlich
wird das im 3. Teil dieser Tetralogie: „Das kapitalistische Geldsystem" (siehe S. 162) analysiert.
(Neben China findet nur noch in Lateinamerika kein Schrumpfen des Mittelstandes statt.)

Bevor die Menschen Ton und Bronze entdeckt hatten [d.h. zu verarbeiten gelernt hatten, d.A.], verwendeten sie die Muscheln beim Wassertrinken als Gefäß. Da es Muscheln, die so groß waren, daß sie das Trinkbedürfnis von einem oder zwei Menschen erfüllen konnten, nur an der Meeresküste oder an großen Seen gab, tauschten die Bewohner dieser Gegenden, die vom Fischfang lebten, solche Muscheln gegen Tiere oder Tierfelle bei den Jägervölkern, die im Innern des Landes, fern von der Meeresküste, wohnten. ... Später [als Menschen Tongefäße nutzten, d.A.] gebrauchte man allerdings nicht mehr so große Exemplare wie früher, sondern achtete mehr auf eine hübsche Form, die sich auch bequem transportieren ließ.[263]

Das klingt weniger nach einer Verwandlung von Prestigeobjekten in Prestigegeld als mehr nach Verwandlung von Gebrauchsgeräten in Kümmerformen. Auch wenn es sich nicht um Bronzegerät handelt, ließe sich diese Entwicklung also als Entstehen von Kümmerformen beschreiben. Es spricht aber auch nichts dagegen, Kaurimuscheln als Prestigegeld zu betrachten. Beide Vorläufer des Geldes (Prestigeobjekt sowie Gebrauchsgut) scheinen hier ineinander zu fließen und zu verschwimmen. So oder so wird erneut erkennbar, dass die Geldentwicklung keiner vorgegebenen Stufenfolge folgte. Ähnliche wirtschaftliche Entwicklungen initiierten jedoch ähnliche monetäre Innovationen. So bewirkte die Metallverarbeitung auch in China das Entstehen von Bronzegerät und Gerätegeld aus dem schließlich Kümmerformen wurden.

Als Beweis dafür dient uns zunächst die bisher älteste entdeckte Art der *bu*[C]-Münze, nämlich die *tschan-bi*. Die meisten der chinesischen Numismatiker geben zu, daß sie aus der Vor-Tschun Tsiu-Zeit[D] stammen muß. Der Griff der *tschan-bi*-Münze ist hohl; man kann in denselben einen Stiel stecken und hat dann eine vollständige Geräteform. Es ist somit hochwahrscheinlich, daß die *bu*-Münze sich vom Gerätegeld her entwickelt hat.[264]

Auch in China verkümmerte das Gerätegeld. Hier wurde es sogar schon als Kümmerform zur Münze, denn schon Kümmerformen wurden mit Schriftzeichen versehen. Vorbild für frühes Bronzegeld waren hier zudem nicht nur Bronzegeräte, sondern auch Kaurimuscheln. Ob Bronze-Muschel-Geld (kleine Bronzestücke in Form von Kaurimuscheln) aus einer Prestigefunktion oder einer Gerätefunktion von Kaurimuscheln abgeleitet wurde, ist wohl weder zu klären noch für die weitere Entwicklung von Bedeutung, denn es wurde bald durch andere Geldformen verdrängt.

[C]   Die *bu*-Münzen hatten die Form von Spaten; *bu* bedeutet landwirtschaftliches Gerät; *dau* bedeutet Messer, was auch an der Form dieser Münzen erkennbar ist.

[D]   Die Tschun Tsiu Zeit beginnt nach Bao-Seing ab 722 v.u.Z. Er selbst nimmt an, dass das Gerätegeld sehr viel älter war. Auf S. 67 (1940) schreibt er, dass „Geld schon unter Tai Hau Schï (ca. 4477 v.Chr.) entstanden" war. Kümmerformen gab es wohl spätestens seit dem 12. Jh. v.u.Z.

Außer dem Bronze-Muschel-Geld gehörten das sogenannte *bu* und *dau*, das ist Kupfergeld in Form von landwirtschaftlichen Geräten und Messern, zu den ältesten Geldarten. Erst später wurde Kupfergeld in Form von runden Münzen, die in der Mitte gelocht waren und *tsiën* genannt wurden, herausgegeben. Die sogenannten *tung-yüan*, d.h. Kupfermünzen von runder Form ohne Ausschnitt in der Mitte, wurden erst am Ende des 19. Jahrhunderts in der Tsing-Dynastie hergestellt.[265]

Kümmerformen haben sich in China relativ lange als Münzformen erhalten. Am verbreitetsten waren Münzen in Form von Spaten (*bu*-Geld) oder Messern (*dau*-Geld). Ferner soll es Münzen in Form von Heuschrecken,

> Glocken, Schlüsseln, Kämmen, Triangeln (*kiau-bi*), Lotosherzen (*ou-sin-tsiën*), Reibeisen, Fischen, Pferden und anderen Figuren[266]

gegeben haben. Allerdings betrachtet die Numismatik[E] manche dieser kleinen Bronzen eher als Amulette. Das legen die Gestaltung sowie die Anordnung der Ösen gerade der kleinen Tierfiguren nahe. Der Geldcharakter der symbolischen Spaten und Messer ist hingegen unstrittig. Das Entstehen dieses ersten münzartigen Geldes konnte von Bao-Seing 1940 nur grob zeitlich eingeordnet werden. Inzwischen mag es genauere Datierungen geben. Für unseren historischen Überblick genügen seine Angaben.

> Hieraus geht hervor, daß das *bu*-Geld seit der Schang-Dynastie (1783 bis 1135 v. Chr.) seinen Namen führt, das *dau*-Geld aber erst seit der Dschou-Dynastie (1134-247 v. Chr.).[267]

Münzartige Kümmerformen gehörten in China offensichtlich schon früher als in Europa zu den gängigen Tauschmitteln. Möglicherweise hat die Entwicklung von Kümmerformen hier ihren Ausgangspunkt genommen und die Idee gelangte über den internationalen Handel später nach Europa. Die Entwicklung von großen zu kleinen Münzen verlief in ganz Eurasien analog, so dass wir gleiche Ursachen (einen Ursprung im Fernhandel) annehmen dürfen.

> Die dicken und schweren Münzen wurden zuerst geprägt, später kamen dünnere und kleinere in den Umlauf.[268]

Schließlich setzten sich in China am Ende der Dschou-Dynastie (1134-247 v.u.Z.) (wahrscheinlich im 5. bis 4. Jh. v.u.Z.) runde Münzen durch. Wie erwähnt besaßen diese Münzen bis Ende des 19. Jhs. ein quadratisches Loch in der Mitte.

Aus der Tang-Dynastie gibt es erste Berichte über das Verwenden von Münzwechseln.[269] Seit Beginn des 9. Jh. u.Z. wurden solche Wechsel wohl bereits als Zahlungsmittel genutzt. Aus dem Gebrauch von Wechseln als Zahlungsmittel hat sich in China schon im 13. Jh. die Idee von Zettelgeld entwickelt. Diese Entwicklung folgt dem in der Geschichte des Geldes immer wieder erkennbaren Muster. Kaufleute verwenden Wechsel als Zahlungsmittel und verschaffen diesen Zetteln

---

[E] Münzkunde

dadurch Akzeptanz auf dem Markt. Erst danach greift der Staat diese Idee auf und versucht diese Geldschöpfung zu monopolisieren. Nach Bao-Seing gab es „Papiergeld" (Depositenscheine) der Kaufleute bereits in der Tang-Dynastie (618-905 u.Z.)[270] seit dem 8. oder 9. Jh.

> Für die Depositenscheine, die in steigendem Maße in Verkehr kamen, wurde von der Regierung im 3. Kai Bau-Jahre (970 n. Chr.) eine „Verwaltungsstelle für das Bequeme Geld" (*Biën tsiën-wu*) begründet, welche an Stelle der bisherigen drei Ministerien das *biën tsiën* zu verwalten und die Scheine zu emittieren hatte. Die Einlösung derselben in Metallgeld erfolgte gegen eine bestimmte Gebühr, die im allgemeinen 3% kaum überschritt. Gleichzeitig befahl die Regierung den Kaufleuten, bei der Einlösung der Depositenscheine keine Verzögerung zu bereiten, sondern in allen Gebieten die sofortige Auszahlung am gleichen Tage sicherzustellen. Ein Verstoß gegen diese Anordnung war strafbar.[271]

Da der Handel vielfach schweres Kupfer- oder Eisengeld nutzte, gab es ein Interesse an bequemerem „Papiergeld". Die „Verwaltungsstelle für Bequemes Geld" ließe sich daher mit der mehr als ein halbes Jahrtausend später in Stockholm gegründeten Notenbank vergleichen. Tatsächlich hatte sie jedoch mehr Ähnlichkeiten mit den etwa zeitgleich in London entstandenen Goldschmiedebanken. Beide gaben Quittungen für hinterlegtes Münzmetall aus, die als Zahlungsmittel verwendet wurden. Dass eine ministerielle Verwaltungsstelle solche Quittungen ausgab, sagt mehr über den früh entwickelten chinesischen Staat aus, als über das chinesische Geldwesen.

Die Verwaltungsstelle legte jedesmal eine maximale Geldmenge fest, sowie eine Laufzeit nach der die Scheine eingelöst werden sollten. Wohl wegen der Laufzeit sieht Bao-Seing in den Depositenscheinen Kreditpapiere. Er schreibt:

> Die Depositenscheine sind ein deutliches Anzeichen, daß sich während der Tang-Dynastie ein Übergang von der Geld- zur Kreditwirtschaft anbahnte.[272]

Doch die Depositenscheine sind kein Anzeichen für einen Übergang zur Kreditwirtschaft. Sie lassen sich zwar mit Münzwechseln, nicht aber mit Eigenwechseln vergleichen. Der gravierende Unterschied zwischen den frühen chinesischen und den späteren europäischen Wechseln war: chinesische Wechsel blieben bis ins 19. Jh. Depositenscheine. Sie waren kein Kreditgeld, denn es gab nie eine Aufspaltung in Kreditwechsel und Rückwechsel. China kannte kein Zinsverbot. Deshalb war es nicht notwendig gewesen, Kreditverträge in Wechseln zu verschleiern. Daher blieben chinesische Wechsel immer an eine Bareinzahlung gebunden.

In Europa war mit dem Eigenwechsel Kreditgeld entstanden. Eigenwechsel entstanden aber erst aus Rückwechseln. Das Besondere an den Rückwechseln war, dass sie ohne Barzahlung entstanden, da sie nur die Kreditrückzahlung am

Ende der Laufzeit regelten. Rückwechsel waren durch das christliche Zinsverbot provoziert worden. Aus ihnen entstanden das Kreditgeld zunächst in Gestalt des Eigenwechsels. Dieser innovative Beitrag des christlichen Europas zur Geldentwicklung trug wesentlich zur Überwindung des Feudalismus und zur Entwicklung des Kapitalismus bei. Erst Eigenwechsel ermöglichten eine Geldschöpfung durch Kaufleute im Handel für die Bedürfnisse des Handels. Darin ähneln sie den Kerbhölzern. Nur konnten die Eigenwechsel mittels Indossament bald als universelles Tauschmittel genutzt werden.

Diese Entwicklung hatte weder in der antiken Welt Mesopotamiens, noch im Römischen Imperium, noch in China, Indien, Persien oder der arabischsprachigen Welt stattgefunden. Deshalb deutet das Verwenden von Wechseln in all diesen Kulturen in keinem Fall auf die Existenz von Kreditgeld hin. Wechsel hat es in all diesen Kulturen schon viel früher als in Europa gegeben. Doch sie sind außerhalb Europas bis ins 19. oder 20. Jh. immer Depositenscheine bzw. Quittungen geblieben. Sie waren immer an eine Bareinzahlung gebunden.

Betrachten wir also mit geschärftem Blick die Entwicklung vom chinesischen Wechsel zum staatlichen Zettelgeld. In der Tang-Dynastie (618-907)[273] kamen Wechsel unter Kaufleuten als Zahlungsmittel immer mehr in Gebrauch. In der Song- bzw. Sung-Dynastie (960-1279) wurde mindestens eine staatliche Verwaltungsstelle als eine Art Wechselbank eingerichtet. Spätestens in der Yuan- bzw. Yüan-Dynastie (der Zeit der Mongolenherrschaft 1271/79-1368) versuchte der Staat die Geldschöpfung zu monopolisieren.[274] Dadurch entstand das chinesische Zettelgeld.

Es folgten etwa 400 Jahre ständiger Geldverwirrung. Das Schema war stets das gleiche. Die jeweiligen Kaiser beschlossen die Ausgabe von „bequemem Geld". Emittiert wurden die Scheine offiziell als Quittungen für hinterlegtes Münzgeld. Meist betrug die Laufzeit 3 Jahre. Am Ende der frühen Ära des Zettelgeldes wurde die Laufzeit teilweise auf 10 Jahre verlängert. Während der Laufzeit kam es im Allgemeinen zu großen oder kleinen kriegerischen Konflikten im Land oder an den Grenzen. Zur Kriegsfinanzierung wurde die Geldmenge über den Bestand an hinterlegtem Münzgeld hinaus ausgeweitet, denn die chinesischen „Verwaltungsstellen für bequemes Geld" unterstanden dem Staat. Neben die echten Depositenscheine trat dadurch unbemerkt das staatliche Zettelgeld. Äußerlich war das Zettelgeld nicht von den Depositenscheinen zu unterscheiden. Doch da die Zettel nur gedruckt wurden, um Kriege zu finanzieren, stand hinter dem Zettelgeld keine Ware auf dem Markt. Folglich kam es stets zu Inflationen und zu Problemen bei der Einlösung des Zettelgeldes. Für das Einlösen wurden deshalb immer neue Strategien gewählt.

Fand tatsächlich eine Auszahlung in Münzen statt, musste Kupfer und Silber aus den kaiserlichen Schatztruhen beschafft werden. Fehlte dem Kaiser Metall oder der Wille zur Auszahlung, konnten Münzen verkleinert oder durch schlechtere Legierungen ersetzt werden. Es konnte auch eine Einlösegebühr erhoben werden. Dadurch wurde vergleichbar dem Schlagschatz bei Brakteaten (S. 63f.) nur ein Teil der eingezahlten Münzmenge ausgezahlt. Später wurde Zettelgeld meist nur noch in neues Zettelgeld mit neuer Laufzeit umgetauscht. Auch dafür konnte (vergleichbar dem Schlagschatz) eine Druckgebühr für den Umtausch alter Scheine gegen neue erhoben werden. Teilweise wurde nur 1 neuer Schein für 4 alte ausgegeben. Später sank der Wert des Zettelgeldes sogar auf 1/100 oder 1/1.000 seines ursprünglichen Wertes.

Zum Einlösen des Zettelgeldes durch die emittierende Bank wurden in späterer Zeit auch Mönchsdiplome[F] oder Salz angeboten. Zudem war Zettelgeld in dieser Zeit keineswegs alleiniges Zahlungsmittel gewesen. Münzgeld, aber auch Seide, Reis, Salz, ja selbst Muscheln blieben als regionales Geld im Umlauf oder wurden in Inflationszeiten verstärkt als Tauschmittel genutzt. Kein Wunder, dass Naturalwirtschaft und der Gebrauch von Münzgeld während dieser Zeit fortbestanden.

Aus europäischer Sicht ist interessant, dass Bao-Seings „Geschichte des chinesischen Geldes" viele Namen von Kaisern, Ministern und Beamten enthält, aber keinen einzigen Namen einer großen Handelsdynastie. Sicher verhinderten häufige Inflationen zeitweise das Entstehen großer Privatvermögen. Allerdings spielte hier sicher mit hinein, dass die chinesische Kultur durch grundsätzlich andere philosophische und moralische Werte geprägt war, als die europäische. Die von Konfuzius, Laotse und anderen geschaffenen Wertesysteme prägten einen Beamtenstaat, in dem auch Kaufleute im Staatsdienst ein erstrebenswertes Ziel sahen. Nicht grenzenlose Geldvermehrung war das Ziel chinesischer Kaufleute, sondern genügend hohe Einnahmen für ein Leben in Wohlstand sowie zur Finanzierung der Ausbildung der Söhne für den Staatsdienst. Der feudale Geist der chinesischen Kultur durchdrang die Wirtschaft noch vollständig. Geld verdienen war noch nicht zu einem abstrakten Ziel geworden, sondern diente der Finanzierung des Lebensunterhaltes und dem Streben nach höheren Würden.

Da der Staat jedoch ständig wiederkehrende Inflationen erzeugte, konnten selbst immer schärfere Gesetze zum Annahmezwang dem Zettelgeld schließlich keine Akzeptanz mehr bei den Kaufleuten bzw. auf dem Markt verschaffen. Deshalb endete die Ära des frühen chinesischen „Papiergeldes"[G] 1661[275] nach rund 400 Jahren. Erst 1852 ließ Kaiser Wen Dsung erneut Zettelgeld drucken. Wieder

---

[F] Es war eine Besonderheit der chinesischen Kultur, dass Mönche Diplome (Urkunden) kaufen mussten, um in den geistigen Stand eintreten zu können. Das Bedürfnis nach solchen Mönchsdiplomen war offensichtlich so groß, dass es eine staatliche Einnahmequelle bot. Hier zeigt sich die spezifische Werteorientierung und philosophische Ausrichtung der chinesischen Kultur.

[G] Nach meiner Definition handelt es sich um Zettelgeld.

diente es zur Kriegsfinanzierung.

> Die Regierung beauftrage die Kaufleute, *guan-yin-tsiën-hau* (Amtliche Silber- und Kupfergeld-Banken) für die Papiergeld-Verwaltung zu errichten und hierfür vom Schatzamte Silber und vom Finanz- und Arbeitsministerium Kupfermünzen als Kapitalien aufzunehmen. Die Beamtengehälter hatten zur Hälfte in Papiergeld zur Auszahlung zu gelangen. Auch die Steuern sowie sämtliche an die Behörden zu leistende Abgaben mußten zu 50% in Papiergeld und der Rest in Silber und Kupfermünzen erfolgen.[276]

Noch immer war das chinesische „Papiergeld" kein Kreditgeld, sondern Zettelgeld. Es blieb wie in früherer Zeit formal Depositenschein bzw. Quittung, wobei sich dahinter staatliche Geldschöpfung verbergen konnte. Erst europäische Kolonialmächte führten ohne Rücksicht auf Recht und Gesetz ihr Kreditgeld in China ein.

Für Bao-Seing sind jedoch alle Geldscheine gleichermaßen Papiergeld und Kreditgeld. Trotzdem stellt er fest:

> Über die Notenmenge der ausländischen Banken war zunächst ein geheimnisvoller Schleier gebreitet.[277]

1897 wurde endlich ein chinesisches Kreditinstitut nach europäischem Vorbild errichtet. Die Commercial Bank of China wurde von chinesischen Großkaufleuten gegründet, um ihre Interessen zu vertreten. Damit war China im Kreditgeldzeitalter angekommen.

Der Kommunismus hat am kapitalistischen Geldsystem nichts verändert. Er beschränkte sich darauf, Unternehmen sowie die Kreditvergabe und damit die Geldzuteilung zu verstaatlichen. Über die 1848 im Manifest der Kommunistischen Partei aufgestellte Forderung

> Zentralisation des Kredits in den Händen des Staates durch eine Nationalbank mit Staatskapital und ausschließlichem Monopol.[278]

ist marxistische Geldpolitik nirgendwo hinaus gekommen. Die Folgen erleben wir heute. Im „kommunistisch" regierten China erlebt ein staatsmonopolistischer Kapitalismus gerade seine Blütezeit. Doch vielleicht wird gerade China den Sprung in die Moderne schaffen und das Kreditgeld demokratisieren. Im heute bevölkerungsreichsten Land der Erde gibt es ein gewaltiges kreatives Potential. Hier kollidieren kapitalistisches Profitstreben und kommunistische Ideale. Vielleicht wird eine neue Generation das bestehende System in Frage stellen und völlig neue Wege gehen.

15. Geldschöpfungsmacht

Markt oder Staat

> Es ist gar nicht Sache der Juristen, zu sagen, was Geld
> ist. Das sollten vielmehr die Nationalökonomen tun, die
> aber freilich nicht dazu imstande sind. Diese Schwäche
> beurteile ich aber sehr mild, denn woher wollen diese
> „publizistisch" interessierten Herren die Vorübung dazu
> nehmen – die ich ganz woanders erworben habe.
>
> Georg Friedrich Knapp[279]

Auf dem Streifzug durch die Geschichte des Geldes ist wiederholt die Frage
aufgetaucht, ob Geld ein Produkt des Marktes oder des Staates ist. In der Frühge-
schichte des Geldes erkennt dieses Buch ein Primat des Marktes. Der Markt
musste Geld akzeptieren. Der Markt, das waren die Kaufleute. Entstehung und
Entwicklung des Geldes lagen deshalb lange in den Händen und damit in der
Macht der Kaufleute. Geld in seiner Frühform (das Gerätegeld und später die
Münze) sowie spätere Geldmutationen (das Kreditgeld) entstanden immer als
Geld im Großhandel, also als Tauschmittel zwischen Kaufleuten.

Erst im Laufe der Entwicklung wurde aus dem Geld der Kaufleute allgemeines
Tauschmittel. Erst nachdem Geld zu einem allgemein notwendigen Tauschmittel
geworden war, konnte der Staat sich das Geldschöpfungsmonopol aneignen. Ein
Monopol entsteht im Allgemeinen durch das Vernichten bestehender freier Konkurrenz. Der Staat besaß nie die Macht zu definieren, was Geld ist. Er hat nie
Geld an sich erschaffen oder neue Geldformen kreïert. Er hat immer nur vorhandene Geldformen monopolisiert. Was der Markt als Geld akzeptiert, konnte der
Staat nie festlegen. Er konnte lediglich versuchen, das Geld des Marktes unter seine Kontrolle zu bringen. Hierbei war staatlich monopolisierte Geldschöpfung
nicht immer erfolgreich. Das zeigt die Geschichte des chinesischen Zettelgeldes
genauso, wie die der Hyperinflationen im Kreditgeldsystem.

Das heutige Geldsystem funktioniert u.a. deshalb recht und schlecht, weil der
Staat eben nicht das Geldschöpfungsmonopol besitzt, sondern nur das Monopol
Zentralbankgeld zu schöpfen. Die eigentliche Geldschöpfung zur Versorgung der
Wirtschaft findet noch immer in den Geschäftsbanken statt. Die Stärken und
Schwächen dieses Systems werden im 3. Teil untersucht.

Bei all dem sehe ich eine Entwicklung hinsichtlich des Einflusses des Staates
auf das Geldwesen. Hintergrund dieser Veränderung ist in meinen Augen das veränderte Verhältnis der Menschen zur Selbstversorgung. Mit wachsender Entfremdung von der direkten Bedürfnisbefriedigung wuchs die Abhängigkeit vom Geld

und damit die Macht des Staates. In einer Subsistenzwirtschaft gab es keinen Zwang zur Geldwirtschaft. Folglich war niemand gezwungen, schlechtes Geld als Tauschmittel zu nutzen. Mit dem Übergang zur Warenproduktion entstand nach und nach ein Zwang zum Warenaustausch. Der erforderte jedoch nicht zwingend Geld als Tauschmittel. Solange die Waren Eigentum der Produzierenden waren, konnte neben Geldhandel immer auch Tauschhandel betrieben werden. Tauschhandel war auch noch möglich, nachdem die Produzierenden von den Produktionsmitteln enteignet worden waren, solange Lohn auch in Naturalien gezahlt wurde. Zumindest anteilige Naturallöhne waren im Feudalismus mehr oder weniger üblich. Durch den Aufstieg des Kapitalismus wurden Naturallöhne jedoch mehr und mehr durch reine Geldzahlungen ersetzt. Dadurch wuchs die Abhängigkeit vom Geld. Erst jetzt wurde Geld zu einem notwendigen Tauschmittel und seine Mängel zur existenziellen Bedrohung. Erinnert sei hier an die Deflationskrise 1907 (S. 122ff.). Die deutsche Hyperinflation 1923 und die 1931 folgende Bankenkrise können für den 2. Weltkrieg mitverantwortlich gemacht werden.

Mit dem Übergang zur Dienstleistungsgesellschaft verschärfte sich die Entfremdung von der direkten Bedürfnisbefriedigung durch Entfremdung von der Warenproduktion. Die Bäuerin kann ihre Erzeugnisse notfalls selbst konsumieren. Der Handwerker kann seine Produkte notfalls direkt gegen Nahrungsmittel eintauschen. Doch was können die IT-Expertin oder der Kraftwerksingenieur tauschen? Sie sind vollständig vom Funktionieren des Geldsystems abhängig. Umgekehrt ist die Gesellschaft von ihrer Arbeit abhängig. Ohne Daten- und Stromnetze bricht heute alles zusammen. Mit steigender Abhängigkeit vom Geld wächst die Notwendigkeit, das Geldsystem krisenfest zu machen, es in Krisenzeiten zumindest irgendwie am Laufen zu halten. Das verschafft dem Staat völlig neue Macht als Geldschöpfer. Zumindest den Konsument*innen kann er nun staatliches Geld als Zahlungsmittel aufzwingen. Doch seine Macht reicht nicht aus, sein Geld auch den Kaufleuten aufzuzwingen. Das zeigen neue Geldentwicklungen wie Bitcoin oder Projekte wie Libra. Es sind noch immer Kaufleute, Unternehmerinnen oder Konzernherren die neue Geldformen schaffen und auf dem Markt einführen.

Kaufleute besitzen die eigentliche Hoheit über das Geld. Sie akzeptieren staatliches Geld nur, solange es ihnen Vorteile verschafft. Trotz der wachsenden Macht des Staates im System der Geldschöpfung liegt das Primat der Geldakzeptanz nach wie vor beim Handel. Eine Geldreform muss deshalb im Handel ansetzen. Doch das ist erst Thema im letzten Teil dieser Tetralogie. Erst nachdem wir im 3. Teil „Das kapitalistische Geldsystem" in allen seinen Elementen erkundet haben, können wir im 4. Teil „Vorschläge für eine Geldreform" durchdenken.

16. Anhang

16.1. Danksagung

Jedes Buch ist ein Abenteuer, denn Schreiben zwingt dazu, Gedanken zu ordnen. So ergeben sich teilweise neue, klarere Muster. In diesem Prozess waren mir kritische Fragen und Hinweise stets hilfreich.

Besonders danke ich Prof. Joseph Huber für seine Hinweise auf Fehler und seine Kritik. Gleicher Dank gilt Dr. Norbert Häring. Außerdem danke ich Carmen Losmann, der Regisseurin des Dokumentarfilms „Oeconomia", für ihre Hinweise zum Verständnis und zur Lesbarkeit des Textes. Alle haben mich durch ihre Anmerkungen zu Überarbeitungen und Ergänzungen angeregt.

Matthias Stöckermann und meiner Schwester Gamilah Kenawi danke ich für das Korrekturlesen. Evtl. noch vorhandene Fehler gehen auf mein Konto. Für Hinweise auf noch unentdeckte Fehler oder Ungereimtheiten bin ich dankbar. Korrekturen werde ich auf meine Webseite www.falschgeldsystem.de stellen.

Für die Gestaltung des Covers und der Abbildungen und Grafiken im Buch danke ich Heike Stephanie Aßmann. Last but not least danke ich meiner Schwester sowie Gabriele Kösters für ihre finanzielle Unterstützung.

16.2. Vita

1962 in Ostberlin geboren. Als Tischlerin und (Diplom)Ingenieurin gleichermaßen an Hand- und Kopfarbeit wie an praktischen und theoretischen Fragen interessiert. Während des Zusammenbruchs der DDR und der anschließenden Annexion in der Frauenbewegung aktiv, später Archivarin und Holzgutachterin. 2005 bis 2009 autodidaktisches Ökonomiestudium. Heute freiberufliche Autorin.

KULTURELLER HINTERGRUND UND DANK

Mein Ururgroßvater war Kaufmann und Jude, mein Urgroßvater Prof. der Rechte und Christ. Mein Großvater war Feinmechaniker und Atheist, mein Vater Ingenieur und Moslem. Obwohl ich keinen dieser Männer kennen lernte (da auch mein Vater sehr früh starb), haben sie mir alle etwas hinterlassen. Bücher über Wirtschaft mein Ururgroßvater, Bücher über Recht mein Urgroßvater, politisches Engagement und Freude am Handwerk mein Großvater und einen kulturkritischen Blick mein Vater. Meine Mutter hat mir als Ingenieurin und Atheistin einen naturwissenschaftlichen, kritischen Geist und Zweifel an allen Ideologien mitgegeben. Vor diesem Hintergrund begegne ich Ideen grundsätzlich mit kritischem Interesse sowie prüfender Neugierde. Vor allem meiner Mutter und meinem *sozialen* Vater (ebenfalls Ingenieur und Atheist) bin ich zu Dank verpflichtet.

16.3.   Tetralogie

Übersicht über die 4 Teile der „Quadratur des Geldes"

1. Teil

Manifest für das 22. Jahrhundert – Moneyfest for future

In diesem Buch werden Zusammenhänge zwischen ökologischen Kreisläufen und
dem Geldkreislauf skizziert. Es wird gezeigt, warum im heutigen Geldsystem soziale und ökologische Konflikte nicht gelöst werden können, sondern zunehmen.
In diesem Zusammenhang wird der Mythos Marx hinterfragt.

2. Teil

Geschichte des Geldes – Verpflichtung versus Verschuldung

David Graeber sieht in Schulden eine Ursache für Kriege, was historisch vielfach
stimmt. Doch Schulden werden auch Verbindlichkeiten genannt. Tatsächlich können Schulden auch Verpflichtungen darstellen, die eine soziale Gemeinschaft binden, statt sprengen. Dieses Buch geht den Unterschieden von Geschenkwirtschaft,
Tauschwirtschaft und Geldwirtschaft nach und wirft auch einen Blick auf das
Kerbholzsystem. Es zeichnet die Entstehung, Entwicklung und Veränderungen
des Geldes vom prähistorischen Tauschhandel bis zum heutigen Kreditgeld nach.
Diese Geldgeschichte ermöglicht einen neuen Blick auf die Zukunft.

3. Teil

Das kapitalistische Geldsystem – Entwirrte Krisendynamik

Ulrike Herrmann sieht im Kreditgeld kein Wesensmerkmal des Kapitalismus.
Doch in der Antike teilweise als Zahlungsmittel verwendete Schuldscheine waren
noch kein Kreditgeld. Erst das heutige 100-prozentige Kreditgeldsystem erzeugt
die spezifisch kapitalistische Dynamik, die unausgesetzt Wachstum und Innovationen erzwingt. Das Buch macht transparent, wie Wertpapierhandel zunehmendes
Geldmengenwachstum ermöglicht. Es zeigt auch die Ursachen des Profitstrebens
und warum es zu Profitgier mutiert. Es erklärt, warum kreatives Innovations-
potential zunehmend destruktiv wirkt.

4. Teil

Vorschlag für eine Geldreform – Grundprinzipien und Regeln

Hier werden keine Luftschlösser gebaut, die an die Vernunft und den guten Willen der Menschen appellieren. Hier werden Regelwerke vorgestellt, die selbstregulierende wirtschaftliche Systeme ermöglichen. Die Regeln werden aufbauend
auf der Analyse der vorangegangenen Teile der Tetralogie entwickelt. Die Quadratur des Geldes kann gelingen, denn Geld ist keine vorgegebene, sondern eine
menschengemachte Struktur. Das Projekt ist jedoch eine Herausforderung.

16.4. Literaturverzeichnis

Achterberg, Erich (1965): Berliner Hochfinanz. Kaiser, Fürsten, Millionäre um 1900 – Fritz Knapp Verlag: Frankfurt am Main

Anonym (1797): Geschichte der Bank von England von ihrer Entstehung an bis auf den heutigen Tag nebst einer Bestimmung ihres Fonds und der Größe ihres Credits u.s.f. Commission – bey Melchior Köhler: Bremen

Aumann, G. (o.J., ca. 1965): Primitives Geld – vormünzliche Zahlungsmittel. Erläuterung zu den Schausammlungen des Naturwissenschaftlichen Museums Coburg (Heft 19) – Coburg

Bao-Seing, Liao: Die Geschichte des chinesischen Geldes (Von den Uranfängen bis zur Errichtung der chinesischen Republik). In: Sinica. Zeitschrift für Chinakunde und Chinaforschung – Verlag des China-Instituts: Frankfurt am Main

(1939): Teil 1: 14. Jg./1939, Heft 5-6, S. 239-272

(1940): Teil 2: 15. Jg./1940, Heft 1-2, S. 60-105; Teil 3: 15. Jg./1940, Heft 3-6, S. 229-273

(1941): Teil 4: 16. Jg./1941, Heft 1-6, S. 54-119 und S. 162-216

Barth, Heinrich (1986); herausgegeben von Heinrich Schiffers: Die große Reise. Forschung und Abenteuer in Nord- und Zentralafrika 1849-1855 – Neues Leben: Berlin

Bendixen, Friedrich (1920): Geld und Kapital. Gesammelte Aufsätze (2. überarb. Auflage) – G. Fischer: Jena

Bouniatian, Mentor (1908): Geschichte der Handelskrisen in England: im Zusammenhang mit der Entwicklung des englischen Wirtschaftslebens – Verlagsbuchhandlung Ernst Reinhardt: München

Bowman, William Dodgson (1938): Die Geschichte der Bank von England von ihrer Gründung im Jahre 1694 bis heute – Benno Schwabe Verlag: Basel

Busch, Ralf (Hrsg.) (1999): Kupfer für Europa. Bergbau und Handel auf Zypern – Wachholtz: Neumünster

Canstein, R. Freiherr von (1890): Das Wechselrecht Österreichs und die Abweichungen der Wechselrechte Deutschlands, Ungarns, der Schweiz, Italiens, Frankreichs und Englands – Heymanns: Berlin

Chamisso, Adelbert v. (o.J., um 1906): Reise um die Welt mit der Romanzoffischen Entdeckungs-Expedition in den Jahren 1815-1818 auf der Brigg Rurik, Kapitän Otto v. Kotzebue (Gesammelte Werke in vier Bänden), 4. Bd. – Cotta: Stuttgart

Cierny, J.; Weisberger, G. (2003): Bronze Age tin mines in Central Asia. In: Giumlia-Mair, Alessandra; Fulvia Lo Schiavo (Hrsg.): Le problème de l'étain à l'origine de la métallurgie – BAR International Series 1199: Oxford

Czaya, Eberhard (1990): Der Silberbergbau. Aus Geschichte und Brauchtum der Bergleute – Koehler & Amelang: Leipzig

Däbritz, Walther (1957): David Hansemann - Frankfurt am Main: Deutsche Bank

De Roover, Raymond (1968): The Bruges money market around 1400. With a statistical supplement by Hyman Sardy – Paleis der Academien: Brüssel

Deger-Jalkotzy, Sigrid (Hrsg.) (1983): Griechenland, die Ägäis und die Levante während der „Dark Ages" vom 12. bis zum 9. Jh. v. Chr. (Akten des Symposiums von Stift Zwettl (NÖ) 11.-14. Oktober 1980, Österreich) – Akd. d. Wiss.: Wien

Dohm, Christian Wilhelm von (1781): Über die bürgerliche Verbesserung der Juden (1. Teil 1781) – Friedrich Nicolai: Berlin und Stettin

Dopsch, Alfons (1930): Naturalwirtschaft und Geldwirtschaft in der Weltgeschichte – Seidel & Sohn: Wien

Drexhage, Hans-Joachim; Konen, Heinrich; Ruffing, Kai (2002): Die Wirtschaft des Römischen Reiches (1.-3. Jahrhundert) Eine Einführung – Akademie Verlag: Berlin

Dürmeier, Thomas; Egan-Krüger, Tanja von; Peukert, Helge (Hrsg.) (2006): Die Scheuklappen der Wirtschaftswissenschaften. Postautistische Ökonomik für eine pluralistische Wirtschaftslehre – Metropolis: Marburg

Ehrenburg, Richard (1896): Das Zeitalter der Fugger. Geldkapital und Creditverkehr im 16. Jahrhundert (Band 1: Die Geldmächte des 16. Jahrhunderts; Band 2: Die Weltbörsen und Finanzkrisen des 16. Jahrhunderts) – Gustav Fischer: Jena

Einert, Carl (1839): Das Wechselrecht nach dem Bedürfniß des Wechselgeschäfts im neunzehnten Jahrhundert – F.C.W.Vogel: Leipzig

Einzig, Paul (1966): Primitive Money. In its Ethnological, Historical and Economic Aspects (2. Ausgabe) – Pergamon Press: Oxford et al.

El Masry, Ingrid (2004): Die Sozialgenese des altägyptischen Staates in komparativer Perspektive. Ein Beitrag zur politische Ökonomie gesellschaftlicher Herrschaft – Peter Lang: Frankfurt am Main

Europäische Bankengeschichte (1993): Fritz Knapp Verlag: Frankfurt am Main

Finley, Moses I. (1977): Die antike Wirtschaft – dtv: München

Fränkel, Albert (1887): Gustav Nachtigals Reisen in der Sahara und im Sudan – Brockhaus: Leipzig

Föhl, Carl (1937): Geldschöpfung und Wirtschaftskreislauf – Duncker & Humblot: München und Leipzig

Funk, Franz Xaver (1868): Zins und Wucher. Eine moraltheologische Abhandlung mit Berücksichtigung des gegenwärtigen Standes der Cultur und der Staatswissenschaften – Laupp'sche Buchhandlung: Tübingen

GEO Epoche (2014): Der Kapitalismus (Das Magazin für Geschichte, Nr. 69) – Gruner und Jahr: Hamburg

Gerloff, Wilhelm (1947): Die Entstehung des Geldes und die Anfänge des Geldwesens (Bd. 1: 3. überarb. Aufl.) – Vittorio Klostermann: Frankfurt am Main

Gleeson, Janet (1999): Der Mann, der das Geld erfand – Kremayr & Scheriau: Wien

Gmür, Max (1991): Schweizerische Bauernmarken und Holzurkunden. 2. Aufl. – Stämpfli & Cie.: Bern

Goethe, Johann Wolfgang von (o.J., um 1955): Faust. Der Tragödie zweiter Teil – Verlag der Nation: Berlin

Graeber, David (2012): Schulden. Die ersten 5.000 Jahre – Klett-Cotta: Stuttgart

Häberlein, Max; Burkhardt, Johannes (Hrsg.) (2002): Die Welser. Neue Forschungen zur Geschichte und Kultur des oberdeutschen Handelshauses – Akademieverl.: Berlin

Hänsel, Alix; Hänsel, Bernhard (Hrsg.) (1997): Gaben an die Götter. Schätze der Bronzezeit Europas – Berlin

Hartmann, Monika E. (2000): Elektronisches Geld und Geldpolitik. Eine Analyse der Wechselwirkungen – Diss. Univ. Karlsruhe (TH). Universitätsverlag: Karlsruhe

Hasenkamp, Adolf (1907): Die Geldverfassung und das Notenbankwesen der Vereinigten Staaten – Fischer: Jena

Heichelheim, Fritz M. (1938): Wirtschaftsgeschichte des Altertums vom Paläolithikum bis zur Völkerwanderung der Germanen, Slaven und Araber; Bd. 1. – A.W. Sijthoff's Uitgeversmaatschappij N.V.: Leiden

Heinsohn, Gunnar; Steiger, Otto (1996): Eigentum, Zins und Geld. Ungelöste Rätsel der Wirtschaftswissenschaft – Reinbek bei Hamburg: Rowohlt

Helas, Volker (1998): Die Dresdner Bank in Dresden. Architektur und Lebensspuren – Michael Sandstein Verlag: Dresden

Helck, Wolfgang (1975): Wirtschaftsgeschichte des alten Ägypten im 3. und 2. Jahrtausend vor Chr. – Brill: Leiden, Köln

Helsper, Helga (1991): Abenteuer auf See. Über Piratinnen und andere Seefrauen – edition ebersbach: Dortmund

Herberstein, Sigismund von (o.J.): Notes upon Russia (The Hakluyt Society; Nachdruck einer Schrift von ca. 1550) – Burt Franklin: New York.

Hoffmann, Gabriele (2001): Das Haus an der Elbchaussee. Die Geschichte einer Reederfamilie (3. Auflage) – Piper: München, Zürich

Hofrichter, Peter (1994): Kauri-Kulturgeschichte, In: Festschrift zum 25jährigen Jubiläum der Hansetischen Münzengilde e.V. – Hamburg

Höltz, Joachim (1984): Kritik der Geldentstehungstheorien. Carl Menger, Wilhelm Gerloff und eine Untersuchung über die Entstehung des Geldes im alten Ägypten und Mesopotamien – Reimer: Berlin

Hönn, Karl (1948): Solon. Staatsmann und Weiser – Verlag Seidel & Sohn: Wien

Hourani, Albert (2002): Die Geschichte der arabischen Völker. 2. Auflage – Fischer Taschenbuch: Frankfurt am Main

Howgego, Christopher (2000): Geld in der Antiken Welt. Was Münzen über Geschichte verraten – Theiss, Wiss. Buchgesellschaft: Darmstadt

Ilwof, Franz (1882): Tauschhandel und Geldsurrogate – Graz

Institut für bankhistorische Forschung (1982): Deutsche Bankengeschichte. Bd. 1-3 – Fritz Knapp Verlag: Frankfurt am Main

Jacob, Christina (Hrsg.) (1987): Kupfer, Bronze, Eisen. Vorgeschichtliche Werkstoffe (Ein Begleitheft zur Ausstellung) – Städtische Museen: Heilbronn

Jäger, Ernst Ludwig (1878): Der Traktat des Lucas Paccioli von 1494 über den Wechsel. Vortrag gehalten am 22. März 1878 vor dem kaufmännischen Vereine von Stuttgart. A. Liesching u. Comp. – Stuttgart

Jäger, Ernst Ludwig (1879): Die ältesten Banken und der Ursprung des Wechsels. Mit einem Anhange betreffend die ältesten Statuten der Bank des heiligen Ambrosius zu Mailand – A. Liesching u. Comp.: Stuttgart

Kalcyk, Hansjörg (1982): Untersuchungen zum attischen Silberbergbau. Gebietsstruktur, Geschichte und Technik – Peter Lang: Frankfurt am Main, Bern

Kantorowicz, Hermann Ulrich (1906): Der Kampf um die Rechtswissenschaft – Heidelberg

Krasensky, Hans (1968): Kurzgefaßt Bankgeschichte – C.E. Poeschel Verlg.: Stuttgart

Kellenbenz, Hermann (Hrsg.) (1981): Wachstumsschwankungen. Wirtschaftliche und soziale Auswirkungen (Spätmittelalter bis 20. Jahrhundert). 8. Arbeitstagung der Gesellschaft für Sozial- und Wirtschaftsgeschichte – Klett-Cotta: Stuttgart

Kenawi, Samirah (2021): Manifest für das 22. Jahrhundert. Moneyfest for future – Books on Demand, Norderstedt

Keynes, John Maynard (1932): Vom Gelde. (A treatise on money.) – Duncker & Humblot: Berlin

Keynes, John Maynard (1988): Vorschläge für die Gründung einer internationalen Clearing-Union – In: Lettre International. Europas Kulturzeitung. (Jg. 1), Heft 2, S. 39-48

Kimpel, Horst (o.J.): Muscheln, Salz und Kokosnüsse. Geld der Naturvölker – Vormünzliche Geldformen (Katalog zur gleichnamigen Ausstellung) – Fuhlrott-Museum: Wuppertal

Kirchner, Wolfgang; Radtke, Wolfgang (1987): Bankier für Preußen. Christian Rother und die Königlich-Preußische Seehandlung – Nicolai: Berlin

Kluge, Bernd (2001): Sachsenpfennige und Otto-Adelheid-Pfennige: Anfänge und Dimensionen der Münzprägung in Magdeburg und Sachsen zur Zeit der Ottonen – In: Otto der Grosse – Magdeburg und Europa: Katalog der 27. Ausstellung des Europarates und Landesausstellung Sachsen-Anhalt in Magdeburg (27.8.-2.12.2001), Hrsg. Puhle, Matthias, S. 417-426

Knapp, Georg Friedrich (1921): Staatliche Theorie des Geldes (3. überarb. Aufl.) – Duncker & Humblot: München, Leipzig

Knapp, Georg Friedrich; Bendixen, Friedrich (1958): Zur staatlichen Theorie des Geldes. Ein Briefwechsel, 1905-1920; Hrsg.: Kurt Singer – Kyklos: Basel

Kostenzer, Otto (1976): Das kleine Buch vom Gold. Alles Wissenswerte vom Gold und seiner Geschichte – Pinguin-Verlag: Insbruck und – Umschau: Frankfurt am Main

Lauffer, Siegfried (Hrsg.) (1971): Diokletians Preisedikt – Gruyter & Co: Berlin

Laum, Bernhard (1924): Heiliges Geld. Eine historische Untersuchung über den sakralen Ursprung des Geldes – J.C.B. Mohr: Tübingen

Le Goff, Jacques (1988): Wucherzins und Höllenqualen. Ökonomie und Religion im Mittelalter – Klett-Cotta: Stuttgart

Le Goff, Jacques (Hrsg.) (1990): Der Mensch des Mittelalters. (2. korrigierte Auflage) – Campus: Frankfurt am Main, New York

Le Goff, Jacques (1993): Kaufleute und Bankiers im Mittelalter – Campus: Frankfurt am Main, New York

Lehmann, Gustav Adolf (1985): Die mykenisch-frühgeschichtliche Welt und der östliche Mittelmeerraum in der Zeit der „Seevölker"-Invasion um 1200 v. Chr. In: Rheinisch-Westfälische Akademie der Wissenschaften (Vorträge G 276) – Westdeutscher Verlag: Opladen

Lehmann, Johannes (1975): Die Hethiter. Volk der Tausend Götter – Bertelsmann: München

Lengner, A. (1895): Der Wechsel in seiner wirthschaftlichen Bedeutung. Eine Einführung in die Credit- und Geldmarkt-Verhältnisse – P. Hüttig: Berlin

Leverkus, Erich (1990): Freier Tausch und fauler Zauber. Vom Geld und seiner Geschichte – Knapp: Frankfurt am Main

Lietaer, Bernard A. (1999): Das Geld der Zukunft. Über die destruktive Wirkung des existierenden Geldsystems und die Entwicklung von Komplementärwährungen – Riemann Verlag: o.O.

Lücker, Claus F. (1999): Zinsverbot und Schuldenerlaß. Eine bibeltheologisch-sozialgeschichtliche Studie zur Frage nach ethischen Kriterien für Kapitalanlagen kirchlich-institutioneller Anleger in Deutschland – Verlag für Interkulturelle Kommunikation: Frankfurt am Main

Ludwig, Günter; Wermusch, Günter (1988): Silber. Aus der Geschichte eines Edelmetalls – Die Wirtschaft: Berlin

Luxemburg, Rosa (1985): Gesammelte Werke. Band 5. Ökonomische Schriften – Dietz: Berlin

Marx, Karl; Engels, Friedrich (1952): Manifest der Kommunistischen Partei – Dietz: Berlin

Mauss, Marcel (1990): Die Gabe. Form und Funktion des Austauschs in archaischen Gesellschaften – Suhrkamp: Frankfurt am Main

Mayer, Hans Eberhard (2005): Geschichte der Kreuzzüge (10. überarb. und erweiterte Aufl.) – Kohlhammer: Stuttgart

Menger, Carl (1970): Gesammelte Werke, Band 4: Schriften über Geld und Währungspolitik (2. Aufl.) – Mohr (Siebeck): Tübingen

Mommsen, Theodor (1860): Geschichte des römischen Münzwesens – Weidmannsche Buchhandlung: Berlin

Moser, Thomas (1997): Die patristische Zinslehre und ihre Ursprünge: Vom Zinsgebot zum Wucherverbot (Diss. Der Wirtschaftswissenschaftlichen Fakultät der Univ. Zürich) In: Schriftenreihe des Instituts für empirische Wirtschaftsforschung der Univ. Zürich, Bd. 40 – Verlag Hans Schellenberg: Winterthur

Mühldorfer, Bernd; Zeitler, John P. (Hrsg.) (2001): Mykene, Nürnberg, Stonehenge. Handel und Austausch in der Bronzezeit (Begleitbuch zur Ausstellung im Naturhistorischen Museum Nürnberg 20.5.2000-16.1.2001) – VKA-Verlag: Fürth

Müller-Beck, Hansjürgen (2001): Die Steinzeit. Der Weg der Menschheit in die Geschichte – C.H. Beck: München

Niebuhr, Marcus (1848): Geschichte der Königlichen Bank in Berlin. Von der Gründung derselben (1765) bis zum Ende des Jahres 1845. Aus amtlichen Quellen – Berlin

North, Douglass C.; Thomas, Robert Paul (1995): The rise of the western world. A new economic history – University Press: Cambridge (USA)

North, Michael (1994): Das Geld und seine Geschichte. Vom Mittelalter bis zur Gegenwart – Beck: München

Oelßner, Fred (1952): Die Wirtschaftskrisen. 1. Bd.: Die Krisen im vormonopolistischen Kapitalismus – Dietz: Berlin

Ogger, Günter (1979): Kauf dir einen Kaiser. Die Geschichte der Fugger – Knaur: München

Ovid (1999): Metamorphosen – dtv: München

Pacioli, Luca (1494/1933): Abhandlung über die Buchhandlung 1494 – C.E.Poeschel Verlag: Stuttgart

Pannwitz, Kurt von (1999): Die Entstehung der Allgemeinen Deutschen Wechselordnung. Ein Beitrag zur Geschichte der Vereinheitlichung des deutschen Zivilrechts im 19. Jahrhundert – Peter Lang: Frankfurt am Main et al.

Preisigke, Friedrich (1910): Girowesen im griechischen Ägypten enthaltend Korngiro Geldgiro Girobanknotariat mit Einschluss des Archivwesens. Ein Beitrag zur Geschichte des Verwaltungsdienstes im Altertume – Schlesier & Schweikhardt: Strassburg

Quesnay, François (1965): Tableau économique – Akademie-Verlag: Berlin

Rawls, John (1975): Eine Theorie der Gerechtigkeit – Frankfurt am Main: Suhrkamp

Regling, Kurt (1929): Die antiken Münzen (3. Aufl.) – Gruyter: Berlin, Leipzig

Regling, Kurt (1930): Einleitung in die Altertumswissenschaft. Münzkunde (Band 2, Heft 2; 4. Aufl.) –Gruyter: Berlin, Leipzig

Regling, Kurt (o.J.): Geld. In: Reallexikon. Ebert Bd. IV

Richebächer, Kurt (1980): Im Teufelskreis der Wirtschaftspolitik. Fiskalsozialismus verdrängt die Marktwirtschaft – Bonn Aktuell: Stuttgart

Riese, Hajo (2001): Geld – die unverstandene Kategorie der Nationalökonomie (Diskussionsbeiträge des Fachbereichs Wirtschaftswissenschaft der Freien Universität Berlin, Nr. 2001/8) – Berlin

Rist, Charles (1947): Geschichte der Geld- und Kredittheorien von John Law bis heute – A. Francke Verlag: Bern

Rittershausen, Heinrich (1962): Die Zentralnotenbank. Ein Handbuch ihrer Instrumente, ihrer Politik und ihrer Theorie – Fritz Knapp: Frankfurt am Main

Roehl, Christoph von (1988): Große Depression und Stagflation. Eine kritische Analyse der deutschen Wirtschaftspolitik 1927/1933 und 1970/86 – Vandenhoeck & Ruprecht: Göttingen

Roseneck, Reinhard (Hrsg.) (2001): Der Rammelsberg. Tausend Jahre Mensch-Natur-Technik. Bd. 1 – Goslarsche Zeitung: Goslar

Roth, Günter (1961): Kurze Wirtschaftsgeschichte Mitteleuropas. Von den Zünften zur industriellen Revolution – R. Oldenbourg: München

Schachermeyr, Fritz (1929): Etruskische Frühgeschichte – Gruyter: Berlin, Leipzig

Schachermeyr, Fritz (1984): Griechische Frühgeschichte – Wien

Scherer, Johann Benedikt (1789): Geschichte und gegenwärtiger Zustand des rußischen Handels – Weygandsche Buchhandlung: Leipzig

Schilder, Maria (1952): Die Kaurischnecke (In: Die Neue Brehm Bücherei. 1952, Heft 46) – Geest & Poring K.G.: Leipzig

Schmitt, Klaus (Hrsg.) (1989): Silvio Gesell - „Marx" der Anarchisten? Texte zur Befreiung der Marktwirtschaft vom Kapitalismus und der Kinder und Mütter vom patriarchalen Bodenunrecht – Karin Kramer Verlag: Berlin

Schmölders, Günter (1947): Die Zigarettenwährung. In: Kölner Universitäts-Zeitung. Jg. 2, Heft 4/5 (Aug./Sep.), S. 70-71 – Köln

Schultz, Uwe (Hrsg.) (1986): Mit dem Zehnten fing es an. Eine Kulturgeschichte der Steuer – Beck: München

Schurtz, Heinrich (1898): Grundriss einer Entstehungsgeschichte des Geldes – Emil Felber: Weimar

Schwarz, Fritz (1933): Morgan der ungekrönte König der Welt (5. Aufl.) – Pestalozzi-Fellenberg: Bern

Skopp, Hanns Robby (1990): Theorie und Praxis der Staatsverschuldung im Merkantilismus erläutert am Beispiel Kurbayerns – Diss.: Univ. Marburg

Smith, Adam (1923): Eine Untersuchung über Natur und Wesen des Volkswohlstandes. Bd. 1-3 – Gustav Fischer: Jena

Sombart, Werner (1987): Der moderne Kapitalismus, Band 1 – Deutscher Taschenbuch Verlag: München

Sommerfeld, Christoph (1994): Gerätegeld Sichel. Studien zur monetären Struktur bronzezeitlicher Horte im nördlichen Mitteleuropa – Gruyter: Berlin, New York

Sonnenfels, Josef von (1805): Grundsätze der Polizey, Handlung und Finanz. Zu dem Leitfaden des politischen Studiums. Dritter Theil: Die Finanzwissenschaft (7. überarb. Aufl.) – Camesinaische Buchhandlung: Wien

Sprandel, Rolf (1975): Das mittelalterliche Zahlungssystem. Nach hansisch-nordischen Quellen des 13.-15. Jahrhunderts – A. Hiersemann: Stuttgart

Sternberger, Günter (Hrsg.) (1995): Die Juden. Ein historisches Lesebuch – Verlag C.H.Beck: München

Stürmer, Michael; Teichmann, Gabriele; Treue, Wilhelm (1989): Wägen und Wagen. Sal. Oppenheim jr. & Cie. Geschichte einer Bank und einer Familie (2. Aufl.) – Piper: München, Zürich

Syme, Roland (2003): Die römische Revolution. Machtkämpfe im antiken Rom. Grundlegend revidierte und erstmals vollständige Neuausgabe – Wiss. Buchgesellschaft, Cotta: Stuttgart

Valera, Roberto G.; Valera, Paolo G. (2003): Tin in the mediterranean area: history and geology. In: Giumlia-Mair, Alessandra; Fulvia Lo Schiavo (Hrsg.): Le problème de l'étain à l'origine de la métallurgie – BAR International Series 1199: Oxford

Veerkamp, Dieter (1956): Stummer Handel, seine Verbreitung, sein Wesen. Diss. der Georg-August-Universität zu Göttingen: Göttingen

Vogtmann, Markus (2000): Geld, Kredit und Zins. Eine kreislaufanalytische Betrachtung – Rudolf Haufe: Freiburg i. Br.

Waal, Frans de (1991): Wilde Diplomaten. Versöhnung und Entspannungspolitik bei Affen und Menschen - Frankfurt am Main, Wien: Büchergilde Gutenberg

Walker, Karl (1999): Das Geld in der Geschichte – Conzett: Zürich

Wamser, Ludwig; Gebhard, Rupert (Hrsg.) (2001): Gold. Magie Mythos Macht. Gold der Alten und Neuen Welt. In: Schriftenreihe der Archäologischen Staatssammlung – Arnoldsche: München

Weatherford, Jack (1999): Eine kurze Geschichte des Geldes und der Währungen. Von den Anfängen bis in die Gegenwart – Conzett: Zürich

Weber, Max (1981): Wirtschaftsgeschichte. Abriß der universalen Sozial- und Wirtschaftsgeschichte – Duncker & Humblot: Berlin

Weil, Simone (1956): Die Einwurzelung. Einführung in die Pflichten dem menschlichen Wesen gegenüber – Kösel: München

Weitnauer, Alfred (1931): Venezianischer Handel der Fugger. Nach der Musterbuchhaltung des Matthäus Schwarz. Duncker & Humblot – München, Leipzig

Wendt, Siegfried (1948): Die Bank von England und das englische Kreditwesen (Studienbogen A/8. Volkswirtschaft, Reihe Wirtschafts- und Sozialpolitik des Auslandes) – Verlag August Lutzeyer: Bad Oeynhausen, Minden

Wesel, Uwe (1997): Geschichte des Rechts. Von den Frühformen bis zum Vertrag von Maastrich – Beck: München

Wicksell, Knut (1898): Geldzins und Güterpreise. Eine Studie über die den Tauschwert des Geldes bestimmenden Ursachen – Gustav Fischer: Jena

Wiesehöfer, Josef (1999): Das frühe Persien. Geschichte eines antiken Weltreichs – Beck: München

Will, Wolfgang (1986): Alexander der Große. Geschichte Makedoniens. Bd. 2 – Kohlhammer: Stuttgart et al.

Zangger, Eberhard (1994): Ein neuer Kampf um Troia. Archäologie in der Krise – Droemer Knauer Verlag: München

Zarlenga, Stephan (1999): Der Mythos vom Geld – die Geschichte der Macht. Vom Tauschhandel zum Euro: eine Geschichte des Geldes und der Währungen – Conzett: Zürich

[1] Bendixen (1920), S. 7; Aufsatz: Fünf Jahre Geldtheorie (1911), S. 5-11

[2] Zitiert nach: https://www.zitate.eu/autor/andre-malraux-zitate/1240

[3] Dopsch(1930), S. 12

[4] Graeber (2012), S. 27

[5] Hoffmann (2001), S. 236

[6] Halliday, W.M.: Potlatch and Totem. London: 1935, S. 4; zitiert nach: Einzig (1966), S. 169

[7] Zum Gesichtsverlust vgl. de Waal (1991)

[8] Zitiert nach: Veerkamp (1956), S. 54, Quelle: Frähn, Christian Martin (1823): Ibn Foszlan's und anderer Araber Berichte über die Russen älterer Zeit

[9] Nach Sombart (1987), S. 248 gab es noch im 13. Jh. eine ausgeprägte „lokale Spezialisation".

[10] Zitiert nach: Veerkamp (1956), S. 13-14

[11] Zitiert nach: Veerkamp (1956), S. 33f.

[12] Vgl.: Veerkamp (1956), S. 173f.

[13] Vgl. u.a. Barth (1986) oder Schurtz (1898), S. 74ff.

[14] Mommsen (1860/1956), S. X

[15] Ein Beispiel ist das 2014 erschienene Buch: „Geldreform" von Polleit und Prollius

[16] Graeber (2012), S. 27

[17] Gmür (1991), S. 58

[18] Vgl.: Kantorowicz (1906)

[19] Schurtz (1898), S. 1f.

[20] Menger (1970), S. 3

[21] Gerloff (1947), S. 55

[22] Höltz (1984), S. 263

[23] Schurtz(1898), S. 29

[24] Zitiert nach: Höltz (1984), S. 263

[25] Ebenda

[26] Aumann (o.J./um 1965), S. 7-9

[27] Schilder (1952), S. 20; In: Die Neue Brehm Bücherei. Heft 46

[28] Prestigeobjekte wurden als Geld verwendet, wenn das Profit versprach. Waren die gängigen Prestigeobjekte jedoch ökonomisch wertvolle, aufwendig erzeugte Kunstgegenstände, wie z.B. die Mokko-Trommeln, wurden solche Objekte und Geldsysteme zerstört, vgl. Gerloff (1947), S. 37.

[29] Siehe Kapitel 14. *China* (S. 152ff.)

[30] Schurtz (1898), S. 28 ff.

[31] Gerloff (1947), S. 63 ff.

[32] Heichelheim (1938), S. 26

[33] Ebenda, S. 27

[34] Ebenda

[35] Regling (1929), S. 1

[36] Vgl.: Veerkamp (1956)

[37] Wesel (1997), S. 208f.

[38] Schurtz (1898), S. 67

[39] Gerloff (1947), S. 58

[40] Smith (1923/1. Bd.), S. 29

[41] Vgl.: Preisigke (1910)

[42] Höltz weist speziell Schurtz nach, dass ihm keine befriedigende Erklärung der Verbindung von Binnengeld, d.h. gebrauchswertfreiem Zeichengeld und Außengeld, d.h. gebrauchswerthaltigem Nutzgeld gelingt. Doch auch Menger gibt keine befriedigende Antwort, woher das Wertsymbol Münze seine Kaufkraft generiert, vgl. Höltz (1984), S. 236.

[43] Sommerfeld (1994), S. 11

[44] „Das Herkunftsland des Zinns war in der Antike von einem Hauch des Mysteriösen umgeben. ... Die Legendenbildung um das Zinnland wird erst dann verständlich, wenn man sich die damalige Schlüsselbedeutung des Zinns vor Augen führt. ... Im ganzen war Zinn daher begehrter als Gold." Mühldorfer et al. (2001), S. 9. Ebenda S. 11-12 ist auch zu lesen „Strabo überliefert z.B., ein karthagischer Kapitän habe sein Schiff lieber an die Klippen gesteuert, als daß er einem römischen Schiff, das ihm gefolgt war, den Weg zu den Zinninseln offenbart hätte."

[45] Veerkamp (1956), S. 174

[46] Veerkamp (1956), S. 173f.

[47] Hänsel et al. (1997), S. 13

[48] Titel eines Ausstellungskataloges, siehe Hänsel et al. (1997)

[49] Sommerfeld (1994), S. 15

[50] Howgego (2000), S. 1

[51] Kluge (2001), S. 419

[52] Kostenzer (1976), S. 27 ff.

[53] Vgl.: Kalcyk (1982), S. 159 ff., sowie: Ludwig et al. (1988), S. 55 ff.

[54] Schurtz (1898), S. 30

[55] Vgl. u.a. Friedensburg (1953), S. 39

[56] Wesel (1997), S. 82 (Randziffer 68); Siehe auch Kenawi (2021), Textkasten im Kapitel 5.2. *Geschichte des Eigentums*, S. 53 f.

[57] Friedensburg (1953), S. 39

[58] Busch et al. (1999), S. 51

[59] Bao-Seing (1939), S. 268

[60] Howgego (2000), S. 3

[61] Einzig (1966), S. 181; Einzig beruft sich dabei auf M. Dobrizhofers „Geschichte der Abiponer" von 1783 (Wien).

[62] Gerloff (1947), S. 124-135, sowie: Kimpel (o.J.), S. 19

[63] Einzig (1966), S. 151-158

[64] Ebenda, S. 132-136

[65] Ebenda: Kpelle in Guinea Bay: S. 149; Alu Island bei Sumatra: S. 89; Neu Guinea: S. 77-81

[66] Ebenda, S. 183

[67] Ebenda, S. 275, siehe auch Aumann (o.J.), S. 65, sowie Bao-Seing (1939), S. 246 und S. 270

[68] Ebenda: Sema Nagga: S. 104, Siam: S. 93-94. Siehe auch: Dopsch (1930), S. 44

[69] Ebenda, S. 113-114

70   Ebenda, S. 113

71   Ebenda, S. 114

72   Ebenda

73   Ebenda

74   Ebenda, S. 110-112

75   Knapp (1921), S. 1

76   Menger (1970), S. 27

77   Howgego (2000), S. 3

78   Ebenda, S. 4

79   Howgego (2000), S. 1 und S. 5

80   Graeber (2012), 70

81   Ebenda, S. 128; vgl. auch Mommsen (1860), S. XII-XIII: „Ueberhaupt zeigt es die Erfahrung, daß in Secundärmetallen Großgeld nur nach dem Prinzip der Creditmünze sich ausbringen läßt und darum jede solche Prägung bis zu einem gewissen Grade eine Staatsanleihe in sich schließt; wir können es für Rom und Athen nachweisen und dürfen es für einen großen Theil der alten Goldprägung als wahrscheinlich voraussetzen, daß man dazu im Alterthum in den Fällen schritt, wo die modernen Staaten Papier mit Zwangscurs in Umlauf setzen. – *Werthmünze ist also eine vom Staat ausgezeichnete und quantitirte Waare, Creditmünze ein vom Staat geschaffenes Werthzeichen.*" [H.d.A]

82   Gerloff (1947), S. 23

83   Wicksell (1898), S. 26

84   Dopsch (1930), S. IX

85   Vgl.: Riese (2001)

86   Höltz (1984), S. 99 ff. sowie Altenmüller, Hartwig: Markt. In: Lexikon der Ägyptologie. 1980, Bd. 3, S. 1191 ff.

87   Kenawi (2021): Manifest für das 22. Jahrhundert, Teil 1, Kapitel 6. *Irrtümer*

88   Klaus Schmitt beruft sich auf Werner Onken und Hans Weitkamp, die sich auf Archille Dauphin-Meuniers Buch: *Danque a travers les ages* berufen, vgl. Schmitt (1989), S. 85 und 233

89   Howgego (2000), S. 39

90   Wesel (1997), 153f.

91   Ebenda

92   Vgl.: Kenawi (2021): Manifest für das 22. Jahrhundert, Teil 1 der Tetralogie, Kapitel 5. *Zusammenhänge*

93   Vgl. u.a. folgende Schriften:
      * Lehmann, Gustav Adolf: Die mykenisch-frühgeschichtliche Welt und der östliche Mittelmeerraum in der Zeit der „Seevölker"-Invasion um 1200 v. Chr. In: Rheinisch-Westfälische Akademie der Wissenschaften. Vorträge G 276. Westdeutscher Verlag – Opladen: 1985
      * Schachermeyr, Fritz: Griechische Frühgeschichte. Wien: 1984
      * Deger-Jalkotzy, Sigrid (Hrsg.): Griechenland, die Ägäis und die Levante während der „Dark Ages" vom 12. bis zum 9. Jh. v. Chr. Akten des Symposiums von Stift Zwettl (NÖ) 11.-14. Oktober 1980. Österreich. Akd. d. Wiss. – Wien: 1983

94   Vgl.: Heinsohn/Steiger (1996), S. 111ff. Gunnar Heinsohns These würde auch Korrekturen in anderen Zeitrechnungen erforderlich machen, u.a. in der chinesischen, was völlig abwegig ist.

[95] Vgl.: Illig (1998) Illigs These lässt sich leicht durch Verweis auf die Kalenderreform unter Papst Gregor XIII. widerlegen. Die 1582 durchgeführte Kalenderkorrektur lässt das Fehlen von 3 Jahrhunderten nicht zu.

[96] Walker (1999), S. 40

[97] Walker (1999), S. 40ff.

[98] Roseneck et al. (2001), S. 40/41 und S. 92: Goslar wird bereits 922 gegründet, nachdem dort um 900 die Kupfer-, Blei- und Silberverhüttung beginnt.

[99] Weber (1981), S. 5

[100] Moser (1997), S. 189

[101] Bao-Seing (1941), S. 179

[102] Wesel (1997), S. 87

[103] Einert (1839), S. 3

[104] Drexhage et al. (2002), S. 41

[105] Pannwitz (1999), S. 30

[106] Wesel (1997), S. 341

[107] Le Goff (1993), S. 12

[108] Wesel (1997), S. 87, 91, aber auch Hunold (2004), S. 17; Le Goff (1993), S. 30; Einert (1839), S.3

[109] Le Goff (1993), S. 94

[110] Pannwitz (1999), S. 39

[111] Pacioli (1494/1933), S. 90

[112] Ebenda, S. 97

[113] Moser (1997), S. 189

[114] Ebenda, S. 208/209

[115] Urkunde aus dem Stadtarchiv Trier: Siedlungsprivileg für einen Lombarden vom 29.11.1262; zitiert nach der Übersetzung, die im Rahmen der Ausstellung „Damals in Europa" gemeinsam mit einer Kopie der Urkunde im Sommer 2001 in der Berliner Humboldt-Universität ausgestellt worden war.

[116] Ebenda

[117] Europäische Bankengeschichte (1993), S. 76/77; Jäger (1879), S. 29

[118] Zarlenga (1999), S. 138

[119] Ogger (1979), S. 57

[120] Ogger (1979), S. 67

[121] Das neue Testament: Markus 10.25, ähnlich auch Lukas 18.25 und Matthäus 19.24

[122] Zarlenga (1999), S. 119

[123] De Roover (1968), S. 78

[124] Aus: Thomas von Chobham: Summa confessorum, 11.Frage, 1. Kapitel; Hrsg.: F.Broomfield: Löwen 1968, S. 505; Zitiert nach Le Goff (1988), S. 40

[125] Günter Ogger (1979 berichtet in seiner Geschichte der Fugger („Kauf dir einen Kaiser"), dass Elisabeth Fugger-Gfattermann (Großmutter von Jakob Fugger dem Reichen) das Geschäft ihres Mannes nach dessen frühem Tod für ihre noch nicht volljährigen Söhne leitete (S.35). Auch Barbara Fugger-Bäsinger (Mutter von Jakob Fugger dem Reichen) war nach dem frühen Tod ihres Mannes aktiv im Unternehmen tätig (S. 46).

[126] Jäger erwähnt, dass das „Valutabekenntniß" in der Wucherdoktrin eine wichtige Rolle spielte. Trotzdem ging man weiter „von einem Tausche oder Kaufe von Geld durch Geld beim Wechsel aus." Jäger (1878), S. 25

[127] Einert (1839), S. X-XI

[128] Zarlenga (1999), S. 124

[129] Pannwitz (1999), S. 45

[130] Europäische Bankengeschichte (1993), S. 107

[131] Ebenda

[132] Geo-Epoche (2014/ Nr. 69), S. 5

[133] Einert (1839), S. 77

[134] Ogger (1979), S. 57

[135] Ogger (1979), S. 60

[136] Sprandel (1975), S. 47

[137] Einert (1839), S. 51

[138] Tatsächlich gab es unterschiedliche Verfahren. So berichtet Jäger (1878, S. 23), dass sich in Besançon und Piacenza alle Messebesucher dem Compensationsverfahren unterwerfen und vorab 2.000 Scudi Kaution leisten mussten. Das Prinzip war jedoch stets das gleiche.

[139] Einert (1839), S. 17/18

[140] Ebenda, S. 60

[141] Zitiert nach: Däbritz (1957), S. 22/23

[142] Mephistopheles in Goethe: Faust II., Kaiserliche Pfalz, Saal des Thrones

[143] Pacioli (1494/1933), S. 88

[144] Ogger (1979), S. 54

[145] Zitiert aus dem Vorwort von Balduin Penndorf zu Paciolis „Abhandlung über die Buchhandlung" erschienen 1933, S. 77

[146] Weitnauer (1931), S. 6

[147] Pacioli (1494/1933), S. 108

[148] Jäger (1878), S. 12: „P.[acioli] kannte die Ungleichheit der Leistungen sehr gut und hätte den Wechsel ohne Zweifel so gut definirt als heut zu Tage v. Gerber, nämlich als ein Summenversprechen ohne Gegenversprechen, wenn er sich nicht vor der Wucherdoktrin in Acht zu nehmen gehabt hätte..."

[149] Ebenda

[150] Jäger (1878), S. 12

[151] Pacioli (1494/1933), S. 109

[152] Weitnauer (1931), S. 23

[153] Ebenda, S. 34

[154] Europäische Bankengeschichte (1993), S. 115

[155] Weitnauer (1931), S. 2

[156] Quesnay (1965), S. 53, Fußnote

[157] Europäische Bankengeschichte (1993), S. 117/118

[158] Europäische Bankengeschichte (1993), S. 119/120

[159] Vgl.: Zarlenga (1999), S. 154: Nach der Vernichtung der spanischen Armada durch die Engländer im Jahre 1588 versetzte die Eroberung von 22 von 30 spanischen Silberschiffen durch

den Holländer Piet Hein dem spanischen Kredit einen vernichtenden Schlag.

[160] Die Produktion sank ab 1630, vgl. Keynes (1932), S. 420.

[161] Jäger (1879), S. 6

[162] Ebenda, S. 7

[163] Funk (1868), S. 67

[164] Vgl. u.a. Graeber (2012), S. 71f.

[165] Weitnauer (1931), S. 1

[166] Jäger (1878) nennt zwei Jahreszahlen: 1575 (S. 21) und 1570 (S.28)

[167] Ebenda, S. 21

[168] Siehe Kapitel 8.7. *Buchhalten* (S. 85ff.)

[169] Bouniatian (1908), S. 5

[170] Bowman (1938), S. 13

[171] Ebenda, S. 13

[172] Ebenda, S. 14

[173] Bouniatian (1908), S. 6

[174] Ebenda, S. 26

[175] Vgl.: Europäische Bankengeschichte (1993), S. 136/137. Dort gilt die schwedische Notenbank sogar als 1. Zentralbank der Welt. Nach Einert (1839, S.46) sowie Jäger (1879, S.31) wurde sie 1657 gegründet und 1664 geschlossen.

[176] Bowman (1938), S. 30

[177] Niebuhr (1848), S. 17

[178] Wendt (1948), S. 3

[179] Bowman (1938), S. 7

[180] Im gleichen Jahr (1695) wurde die *Bank of Scotland* gegründet. Das ist eine neue Geschichte, denn sie basierte nicht auf den gleichen Prinzipien wie ihre englische Schwester. Tatsächlich war die Bank von Schottland das modernere Institut, denn sie gründete ihre Notenausgabe nicht auf Staatsschulden, sondern auf Handelswechsel, also auf eine Geldnachfrage für realen Warenumsatz. Aus der Konkurrenz beider Kreditinstitute erwuchs im 19. Jh. ein Theorienstreit. Die Bank von Schottland vertrat dabei ihr Geschäftsprinzip: die *banking theory*. Die Bank von England vertrat die *currency theory*. Der Streit wurde akademisch zugunsten der *currency theory* entschieden, praktisch jedoch zu Gunsten der *banking theory*. Eine Anekdote am Rande: die Bank von England wurde von einem Schotten, die Bank von Schottland von einem Engländer gegründet.

[181] Ebenda, S. 10

[182] Wendt (1948), S. 13

[183] Rittershausen (1962), S. 11f.

[184] Jäger (1879), S. 11

[185] Macleod: Zitiert nach Achterberg (1971), S. 71

[186] Vgl.: Ovid (1999): Metamorphosen – dtv: München, S. 278f.

[187] Pacioli (1494/1933), S. 47

[188] Rittershausen (1962), S. 11/12

[189] Wendt (1948), S. 1

[190] Bouniatian (1908), S. 74

[191] Europäische Bankengeschichte (1993), S. 168

[192] Oelßner (1952), S. 184

[193] Europäische Bankengeschichte (1993), S. 167 ff., Oelßner (1952), S. 183 ff.

[194] Rittershausen (1962), S. 20

[195] Europäische Bankengeschichte (1993), S. 143 ff., Oelßner (1952), S. 177 ff.

[196] Leverkus (1990), S. 109

[197] Vgl. u.a. Gleeson (1999) und Oelßner (1952), S. 184 ff.

[198] Einert (1839), S. 46

[199] Krasensky, S. 19f.

[200] Leverkus (1990), S. 126

[201] Weber (1981), S. 15

[202] Vgl.: Ogger (1979), S. 44f.

[203] Vgl.: Kirchner (1987)

[204] Wendt (1948), S. 6

[205] Ebenda, S. 12; vgl. auch Bouniatian (1908), S. 187

[206] Vgl.: Pacioli (1494/1933): S. 91-94

[207] Wendt (1948), S. 13

[208] Sonnenfels (1805), S. 380f.

[209] Knapp; Bendixen (1958), S. 64: Brief Bendixens an Knapp vom 15.1.1907

[210] Zitiert nach Friedman (1992), S. 117: Aus einer Wahlrede der Demokratischen Partei 1896.

[211] Anonym (1797), S. 38

[212] Ebenda, S. 38

[213] Ebenda, S. 37/38; Bouniatian (1908), S. 125

[214] Wendt (1948), S. 12; Bouniatian (1908), S. 187; Anonym (1797), S. 77

[215] Schwarz (1933), S. 31.ff.

[216] Ebenda, S. 34

[217] Wendt (1948), S. 48/49

[218] Richebächer (1980), S. 38

[219] Föhl (1937) legitimiert nationalsozialistische Wirtschaftspolitik durch Berufen auf Keynes.

[220] Lordon, Frédéric: Die Zocker setzen auf den Staat. Die Finanzkrise erfasst die Realökonomie, und den neoliberalen Marktschreiern gehen die Ideen aus. In: *Le Monde diplomatique*. 03/2008, S. 6

[221] Vogtmann (2000), S. 85

[222] Wendt (1948), S. 6-7

[223] Dieck, Walter: Gold und Silber. Währungsgeschichte in Deutschland von 800 bis zur Gegenwart (S. 124-132), S. 132 – In: Wamser/Gebhard (Hrsg.) (2001)

[224] Siehe dazu 3. Teil der Tetralogie, u.a. Kapitel 3. *Nachfragelücke*, Kapitel 5. *Innovationskraft* sowie Kapitel 8.3. *Investitionskredite*

[225] Dieck, S. 132 (siehe Fußnote 220) – In: Wamser/Gebhard (Hrsg.) (2001)

[226] Rittershausen (1962), S. 19

[227] Knapp (1921), S. 280

[228] Stürmer et al. (1989), S. 347

[229] Bendixen: Fünf Jahre Geldtheorie (1911), S. 10. In: Bendixen (1920), S. 5-11

[230] Steltzner, Holger: Geld-Schöpfung. In: FAZ vom 26.9.2011, S. 11

[231] Mayer, Martin: The Bankers: The Next Generation. S. 129. Dee Hock war 1968 im Vorstand von Visa. Er wird hier nach Lietaer (1999), S. 141 zitiert.

[232] Hartmann (2000), S. 95

[233] https://www.wirtschaftundschule.de/unterrichtsmaterialien/haushalt-und-geld/hintergrundtext/die-bargeld-nutzung-in-der-statistik/

[234] Geld aus dem Nichts. In: Der Spiegel. Jahrgang 26, Heft 39. Hamburg: 1972, S. 22-23

[235] Aufsatz: „Geldwert und Goldwährung" (1910) S. 33; In: Bendixen (1920), S.33-38

[236] Vgl.: Keynes (1988)

[237] Vogtmann (2000), S. 96

[238] So oder so gilt diese These nur für Kreditzinsen. Sparzinsen entstanden erst sehr viel später mit den Banken. Erste Banken gab es aber wohl schon in der Antike. Mit der Entwicklung des Goldstandardsystems veränderte sich das Wesen des Sparzinses dann, siehe Kapitel 10.1. *Golddepotscheine* (S. 94). Wurden in der Antike und im Mittelalter Sparzinsen für das Risiko des Geldverleihs gezahlt, so später im Goldstandardsystem für das Einlagern des Bargeldes als Einlösemittel.

[239] Graeber (2012), S. 227

[240] Wesel (1997), S. 76

[241] Graeber (2012), S. 227

[242] Ebenda, S. 227

[243] Finley (1977), S. 203

[244] Wesel (1997), S. 98

[245] Graeber (2012), S. 71

[246] Preisigke (1910), S. 4

[247] Ludwig; Wermusch (1988), S. 16

[248] Wesel (1997), S. 141

[249] Ebenda, 152f.

[250] Drexhage et al. (2002), S. 150

[251] Deutsche Bankengeschichte (1982/ Bd. 1), S. 132f.

[252] Weber (1981), S. 237

[253] Dohm (1781), S. 25

[254] Pacioli (1494/1933), S. 132f.

[255] Siehe dazu Teil 3 dieser Tetralogie „Das kapitalistische Geldsystem", Kapitel 8.8. *Sparen*

[256] Lietaer (1999), S. 132ff.

[257] Zitiert nach Däbritz (1957),S. 16, Fußnote

[258] Die Discontogesellschaft gehörte im späteren Kaiserreich zu den Großbanken. Sie fusionierte 1929 mit der Deutschen Bank zur DeDiBank, die erst ab 1937 wieder Deutsche Bank hieß. Das erlebte David Hansemann nicht mehr. Er starb 1864.

[259] Vgl.: Pannwitz (1999)

[260] Helas (1998), S. 18

[261] Bao-Seing (1939): 268

[262] Siehe Kenawi (2021 a): Manifest..., Kapitel 6. *Irrtümer*; siehe auch Luxemburg (1985)

[263] Bao-Seing (1939): 245
[264] Bao-Seing (1940):72
[265] Ebenda, S. 60
[266] Ebenda, S. 61
[267] Ebenda, S. 68
[268] Ebenda, S. 72
[269] Bao-Seing (1941):179
[270] Ebenda, S. 179f.
[271] Ebenda, S. 181
[272] Ebenda, S. 180
[273] Die Zeitangaben wurden der Einheitlichkeit halber „Meyers Grossem Taschenlexikon in 24 Bänden" (Ausgabe: 1992) entnommen. Sie weichen z.T. geringfügig von Bao-Seings Angaben ab.
[274] Bao-Seing (1941):177
[275] Ebenda, S. 208
[276] Ebenda, S. 209
[277] Ebenda, S. 212
[278] Marx; Engels (1952), S. 34
[279] Knapp; Bendixen (1958), S. 17 (Knapp an Bendixen am 12.11.1905)